칸트 선험철학 입문

선험철학의 전략과 방법론은 여전히 유효한가?

칸트 선험철학 입문

– 선험철학의 전략과 방법론은 여전히 유효한가?

2020년 2월 01일 초판 1쇄 인쇄
2020년 2월 05일 초판 1쇄 발행

지은이 | 이현모
펴낸이 | 김태화
펴낸곳 | 파라아카데미
기획 · 편집 | 전지영
디자인 | 김현제

등록번호 | 제313－2004－000003호
등록일자 | 2004년 1월 7일
주소 | 서울 특별시 마포구 와우산로 29가길 83 (서교동)
전화 | 02) 322－5353   팩스 | 070) 4103－5353

ISBN 979－11－88509－30－0 (93160)

이 도서의 국립중앙도서관 출판예정도서목록(CIP)은 서지정보유통지원시스템 홈페이지(http://seoji.nl.go.kr)와 국가자료종합목록 구축시스템(http://kolis-net.nl.go.kr)에서 이용하실 수 있습니다. (CIP제어번호 : CIP2020003083)

* 파라아카데미는 파라북스의 학술 관련 전문 브랜드입니다.
* 값은 표지 뒷면에 있습니다.

칸트 선험철학 입문

선험철학의 전략과 방법론은
여전히 유효한가?

이현모 지음

파라아카데미

철학 논구는 모든 과학지식이나 세상사를 서술하는 학문이 아니다. 이런 사실을 명확히 해야만 철학의 효용성에 대한 인식 또한 명확해진다. 철학은 보편학문이므로, 철학의 사고방식이 곧 모든 과학의 사고방식이다. 사물은 연장 속성의 물질로 구성되어 있으므로, 자연의 지식은 수학과 기하학의 원리를 바탕으로 자연과학을 이룬다. 자연과학을 비롯한 모든 과학은 논리학의 원리를 바탕으로 자기 학문의 체계성을 구성한다. 변화하는 현상계의 특수지식, 개별지식은 과학이 탐구하는 과제이다. 모든 과학지식의 통합원리는 철학이 제공하고, 세세한 개별지식은 과학이 제공한다. 양자의 상보성에 의해 학문이 이루어지고, 인간은 지식인이 되고, 인간사회는 지식사회가 된다.

이러한 도식은 하루아침에 이루어지지 않았다. 인간이 지식의 본질을 깨닫는 긴 과정을 거쳐 이루어졌다. 그 과정은 시행착오의 연속이었다. 철학뿐만 아니라 과학도 마찬가지이다. 그러나 철학이 순서상 먼저이고, 과학은 철학의 테두리 속에서 오랜 시간과 긴 과정을 거쳐 형성되었다. 이렇게 형성된 학문은 지성인이 계승하여 발전을 거듭하였다.

학문을 배우는 인간은 언제나 무지에서 출발한다. 배움의 과정을 거쳐야만 지성인이 되고, 지성인이 되는 과정은 학문 형성 과정과 일치한다. 그리고 이 과정은 언제나 되풀이한다. 이 시대의 현대인이 현대철학의 본질을 근본적인 관점에서 직시하려면, 마땅히 지식의 원천으로 되돌아가 칸트의『순수이성비판』과 헤겔의『정신현상학』을 배워야 한다. 마땅히 지성인이 되어야 하는 인간은 무지에서 출발하여 지식인이 되는 과정과 방법을 깨우쳐야 하기 때문이다.

인간이 모든 것을 알고 나서 행동하는 존재가 아니므로 학문의 지식은 점진적으로 발전하는 진보의 길로 걸어왔다. 새로운 연구자에 의해 비판받는 과거의 입장도 한때는 현재의 시점에서 과거를 비판한 입장이었고, 또한 새로운 시각으로 비판하는 입장도 앞으로 흘러간 과거의 이론으로서 비판받는 입장이 된다. 그리고 학자들이 발표하는 새로운 시각의 새로운 학설은 여하간 진리의 본질을 바탕으로 한 연구의 성과이고 진리의 본질을 벗어난 성과일 수 없다.

사회는 지성인들이 이끌고 간다. 현대사회의 문제점은 현대사회의 지성인이 비판하고 해결책을 마련해야 한다. 현재는 과거의 인간들이 만든 문명의 산물이고, 미래는 현재의 인간들이 만들 문명의 산물이므로, 미래를 위한 발상은 언제나 과거발상을 참조하고 구상해야 한다. 그 구상에 참조하는 과거자료는 당연히 진리의 보편성에 입각하여 자기 시대를 개척하려는 발상이다. 그러므로 역사의 뒤안길로 퇴장하지 않고 여전히 시대의 교본이 되는 내용은 진리의 보편성에 부합하는 발상이다.

현대 철학의 문제점을 진단하고 미래로 나아가려는 발상은 모든 점에서 현대성의 의미를 정확히 이해해야 한다. 칸트 사상은 현대에서 미래로 나아가는 길목의 이정표로서 여전히 유효할 뿐 아니라 적격이라는 판단에서 이 책을 시작한다.

본서는 다양한 시대의 다양한 철학자들이 자신의 이론적 바탕에서 서술한 여러 가지 주석서와 각주를 이모저모 참조하기보다 오로지 칸트 저서만을 논구의 전거로 삼아, 그의 사상체계가 우리 시대의 문제점을 진단할 수 있는 역할과 기능을 지녔는지를 가늠할 수 있는 현대성을 논구하려고 했다. 필자가 이런 관점을 견지하고서 논구한 이 책의 목적, 즉 부제에서 밝힌 것처럼 '칸트 선험철학 및 비판철학의 전략과 방법론은 여전히 유효한가?'를 살펴보는 목적은 다음과 같다.

첫째, 근대철학과 현대철학을 통틀어 칸트의 철학체계가 서구인의 철학적 사고방식을 가장 잘 짜인 체계로 구성하고 있는 점을 제대로 밝히려는 것이다.

둘째, 현대에 새롭게 등장한 서구사상들이 자신의 사상을 전개하는 과정에서 칸트의 입장을 긍정적이건 부정적이건 간에 일단 언급하는 점을 바탕으로 현대철학의 문제점을 진단하려는 것이다.

셋째, 서구문명을 수용한 동양권에서 서구인이 확립한 보편적 존재원리를 이해하기 위해 서구철학의 사유방법론을 올바르게 파악하려는 것이다

본서는 그 의도를 충실히 추구하기 위해 칸트의 선험철학의 체계를 논구할 것이다. 그 논구과정에서 인간지성의 창조적 본질이 바로 의식의 선험성에 있다는 점을 부각할 것이다. 이 입장은 의식의 선험적 기능을 초월적 기능으로 이해하는 문제점을 논구하여 철학의 영속성을 올바르게 해명할 것이다. 그리고 철학이 시대를 막론하고 이 과제를 되풀이하여 재해석해야만 하는 관점을 강조할 것이다. 현대에서도 재해석해야 하는 이유는 인식기능이 존재본질을 파악하기 위해 현상계를

벗어나 존재 전체를 탐구대상으로 삼더라도, 사유방식이 반드시 선험적이지 않으면 안 되는 점 때문이다. 선험적 사유방식으로 해명될 수 있는 인간지성의 특성이 보편성격을 지닌 기능인 한에서는 인간은 언제든지 자신이 살아가는 제한된 지역과 자신이 살아가는 제한된 시대를 넘어서 항상 현대적일 수 있다. 본서는 선험철학이 지닌 현대성을 그런 맥락에서 다룰 것이다.

출판의 입장을 밝힌 이 글을 마무리하면서 평생 대학 강단에서 많은 후진을 양성하시고 지도하신 대학시절의 은사이신 이영호 교수님께 감사의 말씀을 드리고자 한다. 더불어 철학의 사색과 토론을 즐기는 무명산인 회원님과 끝으로 저의 가족들에게 감사의 말씀을 드린다.

다정 이현모

[주목]

실제 사물의 세계에서는 둥근 사각형은 존재하지 않는다. 인간은 둥글면서 동시에 사각형일 수 없는 사실을 두고 논리학의 근본원리에 모순율을 규정했다. 인간은 '황금의 산'이 이 세계에서 실재하지 않더라도 틀린 말이 아니라고 규정했다. 그 이유는 비록 황금으로 이루어진 산이 실재하지 않더라도, 황금을 쌓아두면 황금의 산이 된다는 사실을 부정할 수 없기 때문이다.

존재 본질을 탐구하는 인간 의식은 실제 사물에 대응하는 개념들 중에 실재하지 않는 둥근 사각형과 같은 모순적 개념을 만들었다. 인간 의식은 자신의 상상력 속에서 이루어지는 갖가지 발상 중에 전자의 경우와 후자의 경우를 철저히 구별해야 했다. 그 이유는 인간이 단지 존재 가능성에 대한 논란을 야기하는 황금 산의 경우와 달리 둥근 사각형처럼 모순에 해당하는 발상을 진리라고 우기는 논리적 잘못을 범하지 않기 위해서이다.

진리를 탐구하는 철학의 사유작업은 현재를 기점으로 삼아 이미 실재한 과거와 앞으로 실현하려는 미래를 함께 통합한 보편적 존재원리와 이념을 추구한다. 논리학을 바탕으로 삼아 통합이념을 확립하려는 사회는 둥근 사각형 같은 언어유희의 발상을 철저히 경계하고 동시에 배격해나가야 한다.

애초에 본서는 '『순수이성비판』 체계가 기초 존재론으로 불릴 수 있는가?'의 제목으로 칸트 비판철학의 내용을 논구하려는 것이었다. 그런데 칸트의 비판철학체계가 『순수이성비판』, 『실천이성비판』, 『판단력비판』 등 세 권으로 분리되어 있어서, 세 권의 비판철학서가 지향한 일관된 목적을 해명할 예비단계가 필요함을 느꼈다. 그래서 애초 계획에서 예비단계의 책을 한 권으로, 처음 계획한 책은 두 권으로 분리했다.

이 책의 '들어가는 말'의 예비항목에서 다소 진부한 일반 주제들을 새삼스럽게 정리한 이유는 대수롭지 않게 느끼는 주제의 학적 의의를 무시하고 본론을 성급하게 전개하면 역설적 경우에 직면할 것을 우려했기 때문이다. 일반 주제들에 발목이 잡힌 독자들이 차후에 본서가 의도하는 논구의 자연스러운 흐름을 식상해하거나 또는 오해할 수 있다고 여겼기 때문이다.

비록 아래의 요점을 군더더기처럼 하찮은 지적이라고 느끼더라도, 이 요점은 항상 주목하고 각별히 상기해야 하는 지적 토양이다. 그래서 본서는 우리가 잘 파악하고 있다고 생각하고 쉽게 간과해 버리는 문제점들을 명확히 정리하려고 작정했다. 일반인뿐만 아니라 전문가조차 으레 무관심한 일반주제의 중요성을 본론에 앞서 명확히 해명하려는 의도이다.

이 논구의 필요성은 두말할 나위 없이 철학자들이 줄곧 진리의 정체, 그리고 철학의 정체성 및 형이상학의 정체를 밝히려고 꾸준히 노력한 학문의 결실을 식자들이 다 함께 공감하지 않는 상황 때문에 발생한다.

이 의혹은 전문 지식인들에게 불필요하고 대단히 번잡한 작업일지라도 마땅히 검토해야 한다. 왜냐하면 이와 같은 일반주제를 쉽게 도외시하면 누구든지 철학의 사유를 시도하는 단계에서 탐구목적을 상실할 것이고, 자신이 나아가려는 탐구방향을 잃고 길을 헤맬 것이기 때문이다. 본서는 이런 주제의 문제점이 야기되는 진원지와 성격을 두 가지 견해로 요약하였고, 그 관점에 대한 해명은 6가지 소제목으로 정리하였다.

먼저 진원지 중 하나는 각 개인들이 자신이 처한 지적 풍토 때문에, 각 개인들이 지닌 인식과 행동의 능력차이 때문에, 철학체계의 본질을 제대로 공감하지 못하는 현실여건이다. 또 다른 하나는 각 분야에서 활동하는 과학자들과 예술가들이 철학의 근본원리를 대수롭지 않게 여기는 경향이다. 변화하는 상황에 맞추어 적절히 대응하지 못하는 지성의 문제점을 직시하지 않고, 오히려 철학이 내세우는 보편적 근본원리를 부정하고 거부하는 상황이다.

관점에 대한 해명 6가지는 1부에서 다루고 있다. 먼저, 철학이 해명해야 할 궁극적이고 근본적인 학적 과제이고, 둘째는 언어표현의 두 가지 가능인 일반성과 개별성이 야기하는 문제점, 셋째는 전통적으로 철학의 사유방법이 개별과학의 탐구과정에서 길잡이가 되었던 이유이고, 넷째는 철학이론의 특성인 보편성이 존재본질 및 인간본성에서 기인하는 점, 다섯째는 내용을 배제한 형식논리학의 특성과 선험논리학의 특성이 다른 학적 차이점, 마지막으로 여섯째는 기계론적 인과율과 목적론적 인과율의 양립을 위한 학적 기초정립의 방법론이다.

철학의 정체성에 관한 의문은 오히려 각종 사상들이 야기한 분열된 사태에 의해 더욱 심화되었다. 따라서 다음과 같은 이런 주제를 해명해야 했다. 왜 철학은 모든 전문가들이 다 함께 공감하고 공유할 수 있는 통합원리를 형성할 수 없었는가? 철학자들이 통합원리를 형성하지 못하도록 만든 근본 문제점이 도대체 무엇인가? 이런 의문은 두말할 나위 없이 인간의 선천적 인식기능의 작용을 왜곡하는 지적 토양에서 비롯된다. 더 나아가 단어로 구성된 문장이 지닌 약점으로부터 비롯된다.

대상을 설명한 문장의 근저에는 경험의 개별사태들이 은폐되어 있다. 독자들이 그것을 스스로 상상해야만 문장의 진의를 제대로 파악할 수 있다. 그런데 언어를 해독하는 교육방식은 개별사태를 상상하면서 전체 상황을 파악하는 사유과정을 소홀히 한다. 그런 사유습관은 경험사태를 상상하도록 이끄는 논리적 사고방식에 의해 함양된다. 그래서 철학은 모든 과학의 기초학문이다.

보편적 존재원리를 추구하는 철학은 모든 현상을 총괄하여 종합적이고, 통일적이고, 체계적으로 해명할 수 있는 유일한 장소이다. 철학은 어떤 견해일지라도 그것이 진리의 심판대에 오르면 제대로 비판할 수 있는 논거를 마련해야 한다. 그 논거가 학문탐구의 토양이다. 그 토양의 본질은 철학이 확립한 진리의 보편성이다. 그러므로 지식의 효용성을 파악하려는 태도는 진리의 보편성을 이해해야 하고, 진리의 보편성을 이해하려면 철학이 다루는 주제를 이해해야 한다. 학문을 익히는 자는 지식의 효용성이 철학의 효용성이고, 철학의 효용성이 지식의 효용성임을 깨쳐야 한다.

모든 논구는 그 내용이 진리임을 목적으로 내세운다. 진리를 확인시킬 방법이 없으면 논구는 주관적 발상에 불과할 뿐이다. 모든 논구는 자신의 지적 작업이 진리를 파악할 수 있는 사유방식의 토대 위에 있음을 해명해야 한다. 그 판단근거는 철학이 오래 전에 확립했다.

일러두기 :

1. 『순수이성비판』의 독문서는 『Kritik der reinen Vernunft』(Felix Meine, Hamburg, 1956)이다.
2. 번역서의 경우 『순수이성비판』은 백종현 역, 전원배 역, 최재희 역, 모두를 참고했다.
3. 인용한 발췌문은 독문의 내용과 차이가 없으면 다소 의역이 있더라도 독자들이 편히 읽을 수 있는 전원배 역서의 문장을 선택했다. 번역한 내용을 수정할 부분이 있을 때에는 그 점을 수정했다.

1부

선험철학 논구에 앞서
해명해야 할 선결과제

1. 철학이 해명해야 할 학적 근본과제

진리를 확립하는 사유방식의 보편성

모든 논의의 선결요건은 학문이 객관적이고 보편적 진리임을 확증할 수 있는 방법이 있어야 한다는 점이다. 지식을 진리로 확증하려면 진리가 아님을 주장할 수 없는 객관적이고 보편타당한 판정기준이 있어야 한다. 그런데 이 기준도 지식이므로, 진리기준의 학적 작업이 무한소급 Regressio in infinitum의 난점에 부딪쳐 회의론에 봉착할 수 있다. 그런데 인간의 인식기능은 회의론을 극복할 방법을 선천적으로 갖추고 있어 진리의 탑을 구축할 수 있었다. 예컨대 인간은 점을 비롯한 선·면·부피의 정의를 규정하고서 기하학을 구성한다. 마찬가지로 사물에 대해 원자를 구성인자로 규정하여 물리학을 구성한다.

인식기능이 생각한 원자 관념은 더 이상 분할이 불가능한 궁극입자이다. 궁극입자는 분할이 불가능하므로, 내부를 들여다볼 수 없다. 그러면 인식기능은 불가지론의 회의론에 봉착한다. 하지만 변화가 불가능한 궁극입자의 모습은 그 자체로 더 이상 의심할 수 없는 확실한 지식이다. 분할이 불가능한 입자는 더 이상 변화를 할 수 없다. 어떤 조건도 입자를 변화시킬 수 없다. 불변의 확실성은 진리판정의 근거와 기준이 된다. 또한 불변의 원자는 진리판정의 근거와 기준이 된다.

불변의 입자는 정지해 있거나 운동한다. 전자는 이미 확정된 것이므로, 후자가 인식대상이다. 움직임은 내부의 원인에 의해 이루어진다. 움직임이 결정적이면, 내부원인도 결정적이다. 내부를 들여다보고 원인을 파악하지 않더라도 더 이상의 다른 움직임이 없다면, 내부원인과 외부움직임은 동일한 성질이 된다. 내부원인이 정지하고 있는 원자의 외부움직임을 만들었기 때문이다.

불변의 입자움직임은 규칙적, 불규칙, 불규칙이었다가 규칙적인(규칙적이었다가 불규칙적인) 3가지 경우에 해당한다. 입자의 움직임이 불규칙하면 생성·소멸의 법칙을 형성할 수 없다. 우주의 질서를 형성할 수 없다. 우주의 여러 양상은 움직임의 불규칙성 때문이 아니라 무한한 공간에서 사물이 결합해야 하는 생성·소멸의 조건 때문이다. 조건도 원자의 모형과 움직임이 규칙적이어야 형성된다. 우주의 혼돈상태도 움직임이 규칙적일 때에 가능한 양상이다. 생성·소멸의 법칙은 입자의 불변성과 규칙성에서 파생된 것이다. 생성·소멸과정에서 발생하는 갖가지 양상도 입자의 불변성과 규칙성에서 파생된다. 원자의 모습과 움직임이 사물의 원인이고 원리로 확정해도 잘못일 수 없다. 우주의 파멸은 원자의 불변성과 규칙성이 허물어질 적에 가능하다.

불가지론에 해당하는 내부모습은 외부모습으로 설명해도 잘못될 수 없다. 그리고 A=B, B=C, C=A이면, C=B=A의 도식이 성립한다. 인간은 A=B=C를 통해 A를 확정하고 불가지론을 극복한다. 인간은 이 방식에 의해 자신이 구축한 학문의 탑을 진리의 전당으로 확증한다. 칸트 철학을 비롯한 모든 합리론의 발상은 외부현상이 명백하면 내부원리는 그로부터 확립할 수 있다는 입장이다.

진리의 탑은 사물뿐만 아니라 정신까지 포함해서 구축해야 한다. 정신현상이 사물현상과 다르므로 '정신현상' 대신 '정신'으로 규정해도 무방하다. 정신과 물질을 다른 성질의 실체로 설명하건, 정신이 물질에서 발생한 성질로 설명하건, 정신과 물질이 동일한 실체의 두 가지 속성으로 설명하건 간에, 정신현상과 물질현상은 구별된다. 정신과 물질이 양립하는 접점을 명확히 규명하면, 진리의 탑을 온전하게 구축할 수 있다.

서구철학은 일찍이 고대에 플라톤이 이 작업을 시도하여 철학의 근본형식을 구축했다. 그러나 중세 신학의 간격에 의해 이 작업이 단절되었다가, 근대에 이르러 플라톤 철학의 기본골격과 비교되는 철학체계가 등장했다. 그것이 칸트의 선험철학이다. 칸트의 선험철학은 그 목적을 추구했고 그리고 달성했다. 그런데 헤겔이후의 등장한 철학이론은 종합적이고, 체계적이고, 통일적이고, 통합적인 철학이론을 제대로 계승하지 못했다.

철학은 자연과학의 성과에 함몰하여 어처구니없게도 스스로 자신의 정체성위기를 초래했다. 게다가 형이상학을 거부하는 상황에서 득세한 정치경제학이 전래의 형이상학의 역할을 대신하였기 때문에 철학은 보편학의 역할을 상실하였다. 현대철학은 칸트의 선험철학처럼 철학의 정체성을 재차 명확히 확립해야 한다. 모든 지식의 근본 토대가 인간본성을 철저히 분석하는 철학의 학적체계임을 사회구성원들에게 확인시켜야 한다. 이 작업은 칸트의 비판철학의 체계와 결코 무관할 수 없다.

인식론 논구가 지향해야 할 목적

논리학에서 동일률, 모순율, 배중률과 같은 근본원리를 정립해 놓듯이, 마찬가지로 철학이 존재를 올바르게 논구하기 위해서는 선결적으로 확정해 두어야 하는 핵심요건이 있다. 논구의 목적은 의식의 상상력이 당면한 문제를 해결할 수 있는 방법을 추구하는 것이다. 인간의 의식작용은 존재의 모든 현상을 아우르는 궁극의 통일원리를 추구하고, 사회질서를 유지하는 데 필요한 도덕적 실천원리를 구축하고, 일상생활에 필요한 사물을 생산하는 기술을 구축하고, 영혼불멸과 윤회의 사고방식에 필요한 종교의 교리를 구축하는 사고방식이라고 규정할 수 있다.

철학의 사유방식이 이와 같은 모든 과제를 통합할 수 있는 방법으로 규정한 근거는 간단하게 다음처럼 3가지로 요약된다.

첫째, 사람을 그린 그림이나 인형과 사람처럼 움직일 수 있는 로봇과 로봇의 설계도면은 결코 같을 수 없다. 철학의 사고방식이 인형과 로봇의 차이처럼 문학 및 종교의 사고방식과 구별되는 분명한 이유는 현실에서 작동하는 방법론의 차이점 때문이다.

둘째, 현대의 문명사회는 너무도 복잡하지만 모든 문명의 각종 기물은 인간의식의 작품이다. 그러므로 눈부신 현대문명의 성과는 하나의 동일한 인간의 의식기능에서 보면 당연히 의식의 분화라고 말할 수 있다.

셋째, 인간이 갖가지 방향으로 분열하는 분화과정을 거쳐 창조적 문명사회를 건설할 수 있게 된 근거는 다름 아닌 의식이 분석과 종합의 판단과정을 거쳐 사물이 생성·소멸되는 과정을 파악할 수 있게 된 점이다. 인간의 의식구조가 그런 기능을 갖추고 있지 않았다면, 앞의 첫째에서 말한 바대로 의식은 오로지 사물의 인상만을 기억할 뿐이고, 둘째에서 말한 바처럼 원리를 알지 못했을 것이고 나아가 체계화된 이론이나 공학적인 제작기법과 기술을 가질 수 없었을 것이다. 그러면 인간은 눈앞에서 사라지는 사물을 생산할 수 없게 되고 그리고 문명사회를 건설하는 작업을 진행할 수 없었을 것이다.

인간의식은 사물의 생성소멸 전 과정을 1:1로 대응하여 지식으로 간직할 수 있는 기능을 지니고 있다. 인간은 자신의 사고발상을 실현할 방법론을 구상하는 철학의 장소에서 존재론과 인식론과 논리학을 통일하려는 작업을 수미일관된 자세로 추구하였다. 그리고 이 통합의 지루하고 긴 학적 작업에 참여한 철학자들은 이론과 실천, 주지주의와 주의주의, 합리주의와 경험주의, 절대성과 상대성, 유심론과 유물론, 원리주의와 편의주의, 초월성과 실증성 및 실용성 등의 개념들을 모두 자신들의 이론 속에 녹아들어가도록 만들었다. 따라서 모든 개별적 철학논구에는 변증적 사유과정을 바탕으로 이루어진 철학자의 주장이 포함되어 있다. 그리고 그런 변증적 사유방식과 작업과정은 사유통합의 결과이고 객관적 진리 전당인 학문의 틀을 구성하였다.

현대성 논구가 철학의 보편성 논구인 점

"인간은 이성적 존재이다."
"인간은 사회적 존재이다."
"인간은 형이상학적 존재이다."
"인간은 문명을 창조하는 존재이다."

이 명제들은 '인간이 이념적 존재'임을 뜻한다. 인간의식의 활동이 관념적이기 때문에 인간의 생존방식은 언제나 이념적이다. 인간사회가 정상적으로 유지되려면, 구성원들을 통합시킬 수 있는 이념이 필요하다. 그러므로 인류사회는 언제나 이념적이었다. 하지만 이념을 떠받치는 가치관을 통일시키려는 지성의 진행과정은 간단치 않았다. 역사는 그 점을 분명히 확인해준다.

인간의 감성적 지각과 오성적 판단만으로 사회질서를 형성하고 유지해나갈 수 없다. 인간의 삶이 만인 대 만인의 투쟁 상태이건 평화로운 상태이건 간에, 인간이 자연 상태에서 문명사회를 건설하는 주체가 되려면 인간은 이념의 존재가 되어야 한다. 인간은 도덕관념을 문명사회를 건설하는 생존과정에 적용했다. 인간이 동물과 다를 바 없다면, 도덕적 선·악 관념이 필요하지 않다. 오로지 적자생존방식만 필요할 뿐이다.

근대사회 이래 세계는 자유와 평등의 이념으로 정치 분야에서는 왕정체제를 공화정체제로 전환했고, 경제 분야에서는 자본주의와 공산주의 체제로 양분했다. 20세기말 공산주의가 쇠퇴했지만, 그 자리는 종교이념이 대신했다. 세상은 정치·경제 이념의 충돌 대신, 문명 충돌의 새로운 국면을 맞이했다.

외면적으로 현대사회는 자연과학의 발달로 약 80억 인구로 팽창했고, 구성원의 수명도 늘어났다. 사회구조가 복잡해진 만큼, 빈부격차를 비롯한 사회문제는 더욱 심화했다. 정치·경제·학문·종교·예술·체육 등 사회 각 분야는 자신이 처한 문제를 해결해야 했다. 구성원들 사이에 발생한 분열, 대립, 갈등, 마찰, 투쟁, 폭력, 억압, 물질적 소외, 심리적 소외 등의 문제를 해소해야 했다.

문명사회가 발전을 거듭하는 과정에서 드러난 이념의 정체도 확연해졌다. 인간의 삶의 모습이 어떤 양상으로 변하더라도, 관념의 틀은 불변이고 사회와 개인이 직면한 문제의 틀도 또한 불변인 점이다. 예컨대 지구가 태양을 공전하고 스스로 자전하는 틀이 바뀌지 않는 한, 그로 인해 지구에 발생하는 갖가지 변화의 틀도 바뀌지 않는 것과 같다. 인간의 틀이 바뀌지 않는 한, 인간이 만드는 모든 삶의 틀도 바뀌지 않는다. 그러므로 현대사회의 문제를 진단하고 해결할 방책은 이념의 근원인 인간본성으로 되돌아가 논구해야 한다. 미래사회의 전망도 이로써 가능하다.

철학은 사회가 시대에 걸맞은 상황논리를 전개할 수 있도록 이념의 틀을 구축하였다. 각 시대는 그 틀을 두고 논구를 거듭했다. 그것이 이념의 역사이고, 진리를 구축하려는 학문의 역사이고, 진보의 역사이다. 인류가 이념을 시대에 맞추어 수정하고 개선할 수 있는 바탕은 인간의식에 선천적으로 자리 잡은 지성의 틀이다. 인간은 이 기능을 자성함으로서 이념을 공유하는 방식을 개척할 수 있었다.

철학은 폭력과 억압의 상황을 극복하고 인류에게 공생·공영의 평화를 도모하는 사고방식을 일깨우고 확산시켰다. 그리고 그 작업은 여전히 진행 중이고, 영원히 진행할 것이다.

칸트 선험철학이 현대학문의 특성을 파악할 수 있는 방법

칸트 비판철학의 사고방식은 인류가 자각하고 공유해야 할 이념의 틀에 부합한다. 인류가 공유해야 할 이념이 비판을 기피하는 일은 있을 수 없다. 공정한 비판을 위해서는 비판의 틀이 있어야 한다. 그래서 칸트 철학은 여전히 현대적이다.

칸트 철학의 현대성은 그의 3대 비판저서의 내용을 통해 몇 가지로 요약할 수 있다. 그리고 칸트 선험철학의 논구는 이 관점의 해명과정이다.

1. 철학의 사고방식과 자연과학의 사고방식과의 통일성
2. 철학의 사고방식과 사회과학의 사고방식과의 통일성
3. 철학의 사고방식과 예술의 사고방식과의 통일성
4. 철학의 사고방식과 종교의 사고방식과의 통일성
5. 통일을 위한 사고방식의 토대는 감성의 순수직관형식과 오성의 범주 개념
6. 모든 인간의 사유 활동은 현상에 국한
7. 현상적 자아와 선험적 자아의 통일은 선의지의 최고원리에 의해 확립

이처럼 3대 비판서의 구성이 인간의식이 관여할 수 있는 모든 분야를 총망라한 통합 체제이므로 모든 분야와 관련됨을 확인할 수 있다. 플라톤이래 통합체계를 이룬 철학자가 다수이므로, 이 점은 칸트에게만 국한되지 않는다. 그럼에도 불구하고 칸트 선험철학이 주목대상인 이유는 인식론의 구성방식이 현대적이기 때문이다. 더 나아가 선의지의 실천이성과 미의식의 반성적 판단력의 논구과정이 현대철학의 밑거름으로 여전히 작용하고 있다. 칸트 철학의 현대성을 해명하려면, 그 점을 중점 논구해야 한다.

철학논구의 출발이 의식구조의 분석

[의식의 특성]

사물과 사물은 서로 대립할 뿐이지, 서로를 인식하고 대응하는 행위를 하지 않는다. 사물은 자신이 지닌 에너지에 의해 서로 충돌하고 위치를 변경한다. 그런데 사물의 모형과 운동방식은 결합하는 방식을 갖추고 있어서 새로운 개체로 전환한다. 그러나 물질은 물질일 뿐, 결코 의식을 갖춘 사물일 수 없다.

상대방을 인식하려면 인식기능을 갖추어야 한다. 인식기능은 대상을 자신 안에서 반영하여 대상의 특성을 파악하고 그에 대해 자신의 의도를 작용한다.

인간이 살아 있다는 직접적이고 확실한 객관적 증거는 자기존재를 의식하는 자신을 직관하는 것이다. 자기가 자기를 의식하는 객관적 사실은 공간적으로나 시간적으로나 항상 현실적이다. 그러므로 데카르트는 "나는 생각한다, 고로 존재한다cogito ergo sum"는 명제는 존재론이면서 동시에 인식론의 기초를 정립할 수 있었다. 그 명제의 주장은 일반사람들이 전문적 철학논구를 거치지 않고 상식적으로 판단하더라도 수긍하지 않을 수 없다. 하지만 인간이 자신의 의식으로 자신이 존재한다는 사실을 직관하더라도, 곧바로 자신의 의식이 정신의 실체로부터 발생했다고 주장할 수 없다. 또한 물질의 실체로부터 발생했다고 주장할 수 없다.

유심론자인 유신론자들은 비록 사후의 영혼과 실제로 교감하지 않더라도 자신의 사후세계와 영혼불멸을 주장한다. 유물론자이면서 무신론자들은 유심론의 주장들을 거부한다. 그러나 유물론자가 자신의 무신론을 주장할 수 있기 위해서는 우선적으로 자기가 생활하는 세상의 존재부터 의식해야 한다. 따라서 데카르트의 명제는 어느 쪽에서도 부정될 수 없고 거부될 수 없다.

살아 있는 인간을 활동하게 만드는 의식이 작동하기 위해서는 그 속에 활동력이 있어야 한다. 더 나아가 그 활력은 두뇌를 작동시키는 물질적 활력소뿐만 아니라 의식이 작동할 수 있게 만드는 정신적 활력소도 갖추어야 한다. 인간은 자신의 정신적 활력을 욕망과 의지라는 관점에서 파악한다. 그것은 삶의 동기, 이유, 목적의 개념에 합당하는 의식의 원천이다. 그로부터 다음의 두 가지 의문이 성립한다.

첫째, 정신과 물질의 본질은 서로 다른 이질적인가? 둘째, 철학은 심리학에서 다루는 심리기능과 인식론에서 다루는 인식기능의 역할을 어떻게 구분해야 하는가? 또한 하나의 의식은 인식적 기능과 심리적 기능으로 양분하여 하나로 통합되어 있는가? 그리고 정신적 자아는 심리학에서 다루는 심리적 자아와 인식론에서 다루는 순수의식의 자아로 구성되어 있는가? 끝으로 순수의식의 자아와 심리적 자아가 상보적 상관관계로 맺어 있다면, 상호충돌의 경우가 어떻게 발생하는가? 라는 물음이다.

첫 번째 물음에는 정신과 물질이 성질이 다른 존재이면서 동시에 공생할 수 있고 또한 공생해야 하는 이유와 방법을 우회적으로 해명하는 논구가 포함된다.

두 번째 물음에는 하나의 의식 내에서 작동하는 심리적 기능과 인식적 기능이 공동으로 의식을 구성하고 있는 본질적 기능인지를 따지는 논구가 포함된다. 두 기능은 상보적이면서도 또한 두 기능의 상보성을 제대로 발휘하지 못하고서 충돌할 적에 정신적 문제를 야기한다. 그러므로 철학은 인식론에서의 인식기능이 심리학에서의 심리기능과 서로 구별되는 독립적 기능인지를 해명해야 한다. 그 논구에는 한편으로는 인식의 기능이 심리기능을 조정하고 조절할 수 있는 경우와 또 다른 한편으로 심리기능이 인식기능을 조정하고 조절할 수 있는 경우가 별개로 구별된다. 순수의식의 지성적 의욕이 더 강하면 이성이 심리적 욕망을 존재 및 도덕의 원리에 합당하게 조정하고 조절할 수 있다. 반면에 심리적 욕망이 더 강하면 지성의 학적 의욕을 왜곡시킬 수 있다. 의식의 본질은 이런 관점에 따라 다루어져야 한다.

의식의 본질을 규명하는 작업에는 반드시 칸트의 철학체계가 참조되어야 한다. 그것은 칸트가 인식론에서 이성을 사변이성과 실천이성으로 구분하고, 주지주의와 주의주의를 통일하려고 시도하였기 때문이다.

보편학문의 통합기능

칸트 철학의 이해는 의식구조가 비판철학에서 세 부분으로 나누어져 있는 점을 통합적으로 파악해야만 가능하다. 지성의 기능이 진리탐구의 형이상학적 사유능력이고, 사회질서를 형성하고 유지하고 개선하는 기능으로서 선의지의 실천능력, 문명을 수립할 문화·예술적 기능으로서 미의식의 창조능력이다. 칸트의 통합구조는 인간이 참 진리를 바탕으로 하여 도덕적 사회질서를 형성하고 문화·문명사회를 건설하도록 만들기 위함이다.

보편학문에서 자연스럽게 발생하는 가장 기본적인 의문점은 "철학을 하는 이유가 무엇이며 철학을 하면 무엇을 어떻게 할 수 있는 것일까?"이다. 이 의문점은 역설적으로 철학의 여러 의문을 깨달아가는 과정에서 가장 뒤늦게 깨닫게 된다. 성급한 초보자들은 이 의문의 해명을 선각자들에게서 가장 먼저 듣고 싶어 하지만, 이는 철학의 각종 의문점을 논구한 연후에 비로소 도달하는 깨달음이다.

인류가 철학적 사유를 나름대로 체계적으로 시작하게 되었을 적부터 기록된 철학사에는 유심론, 유물론, 범신론 및 합리론, 경험론, 독단론, 회의론, 창조론, 진화론, 결정론, 우연론 등등의 사상 및 사상가들이 등장하였다. 철학은 존재론, 인식론, 논리학, 및 도덕철학, 사회철학, 자연철학 등등의 명칭으로 이론을 구성하였고, 또한 시간의 흐름에 따라 철학적 사고방식에 의해 여러 명칭으로 독립한 과학의 이론들이 비로소 등장하였다. 각기 다른 견해를 펼친 여러 이론들 중에 철학의 근본문제를 해명하여 모든 사람들이 납득할 수 있는 종합적 통일이론을 구축하였다는 철학자들이 다수 등장하였다. 하지만 모든 철학자들이 공인한 단 한 명의 철학자와 단일학설은 아직까지 없었다. 그럼에도 불구하고 그들이 보여준 학문적 성과는 매우 뚜렷하고 위대하다. 다음의 사실이 철학이 극복한 난맥상의 과정이다.

첫째, 존재의 근본원리를 발생론적으로 설명하려는 합리론의 입장은 독단론이라는 비판의 장벽에 부딪쳐 항상 난파했다.

둘째, 그 난파지점은 철학이 논구한 과제의 문제점이 무엇인지를 확연히 보여준다.

셋째, 난파지점에서 확연해진 진상은 인간의 감각기능이 지각할 수도 없고, 인식기능이 인식할 수도 없고, 사유기능이 사유할 수도 없는 명목상의 존재가 현상의 사물처럼 존재한다고 증명할 수 있는가? 라는 의문점이 더 이상 논구과제가 아니라고 단호하게 말할 수 있게 된 점이다. 인간이 합리적으로 도달한 결론은 그런 성격의 존재가 결코 존재하지 않는다는 것이다. 그럼에도 불구하고 그런 존재자가 엄연히 존재하는 사실은 의식 내에서 부질없는 단지 문장으로서만 존재하는 경우일 뿐이다.

그런데 지각과 인식은 불가능하지만 사유할 수 있는 존재는 철학의 논구에서 배제할 수 없다. 인간의 본성이 피해가려고 하여도 결코 피해 갈 수 없고, 학문에서 배격하려고 해도 배격할 수 없는 '존재원리'의 특성 때문이다. 그것이 칸트가 말한 것처럼 인간이 타고난 숙명에 의한 형이상학의 과제이다. 철학은 이와 같은 과제를 학적 이론의 토대를 마련하여 논리적으로 해명해야 한다.

진리가 단번에 설명될 수 없는 것처럼 그 의문의 내용도 압축적으로 요약해서 간단하게 설명할 수 없는 지난한 과제이다. 그럼에도 불구하고 개략적으로 설명해야 한다면, 그 시도는 엇비슷한 성격의 경우를 채택해 비유를 통해 해명하는 방식일 것이다. 예컨대 모든 밀가루 음식이 갖가지로 존재하지만, 그것들이 여하튼 밀가루로 만들어졌으니 어떤 경우에서도 밀가루의 속성을 결코 벗어날 수 없다는 사실과 비견하는 해명방식이다.

이런 종류의 비유방식은 곧바로 더 깊은 수준의 의문을 떠올리게 만든다. 밀가루가 자신이 지닌 고유한 성질만으로는 갖가지 종류의 제품을 스스로 만들 수 없기 때문이다. 각종 제품에는 밀가루 이외에 다른 성질을 지닌 재료가 첨가되어야만 한다. 그런 맥락에서 보면, 현상계에 존재하는 모든 개체들도 동일한 성질의 원질에서 비롯되었으므로 당연히 그 원질은 논리적으로 현상의 갖가지 다양성을 위하여 스스로 다양한 성질을 지닌 여러 종류를 만들어 낼 수 있는 포괄적 성질과 기능을 갖추고 있어야 한다. 철학적 사고방식은 사물을 구성하는 원질이 스스로 여러 단계의 과정을 거쳐 원자구조를 만들었고 더 나아가 현상계에 전개된 수많은 복합체를 구성한 것임을 진리로 밝혔다. 이 사고방식은 그 방법까지도 정확히 파악하여 원자를 이용한 원자탄까지 만들었다. 그럼에도 불구하고 이런 정도와 수준의 사고방식은 현상계의 개체들과 갖가지 변화를 설명하는 지식으로 충분할 수 없다. 그 결론은 밀가루를 가지고서 각종 제품을 만드는 과정과 동일한 맥락으로 이루어진다.

그 불충분성은 비유컨대 밀가루가 각종 제품이 되는 과정에서 그것이 근본재료가 되어야 했던 필요성, 즉 동기와 이유 및 목적 더 나아가 그것을 이용하여 각종 제품으로 만드는 장인이 있지 않으면 안 되는 조건이다. 그런 맥락에서 철학의 사고방식은 존재가 자신의 영역에서 근본원질이 스스로 이와 같은 기능을 어떻게 갖추고 있는지를 해소해야 한다.

일찍부터 고대인들은 목적론의 논구를 어떻게 시작해야 하는가 하는 방법론의 문제를 해소하려고 시도했다. 그리고 그들은 철학적 사유를 행하는 과정에서 자신의 의식 속에 내재하는 논리적 사유방식을 찾아냈다. 논리적 사유방식이 근거하는 토대는 현상계에서 진행되는 사물변화가 어떻게 풍부해지더라도 변화를 담고 있는 형식의 틀이 불변인 점은 일치한다. 논리학 법칙에서 첫 번째 원칙은 개체를 구성하고 있는 형식이 변화한다는 것이고, 형식적 원리가 불변한다는 점이 두 번째 원칙이다.

이 원칙은 인간의 사고방식이 여러 갈래로 나뉘어져 마찰하고 대립하여도 인간사회의 발전을 도모할 수 있게 만든 바탕이 되었다. 그 역사적 사실은 인간사유가 존재에 관한 이론을 어떻게 구성하든지간에, 인간 자신이 살아가고 있는 실질적 현상계를 받쳐주는 존재원리의 형식이 인간사유와 상관없이 불변이었기 때문에 가능했다. 그러므로 인간이 진리로서 인정하는 존재원리는 모든 변화를 수용하는 존재의 형식적 틀이 아닐 수 없다.

30

철학적 사고방식은 인간이 자연과 인간자신 그리고 신과의 삼자관계를 수미일관된 하나의 이론으로 통합하는 작업과정에서 목적론이 어떤 문제점을 야기하였는지, 더 나아가 인문과학, 사회과학, 자연과학의 이론이 목적론을 두고 어떻게 서로 조화를 이루고자 작용하였는지를 밝혀야 한다. 목적론을 논구해야만 각 학문을 통합할 충분조건을 충족시킬 수 있다.

인간이 함께 목적론을 논구할 수 있는 상대는 인간자신 이외에 존재하지 않는다. 지상에서 목적론을 논구하는 존재는 오로지 인간뿐이다. 목적론의 모든 논구는 목적을 공유하고 있는 인간끼리 상대적으로 마주보고 있어야 가능하다. 이 조건이 인간 자신이 형이상학적 존재임을 분명하게 확인시켜주는 증거이다. 결론적으로 요약하면, 목적론의 조건은 주체와 주체가 서로 마주하는 상황에서 양자가 지향하는 목적을 서로가 공유하고 있어야만 충족된다.

역설적으로 문명을 창조해야 하는 목적을 지니고 있지 않은 개체들에게는 삶의 목적을 굳이 따질 이유가 없다. 인간은 자신이 마주하고 있는 자연의 사물에게는 문명사회의 산물인 자동차가 탄생한 목적을 따질 수 없다. 왜냐하면 자연이 자동차 같은 문명의 산물을 결코 만들 수 없는 엄연한 조건 때문이다. 바꾸어 말하면, 인간의 사유방식이 동물 수준에 머물고 있다면, 문명사회의 발명품이 결코 가능한 일일 수 없기 때문이다. 문명창조의 행위가 오로지 인간의식이 지향하는 삶 자체에만 있기 때문이다. 그러므로 자동차의 발명동기가 인간생존의 필요성에 기인한 것이므로, 공동체에서 살아가는 개인의 삶의 의미는 자연에서 문명을 건설하고 살아가는 인간생존의 목적을 근거하여 해명할 수 있다. 공동체에서 서로 마주하면서 살아가는 개인의 심리상태는 인간이 생존하는 삶의 목적을 근거하여 해명할 수 있다.

형이상학의 과제, 목적론의 논구

　물질로 구성된 육체가 활동하는 자연계에서 인간의식이 작용하는 목적을 밝히는 정체성 논구가 형이상학의 주된 탐구대상이다. 그 이유는 인간의식이 지향하는 행위목적이 자연의 사물변화와 서로 어울러 문명사회를 건설하는 데에 있기 때문이다. 목적을 실현하는 수단이자 도구인 물질재료가 없으면, 그들을 활용하여 삶의 목적을 실현시키려는 의식작용이 현상계에 등장할 수 없다.

　이 사실은 인간이 지향하는 삶의 목적이 자연사물과 무관하게 저 홀로 의식에서만 존재하는 것이 아님을 의미한다. 따라서 저 홀로 존재할 수 없는 삶의 목적이 무슨 의미를 지니는지를 형이상학은 해명해야 한다. 그리고 그 이유는 다음처럼 요약된다.

　첫째, 의식의 존재가 물질의 현상계와 전혀 무관하게 독자적으로 존재하는 정신영역의 실재를 입증하는 근거가 되는지를 해명해야 한다. 정신영역의 실재는 종교와 문학이 언어로 가공한 주관적 주장 이외에 달리 없다. 그러므로 무슨 근거로 어떻게 증명할 수 있는지의 방법론은 목적론의 해명작업과 직접 연관한다. 이 의문을 해명하는 과정에서 유신론은 목적행동을 하는 인간이 현실존재이고, 인간의 목적행위가 사물변화와 더불어 실제로 작용하는 원인인 사실을 신의 존재를 증명하는 간접적 근거로 내세운다. 거꾸로 유물론의 발상은 물질이 자기 내부에 목적을 산출하는 의식기능의 원천을 내포하고, 그리고 그 점이 인간의식을 탄생하는 원천이라고 주장한다.

　둘째, 인간정신의 근원인 영혼계가 현상계가 펼쳐진 우주공간에서 현상계와 공존하는지의 의문을 해명해야 한다. 이 해명은 현상계에 작용하는 자연의 생성목적과 인간의 행위목적이 서로 상보적 관계를 이루어야 하는 당위성을 논증하는 작업이다. 인간존재는 목적론의 바탕이면서 동시에 정신실체와 연결고리이다. 인간의식에서 비롯된 창조행위가 목적론의 논구소재이다.

인간이 등장하기 전에는 인간이 창조한 물질문명은 존재하지 않았다. 만약에 그런 문명이 존재했다면, 그 경우의 창조주체는 인간과 유사한 존재자라고 말해도 무방하고, 물질에 존재하는 목적형상은 정신의 의식에 이미 존재하였다고 말해야 한다. 그런데 인간의식이 만드는 사물형상은 하나의 요소만으로 이루어지는 것이 아니다. 여러 장소에서 만들어진 여러 가지 부품이 모여서 이루어진다. 그 점은 마치 작곡가가 곡을 창작하기 이전에 성악가와 기악의 연주자가 자기 기량을 향상시키고 있다가 함께 모여 창작된 곡을 공연하는 경우와 같다. 그러면 작곡가가 곡을 준비한 작업은 이전부터 존재하고 있는 성악가와 악사를 하나로 결합시키기 위한 목적행위가 된다. 즉 작곡가가 목적행위의 주체가 되는 상황이 목적론의 논거가 된다.

목적론에서 핵심과제는 작용의 근본목적이 도대체 어디에서 연유하고 그리고 어디에 존재하고 있는지의 발생론의 의문이다. 목적이 존재하더라도 그 목적에 해당하는 현상이 등장하지 않으면, 그 경우는 목적이 없는 상황과 진배없다. 그 사실은 인간이 등장해야만 비로소 문명이 등장하는 상태와 일치한다. 목적론은 현상계에서 이루어지는 문명창조가 인간이 존재하지 않으면 실현될 수 없는 조건에서 확연해진다. 이 객관적 사실을 존재개념에 그대로 적용하면, 현상계이건 정신계이건 간에 어느 쪽이 인간의 목적행위를 가능케 한 존재자를 내포하고 있어야 한다. 그리고 그 존재자는 목적을 행사하는 존재자와 그 목적에 의해 생성되는 존재자로 나뉘어야 한다. 스피노자가 자연을 능산적 자연과 소산적 자연으로 나눈 이유가 여기에 있다. 존재자를 그렇게 구분하면, 존재자를 해명하는 방식은 두 가지의 경우로 나뉜다.

첫째, 현상의 개체들을 구성하는 물질의 구성요소들이 관념적이어야 하는 당위성이다. 그 이유는 목적이 있다고 하더라도 목적을 실현할 수 단이 없다면 불가능하기 때문이다. 목적을 실현시킬 수 있는 조건을 물 질이 갖추고 있어야 한다.

둘째, 관념적으로 구성된 물질들은 목적을 이룰 수 있는 일정한 단계 에 이르면 목적에 걸맞은 개체가 되어야 하는 법칙성이다. 그 개체들이 또 다른 목적적 활동을 하면 비로소 목적적 현상계가 구성되는 사실성 이다. 그러면 인간의 의식적 목적이 어디에서 연유하는지의 또 다른 의 문점이 발생한다. 그 의문점도 두 가지 관점으로 나뉜다.

첫째, 인간의식을 담고 있는 존재를 영혼인 정신적 개별자라고 하면, 물질의 영역과 별개로 존재해야 한다.

둘째, 영혼이 물질과 불가분의 관계를 가지지 않으면 물질계에서 존 재할 수 없고, 존재할 리 없기 때문에 영혼과 물질은 동질성을 공유해 야 한다.

두 번째 주장은 목적과 수단이 분리되지 않는 점을 강조한다. 수단이 없으면 목적은 드러날 수 없고, 반대로 목적이 없으면 수단은 목적적 활동을 할 수 없기 때문이다. 그러므로 현상계의 모든 사물이 목적활동 을 하면, 드러난 현상에 앞서 자연목적이 존재해야 하는 근원적 원인부 터 해명해야 한다.

인간이 존재해야만 인간이 만든 문명이 존재하듯이, 존재목적은 그 목적에 의한 현상이 등장해야만 실현된다. 그러므로 형이상학의 입장 과 정반대의 관점에서 존재본질을 논구하려는 반형이상학의 입장도 물 질의 구성요소인 원질에 생성·소멸의 현상을 만들어내는 존재목적이 내재해 있다고 수용해야 한다. 유물론은 물질이 의식의 목적행위와 달리 자기에게 내재한 목적을 단숨에 드러낼 수 없다고 전제해야 한다. 그 전제는 물질에 내재하는 목적이 등장하려면, 변화과정에서 수많은 개체들이 점진적으로 등장해야 하고, 개체들이 등장할 적마다 물질의 목적도 점진적으로 등장한다는 진화론의 관점이다. 그러므로 존재목적을 파악하려면, 다채롭게 전개하는 현상들을 총체적으로 파악할 수 있는 사유방법이 있어야 한다. 그런 연후에 그 방법에 따라 전체를 논구대상으로 삼아 검토할 수 있다.

이와 같은 존재론 논구는 육체를 구성하는 동질의 외부물질을 이용하여 물질문명을 창조하는 인간의식이 왜, 무엇을 위해 육체 내에 사유구조를 갖추고 물질문명을 창조하는지의 의문을 해명하는 과제로 좁혀진다. 목적행위의 과정은 다음으로 요약된다.

1. 구성요소인 단순한 개체는 스스로 현상에 등장한 갖가지 목적을 실현할 수 있는 복합체로서의 존재가 아니다.

2. 단순한 구성요소들이 스스로 복잡한 의식기관을 만들고, 그들이 목적행위를 하면서 자기영역에 또 다른 목적의 개체를 등장시킨다.

3. 각 기관들은 자신의 고유한 역할이 있기 때문에 각자의 입장은 독립적일 수 있다. 독립된 각 기관들은 유기적으로 연결되어 있다. 유기적 전체를 통일적으로 파악하려면, 그 작업에 목적개념을 적용해야 한다.

4. 인간만이 목적행위를 한다고 말할 수 없는 이유는 자연도 인간처럼 목적 지향적 창조행위를 하고 있기 때문이다. 하지만 인간은 먹이사슬로 연결된 생태계에서 직접 목적행위의 의지를 직관할 수 없다. 인간의식이 자신의 창조적 목적개념을 자연에 적용할 적에 생태계의 존재의의를 느낄 수 있다.

5. 인간의식 속에 존재하는 관념적 형상들은 인간심리와 직접 연관되어 있다. 목적행위를 지향하는 의식은 심리현상을 해명해야 한다.

6. 육체를 해체하면 물질이 된다. 의식은 해체할 수 없으므로 물질처럼 되지 않는다. 그러면 거꾸로 물질을 합성하더라도 의식이 될 수 없다. 그 근거는 물질로 구성된 로봇이 인간의 형상을 갖추었다고 하더라도, 인간에 의해 인공지능이 탑재되지 않으면 목적행위를 할 수 없는 것과 같다. 물질이 DNA와 같은 구조를 가지고 있는 점이 자연이 목적행위의 결과임을 증명한다. 불규칙하게 공간에 흩어져 있는 단순한 구성인자가 고도의 질서를 필요로 하는 결합방식을 스스로 시행할 수 없기 때문이다. 그럼에도 불구하고 자연에 목적행위를 할 수 있는 조직이 있음을 주장하면, 그 입장은 자연이 관념적 존재임을 시인해야 성립한다.

7. 인간의식이 목적행위를 하더라도, 그 행위는 상상에서만 가능한 것을 실현하려는 것이 아니라, 존재하는 물질을 활용하여 상상의 형상을 실현하려는 것이다.

8. 인간행위가 목적적이라면, 결국 현상계에 준비된 자연의 형상이 인간의식으로 하여금 그와 같은 행위를 하도록 자극하는 것이라고 말할 수 있다.

이와 같은 의문은 곧바로 더 심각한 의혹을 야기하는데, 그것은 공간의 존재성에 관한 난점이다. 공간이 물질이 아닌 존재인 점이다. 영혼계가 물질계에 존재하는 경우가 아니라면, 영혼이 존재하는 별도의 다른 영역이 존재해야 한다. 그러면 거꾸로 공간이 영혼의 영역 내에 존재하는 것인지 아니면 영혼의 영역이 물질과 같이 공간에 존재하는 것인지의 문제가 또 발생한다.

영혼이 공간처럼 생성·소멸이 없는 단일한 존재이면, 개별적 인간 영혼은 그런 성질의 영혼으로부터 발생할 수 없다. 영혼이 공간 같은 성질의 존재가 아니라 사물처럼 개별적 존재자이면, 영혼에게 사물을 포용하는 공간의 존재가 필요하다. 더 나아가 영혼을 포용하고 있는 영역이 사물을 포용하는 공간을 둘러싸고 있는 것이라면 공간이 영혼을 포용하는 또 다른 영역에 의해 제한된다.

목적론의 핵심주장은, 사물은 영혼을 수용한 육체를 형성하는 질료에 해당하고, 질료로 구성된 육체는 영혼이 부여된 목적에 따라 운동하면서 또 다른 형상의 사물들을 생성한다는 것이다. 거꾸로 영혼을 수용한 육체가 목적에 의해 이루어졌다는 주장으로부터 관념적 유물론이 가능해진다. 더 나아가 범신론도 가능해진다. 그러나 질료가 목적행위를 하는 질료가 아니라면 목적론의 주체가 될 수 없기 때문에, 관념적 유물론의 이론에 관해서는 본질적 논구가 불가피하다.

철학자들은 자신의 인식기능이 이와 같은 문제에 직면해서 모든 현상에 적용할 수 있는 존재원리를 수립하고, 거꾸로 그 원리의 틀 속에서 모든 의문을 해소할 수 있을지의 의문을 해소하려 했다. 그런데 불가지론을 주장하는 회의론자들은 발생론적 의문을 앞세우고 합리론의 이론을 불합리하고 부조리하고 모순적이라고 비판했다. 합리론은 플라톤이래 줄곧 회의론의 지적을 해소하는 작업에 주력하여 인식론, 논리학, 존재론을 구축했다.

정신활동을 하는 인간이 지상에 탄생하기 이전부터 순수정신의 영혼계가 존재하고 있어야 한다는 의문은 역사적으로 철학자들이 좀처럼 해소하지 못했던 지난한 과제였다. 합리론은 발생론적인 문제를 우회하면서 이와 같은 난관을 극복하려고 했다.

현상의 갖가지 변화가 가능해지려면, 현상의 개체들을 구성하는 근본요소들의 형상이 관념적 특성을 갖추지 않으면 안 된다. 모든 개체들의 탄생은 자연에 이미 내재해 있는 발생의 틀 속에서 진행하기 때문에, 인간의식은 자신의 인식기능을 발휘하여 사물을 구성하는 근본입자끼리 서로 결합하여 복합체를 형성하는 운동의 성격을 파악했다. 현상계의 갖가지 개체들이 발생하는 탄생의 방법을 파악했다. 구성요소의 관념적 특성을 파악한 인간의식은 사물의 모든 생성소멸이 자연에 내재되어 있는 관념적 특성에서 비롯되었다고 파악했다. 그 과정에서 관념적 유물론이 등장했다.

관념적 유물론은 생명체의 의식작용이 자연에서 작용하는 생성·소멸의 법칙에 의해 탄생하였다고 주장하였다. 그러나 관념적 유물론자들이 문명사회의 관념을 지닌 인간의식조차 원천적으로 물질에 내재하고 있다고 주장하기에는 역부족이었다. 왜냐하면 그 입장은 자연의 구성하는 근본요소가 인간의식에 내재하는 창조적 발상까지 처음부터 갖추고 있음을 주장해야 했는데, 그 논거가 불충분하였기 때문이다.

철학은 그와 같은 논쟁의 근저에 놓여 있는 다음의 몇 가지 근본적 의문을 해소해야 한다. 그 물음은 인간이 배제된 자연에서의 목적론과 자연과 독립한 인간의식에서의 목적론에서 양자가 지닌 특성의 차이점이다. 내부에 운동에너지를 지닌 물체의 구성요소들이 점차로 복합체를 구성해가는 생성과정을 관념적으로 파악하는 사유방식은 타당하다. 사유기능을 가지지 않은 물체의 구성요소에서 문명을 창조하는 사유기능이 탄생할 수 있다는 주장까지 도달하려면 그런 정도의 관념성만으로는 불충분하다. 유물론자는 동물의식이 물체의 구성요소가 지닌 에너지기능이 만들어낸 반응이라고 설명할 수 있다. 인간의식에 의해 탄생한 문명의 현상은 물질이 지닌 특성만으로 도저히 설명할 수 없다. 의식의 상상력이 인간의 삶 속에서 형성한 각종 사물을 참조하여 자연에서 생성되는 모든 사물의 형성과정을 관념적 목적론으로 설명하는 방식은 타당하다. 거꾸로 유물론이 의식 자체가 물질로부터 생성하였다고 주장하기에는 그 논거가 타당하지 않다. 관념적 유물론은 물질인 난자와 정자가 만나 인간을 형성하였다고 주장할 수 있다. 죽음 이후에 영혼도 육체와 마찬가지로 단순물질로 돌아간다고 설명할 수 있다. 그러나 그 주장은 영혼의 단일성과 불멸설의 문제를 논리적으로 수미일관되게 반박한 입장이 될 수 없다.

그럼에도 불구하고 명백한 사실은 의식이 물질로 구성된 육체 속에 내재해 있고, 인간의식이 탐구하는 존재본질은 현상계에 대한 본질인 점이다. 현상계 이외의 곳에 존재하는지조차 명확하지 않고 인간의 사유과정에서 상상조차 되지 않는 궁극존재자가 존재하는지를 주장하거나 따지는 일이 공허하다. 즉 그런 물음에 대한 해명은 불가지론에 해당하는 것이 아니라, 아예 물음조차 성립될 수 없다.

철학자들이 서로 격렬하게 공방한 논쟁의 역사를 살펴보면, 모든 이념은 한편으로는 사회를 다스리는 데 필요한 권력의 주도권을 제공하는 역할을 담당했고, 다른 한편으로는 인간의 사고방식과 행동양식을 올바르게 인도할 길잡이 역할을 할 수 있는 지식을 제공하는 역할을 담당했다고 평가할 수 있다.

2. 언어의 일반성과 개별성이 야기하는 문제점

언어는 대상을 가리킨다. 그러므로 언어가 가리키는 대상이 실제로 존재하는지 아닌지는 언어가 지닌 의미를 탐구하는 연구에서 기본과제가 아닐 수 없다. 언어가 가리키는 대상이 실재하는지에 대한 설명어들도 동일한 관점에서 면밀히 검토해야 한다. 그러면 언어가 지닌 명목성과 실재성 사이에 발생하는 차이와 간격의 논구가 존재론의 주된 과제로 급부상한다.

'인류'의 언어가 지시하는 인간을 논구하는 철학은 각 개인의 구체적이고 개별적 심리상태를 주된 탐구대상으로 삼아 논구하지 않는다. 그 연구는 개별과학이 수행한다. 하나의 언어에는 그것을 사용하는 주체가 처한 상황에 따라 다른 용도로 사용하는 경우가 발생하기 때문이다. 다의성이 유발하는 각각의 사례는 유의해야 하는 주목대상이다. 그러나 그것도 철학의 주된 근본과제가 될 수 없다. 물론 언어철학의 분야에서는 다루어야 하지만, 순수철학의 주된 분야의 과제는 아니다.

언어가 대화과정에서 대상의 정체에 관한 모든 정보를 한꺼번에 제시할 수 없는 구조적 한계점과, 설명을 보완하기 위해 갖가지 비유를 인용하는 과정에서 오해를 유발하는 한계점도 논구해야 할 대상이다. 그러나 그 점도 역시 철학의 주된 근본과제가 아니다. 철학은 이와 같은 문제점들을 극복하면서 자신의 근본과제를 올바르게 탐구해야 하기에, 그런 과제들은 주된 근본과제가 아니다.

인식론은 모든 대상을 포괄하는 언어특성을 초월적 기능을 지니고 있다고 말하지 않는다. 대상을 포괄하는 개념의 추상성에 대해 전체를 표방하는 보편성의 용어 대신에 초월성의 용어를 적용하는 태도는 적절한 입장일 수 없다. 왜냐하면 수학과 논리학이 다루는 집합론에서 전체집합에 관한 문제가 발생하더라도, 전체개념을 전체에 속한 개체와 대비하여 초월적이라고 말하는 것은 적절치 않기 때문이다.

대상을 지시하는 용어는 언어에 의해 지시되는 대상이 시시각각으로 변화하는 과정에서 발생하는 다의성 때문에 언어사용의 문제점을 야기한다. 인간은 언어가 이런 변화에 제대로 대응할 수 있는 기능을 갖추기 위해 각 단계별로 층을 지어 변화의 단계를 해명할 수 있는 언어구조를 만들어야 했다. 논리적 사고방식이 생성·소멸의 모든 변화를 수용하여 학문적 체계를 구성하기 위해 생성·소멸의 당사자인 대상들을 수직과 수평의 형식체제로 구분하고 분류한 방식이다. 하나의 문장이 가리키는 의미를 제대로 이해하려면, 인식하는 주체가 그 문장의 근저에 은폐되어 있는 개별사태들을 오성의 상상력으로 통해 총체적이면서 통합적으로 연상해야 한다. 이런 상상력이 뒷받침하지 않은 상태에서 대상을 설명하는 언어를 구사하면, 논리적 비약이 발생하게 되고, 대상을 논구하는 의도를 벗어난 논리적 오류를 범할 수 있다. 이런 점을 고려하고 진리를 탐구해야 하는 입장에서 언어가 야기하는 문제점을 주목하면, 현상과 본질의 용어가 초래하는 인식방법론에 관한 논구가 철학의 대표적 주제임을 파악할 수 있다.

철학은 개별사태의 지식들을 하나의 학문으로 통합할 수 있는 사고방법을 제시해야 했다. 개별학문의 모든 사고방식이 철학의 사고방식에 의해 진행하는 점을 해명해야 했다. 그런데 그 근거를 밝히는 용어가 철학이 확립한 원리의 보편성이므로, 진리를 의미하는 존재원리에 담긴 보편성의 개념을 면밀히 설명해야 한다.

모든 행위가 목적을 지향하는 행동을 하지 않을 수 없으므로, 종국적으로는 보편학문으로서의 철학이 인간에 관한 모든 개별지식의 근저에 놓여 있어야 한다. 자연과학이 발전함에 따라 개인의 모든 활동을 심리적 관점에서 다루려는 경향이 개별과학에서 심화되었다. 하지만 심리적 사유방식은 최종적으로 인간의 행동양식을 삶의 궁극목적에 적합한지 또는 아닌지의 도덕적 판단틀 안에서 고찰하지 않을 수 없다.

이 과정에서 지능의 미성숙한 수준, 심리의 병적인 상태, 동물적 경향의 공격적 심리상태 등이 논구과제로 제시된다. 이 문제들은 개별적 문제일 뿐 결코 인간성을 부정하거나 인간사회를 파괴할 수 있는 경향이 될 수 없으므로, 철학의 근본주제가 될 수 없다. 왜냐하면 약물이 심리에 나타난 불안증을 치료하는 데 도움을 줄 수 있지만, 심리상태를 불안하게 만든 근본원인은 약물로서 완전히 해결될 수 없는 한계 때문이다. 불안한 심리상태는 불안을 유발한 원인을 진단하고서 그에 대한 근본해결책을 의식내부에 마련해 주어야만 완치가 가능하다.

청산가리를 먹고서 살아남을 수 없지만, 인간의식은 객관적 사실을 무시하고 청산가리를 먹어도 살 수 있다고 우길 수 있다. 진리를 제시한 각각의 주장은 상대측에 진리의 정당성에 대한 의문을 제기할 수 있다. 고문 등의 방법으로 육체에 고통을 가해 진리의 신념을 바꿀 것을 개인에게 강요했을 때, 고문을 당하는 개인이 죽음을 맞이하더라도 자신의 신념을 굽히지 않는 경우가 허다했다. 그러므로 인간은 옳고 그름의 신념과 별도로 순수하게 타당한 진리의 본질을 갈구하는 욕망을 가질 수 있다.

진리의 타당성은 지시대명사에서 곧바로 확인할 수 있다. 예컨대 이것, 저것, 그것이 지닌 일반성이다. 이와 같은 지시대명성의 일반성은 당면한 현재의 대상뿐만 아니라 시간과 공간과 상관없이 어떤 시대, 어떤 장소에 존재했거나 존재하거나 존재할 수 있는 대상에게 무차별적으로 적용해도 지시된 대상들끼리 서로 혼동을 일으키지 않는 경우이다. 설사 잘못 이해해도 곧바로 시정할 수 있으므로, 지시대명사가 지닌 일반성의 특성은 훼손되지 않는다. 가령 사과에 대해 사용한 지시대명사가 뒤이어 배나 감에 대해 사용해도 혼란이 발생하지 않는 경우이다. 즉 사과도 이것이고, 배도 이것이고, 감도 이것이라고 지시대명사를 사용해도 인식에 혼란과 혼동이 발생하지 않는 경우이다.

특정대상을 구별하여 설명할 적에는 반드시 모든 특징을 나열하여 종합해야 한다. 그러나 실제로 그렇게 할 수도, 그렇게 될 수도 없기 때문에, 말하는 사람의 표현을 이해해야 하는 듣는 사람이 그 표현에 담긴 모든 사실을 논리적으로 상상하면서 이해해야 한다. 물론 말하는 입장도 그런 사실을 언어로 압축해서 표현해야 하는 만큼, 진술은 실증성과 논리성의 기준에서 벗어나면 안 된다. 양자가 이런 상상력을 결여하면, 의사소통과정에서 오류가 발생하고 갈등과 혼란이 발생하게 된다. 이런 사실에는 석가모니와 가섭 사이에 이루어진 염화시중(拈花示衆)의 경우가 적절한 본보기가 된다.

의사전달과정에서 수단으로 사용되는 언어는 말하는 입장과 듣는 입장이 모두 표현의 근저에 은폐되어 있는 과정을 제대로 상상할 수 없으면, 상호간에 올바른 공감대를 형성할 수 없다. 그러므로 인식론은 상호주관의 이해를 위해서는 말하는 사람과 듣는 사람의 상상력이 가장 중요한 과제로서 다루어야 한다. 언어는 개인에게 복잡하고 어려운 사유과정을 진행시키는데 필요한 수단일 뿐만 아니라, 타자에게 의사를 전달하는 가장 효율적 수단이기 때문에, 반드시 언어의 이런 약점을 극복하기 위해서는 시간이 많이 소요되는 설명과 이해의 과정이 필요하다. 따라서 이런 과정이 생략된 경우에는 불충분한 설명과 오해의 나쁜 결과가 반드시 발생하기 마련이다.

그러므로 언어는 말하는 입장과 듣는 입장 사이에 이해하는 관점이 서로 다르면, 양자의 입장이 상대적 관계를 형성하면서, 곧바로 사용한 추상적 언어가 해석의 문제를 야기한다. 가령 '좋음'이란 용어가 말하는 입장에서는 좋은 것이지만 듣는 입장에서는 나쁜 것이 될 수 있는 경우이다. 또 예컨대 자본주의사회에서는 바람직한 개념이지만 사회주의사회에서는 배척해야 할 개념이 되는 경우이다.

궁극진리가 지향하는 보편성은 마치 수학의 1처럼 어디에서도 동일하게 1이어야 한다. 왜냐하면 사물의 연장속성은 공간에서 어떤 사물이 어떻게 변형되어도 1을 2라고 주장할 수 없도록 만들기 때문이다. 연장속성은 물질이 지닌 질·양이 어떻게 변해도 하나이면서 동시에 둘이 될 수 없게 한다. 연장속성이 지닌 공간성은 하나와 하나가 결합한 사물의 형상이 둘이 되지 않고 하나가 되게 한다. 연장속성은 독립된 두 개의 형상을 붙여 놓을 수는 있어도 동시에 겹쳐서 그릴 수 없게 한다. 하나와 하나가 결합하여 부피와 크기가 2배로 변하여도 결합된 모습은 하나일 뿐이다. 두 개의 사물이 붙어 있더라도 경계선에 의해 구분되어 있으면, 그 상태는 새로운 하나의 사물이 아닌 것이다. 수의 본성이 변하지 않기 때문에 사물이 변화해도 질량을 측정할 수 있고, 측정의 기준을 마련할 수 있다. 그러므로 공간에서의 연장속성이 상대적 입장에 의해 1이 2가 되지 않게 하므로, 질량불변의 원칙이 가능해진다. 하나와 하나가 결합하여 또 다른 하나가 되었을 때, 상대적으로 길이와 크기와 부피가 1배, 2배가 되었다고 말할 수 있는 근거는 연장속성에 기인한다. 왜냐하면 하나와 하나가 결합하였을 때 모양, 길이, 크기, 부피 등과 같은 질량이 전혀 변화하지 않고 하나가 될 수 없기 때문이다.

칸트의 비판철학 또는 선험철학을 형식철학이라고 말하는 경우는 이런 관점을 반드시 참조해야 한다. 객체의 연장속성과 주체의 수의 본성은 대상이 감각을 통해 촉발하고 의식이 대상지식을 구성한 경우, 그 지식이 주관적 성격을 넘어서 객관적 성격을 지니고 모든 인간에게 통용될 수 있는 근거이다. 그래서 인간은 자연을 이해할 수 있다. 물론 그 해명은 다음의 예를 통해 가능하다.

가령 붉은 색깔의 덮개를 가진 등불은 붉게 보이고, 푸른 색깔의 덮개를 가진 등불은 푸르게 보이는 경우에서 회의론자는 인간이 불의 근본 색깔을 알 수 없다고 주장할 수 있다. 그러나 그것은 매우 잘못된 판단이다. 불의 색깔을 바꿀 수 있는 색깔 덮개가 있는 상태와 없는 상태를 직접 비교하면, 곧바로 붉은 빛의 색깔이 푸르게 되는 이유가 덮개 때문임을 명백히 파악할 수 있기 때문이다. 더 나아가 덮개가 없는 상태의 빛깔이 본래의 빛의 색깔이 아니더라도, 그런 비교방식을 활용하여 색깔이 변하는 이유와 색깔이 변하는 정도를 차례로 정리·정돈할 수 있기 때문이다. 그러므로 빛이 지닌 원래의 색깔에 대한 그런 의문점들이 진리의 본질을 의심케 만들 특별한 근거가 될 수 없다. 빛의 본질이 무엇인지의 의문점만 문제될 뿐인 장소에서는 빛이 원래 어떤 색깔인지의 물음은 성립할 수 없다. 빛을 발생한 물질구조가 객관적일지라도 인식하는 주체인 인간이 빛을 접촉하는 장소의 객관적 조건과 빛을 느끼는 주관적 상태에 따라 상대적일 수 있기 때문이다. 그러므로 합리론 철학자들은 일찍부터 발생론으로부터 난파당하지 않으면서 진리를 구축할 수 있는 근거를 수립했다. 그들이 깨달은 사실은 불변하는 근본요소들의 속성을 관념으로 확정할 수 있는 지성의 구조와 기능이 자연의 본질과 수미일관되게 하나로 통일되어 있는 논리성이었다.

언어는 인간이 자신의 객관적 사실과 주관적 감정을 표현하고 전달하기 위해 창조한 객관적 방법이다. 언어는 의사소통의 역할을 하는 도구이고, 인간의 생각과 감정의 내용을 표현하고, 전달하고, 기록하는 역할의 도구이다.

언어는 인간이 만든 창조물이기 때문에 상대방간의 인식수준과 사로의 감정 상태를 벗어날 수 없다. 그 점이 언어가 지닌 최대약점이며, 또한 의사소통에서 많은 혼란을 야기하는 원인이다. 게다가 언어는 다른 개체와 마찬가지로 하나의 진술이 모든 사태를 한꺼번에 동시에 보여줄 수 없는 약점을 아울러 지니고 있다. 대상을 기술하고 묘사한 문장의 근저에는 항상 그 사태의 배경이 되는 원인과 목적이 은폐되어 있지만, 그것을 별도로 작성하지 않는 한 드러날 수 없다. 대상을 지시하는 언어로 구성한 문장은 원인과 목적을 사용한 문장을 별도로 덧붙이지 않는 한, 대상에 관한 전체를 묘사하여 전달하지 못하는 한계를 지닌다. 대상을 진술하는 문장의 내용에는 숨겨진 많은 사실이 드러나지 않고 있는데, 듣는 입장이 그 문장의 내용을 펼쳐서 이해하지 못하면, 말하는 입장이 드러나지 않은 내용을 다시 세세히 제시해야 한다. 그리고 말하는 측이 형식적 논리법칙에 의해 단어를 연결하여 문장을 만들어 진술하더라도, 듣는 측이 말하는 측의 문장의 내용을 제대로 이해하지 못하는 경우에는 그 다음의 진술을 제대로 진행시킬 수 없게 된다.

단어와 단어를 논리적으로 연결한 문장에서 타당성을 따지는 일상생활에서 언어에 의한 의식소통의 활동이 많아지면 많아질수록, 더 많은 생성·소멸의 과정을 주도하는 원인과 목적은 오히려 드러나지 않고 그 밑바닥에 침잠된다. 그러면 주객이 전도되듯이 진정한 원인과 목적도 왜곡된다. 곧 진실을 찾고 그것을 실현하려는 논리적 작업이 오히려 거꾸로 진실과 정반대의 왜곡을 합리화하고 합법화하는 지적 작업의 수단과 도구가 되는 경우가 발생하는 것이다. 그러므로 언어가 그런 문제점을 안고 있는 것을 무시하고, 언어를 대신한 기호로서 모든 사유 과정과 내용을 진단하고 평가하려는 논리적 발상은 실로 어처구니없는 착상이 아닐 수 없다.

3. 전통 철학 사유방법에 의존하는 개별과학의 탐구과정

　인간지성은 현상을 보고서 본질을 곧바로 파악할 수 있는 지적 직관 능력을 선천적으로 갖추고 있지 않다. 현시점에 마주하는 대상을 두고 대상의 과거와 미래를 모두 아우르는 인식기능을 갖추고 있지 않은 것이다. 그 대신에 인간의 인식기능은 감각으로 대상과 접촉하면서 대상 특성을 파악하는 감성적 직관, 그 직관이 제공하는 표상을 바탕으로 대상지식인 개념을 구성하는 오성, 오성지식을 통합하여 이념을 구성하는 이성을 갖추고 있다. 물론 인간이 태어날 때에 대상에 대한 지식이 전무全無한 것인지는 선천적 인식기능의 성격과 무관한 물음이다. 왜냐하면 인간은 태어날 적에 이미 대상에 관한 지식을 갖추고 있기 때문이다. 인간은 태아의 상태에서도 어머니로부터 일정한 지식을 전수받다. 마찬가지로 현생인류가 진화하였다고 하면, 당연히 현생인류는 현생인류 이전의 인류로부터 생존의 지식을 전수받았을 것이다.

　이와 같이 전달받은 지식은 경험적 지식에 불과할 뿐이므로, 다른 존재자에게서 지식을 전달받기 위해서는 반드시 인간은 선천적 인식기능을 갖추고 있지 않으면 안 된다. 인간이 전수받은 경험적 지식은 마치 지하의 물을 끌어올리기 위해 필요한 마중물처럼 선천적 인식기능이 스스로 많은 지식을 양산할 수 있도록 하는 수단과 도구인 것이다. 철학은 선천적 인식기능의 구조와 경험본질을 구분하고, 다시 통합하여 인식론을 구성하였던 것이다.

인간은 자신의 손과 발만으로는 만년설로 덮인 에베레스트 산봉우리를 정복할 수 없다. 자신이 살고 있는 생활공간에 주어진 물질로 만든 등산도구를 이용하여 정복한다. 인간은 도저히 정복할 수 없다고 생각할 수 있는 존재본질의 정점을 오히려 역발상의 관점에서 현상계에서 발생한 갖가지 사태를 진리의 탐구도구로 삼아 접근한다. 그 경우는 인간이 전체를 총괄하는 존재와 무의 개념을 구성하여 그로부터 존재전체를 논구한 방식이다.

인간이 자신을 개념적 사유를 할 수 있는 형이상학적 존재자로 규정할 수 있었던 단적인 증거는 다름 아닌 무의 개념을 바탕으로 삼아 존재정체를 밝히려고 하는 사유방식을 선천적으로 갖추고 있는 상태이다. 인간이 무의 개념조차 존재영역에 포함시켜 존재본질을 탐구하는 존재자인 사실이다. 그 말은 인간이 바로 그 무의 개념을 에베레스트 산봉우리를 정복하기 위해 활용하는 도구처럼 존재 자체를 사유대상으로 삼을 수 있는 것을 의미한다. 무의 의미는 오로지 없다는 사실일 뿐이므로, 당연히 존재가 아닌 것은 영원히 무가 되고 또한 영원히 무가 되면 영원히 존재가 될 수 없다. 그러므로 인간은 존재정점에 접근할 수 있는 도구로서 무의 개념과 같은 갖가지 형이상학적 개념을 용어를 착상하였던 것이다.

인간의식이 존재를 합리적으로 추론할 수 없는 경우는 오로지 도저히 가늠할 수 없는 변수가 존재하고, 그 변수가 실제로 현상에 작용할 적에만 가능하다. 즉 인간의 사유기능이 현실을 좌우하는 변수를 도저히 알 수 없는 경우에만 회의론이 가능한 조건이다. 그러나 그런 경우가 존재하지 않기 때문에 합리적 추론이 가능하다. 물론 그 근거는 너무도 자명하다. 그것은 공간이 사물이 아니기 때문이다. 설사 사물이 아닌 다른 종류의 존재자가 존재하더라도, 사물처럼 공간에 존재하지 않는 성질의 존재라면 인간은 결코 존재하는 것으로 인식할 수 없다.

인간영혼은 유물론이 주장하는 바대로 공간에 존재하는 사물이 아니다. 그런데 순수영혼을 공간에 존재할 수 없는 존재라고 규정하면 인간의 영혼이 물질로 구성된 육체에 존재할 수 없게 된다. 순수물질이 아닌 순수영혼이 공간에 존재하는 육체에 존재하는 경우는 곧바로 영혼이 물질인 사물에 존재하는 경우에 해당하는 것이기 때문이다. 곧 공간에 존재할 수 없는 순수영혼이 물질인 육체에 존재하는 객관적 사실은 논리적 모순을 일으키기 때문이다. 칸트는 기존의 합리론이 발생론 때문에 독단론으로 내몰렸다고 판단했다. 현상과 본질의 경계선으로 설정한 물 자체의 영역을 넘어서자마자 발생문제로 난파당했다고 판단했다. 즉 합리론의 실체 개념이 영혼의 본질에 해당하는 영혼의 단일성 문제를 넘어서 영혼의 생성·소멸에 관한 발생의 문제를 야기한 정황이다.

하지만 인간의식을 구성하고 있는 정신적 영혼인 자아는 기계론적 인과율의 성질을 지닌 물질이 아니다. 그러면 영혼이 사물법칙과 다른 법칙에 적용받는다는 주장은 타당하게 된다. 합리론에는 정신과 물질이 전혀 다른 실체로 규정한 데카르트 부류의 이원론자와 정신과 물질을 하나의 실체를 구성하는 속성으로 규정한 스피노자 부류의 범신론자로 나뉜다. 범심론은 영혼이 육체에 내재하는 방법의 문제점을 해명하려고 했다. 범심론은 일원론적 입장에서 육체 속에 의식으로 내재하는 영혼이 물질로 구성된 육체를 벗어나거나 들어올 적에는 반드시 물질이 존재하는 공간을 거쳐야 하는 문제점을 극복하려고 했다. 더 나아가 범신론은 일원론의 방식으로 공간에 적용되는 수학적 법칙을 정신적 의식인 영혼에게도 적용하려고 했다.

관념적 유물론자는 범심론의 입장과 구별된다. 순수유물론자는 인간의 정신세계를 설명하는 작업에 역부족이므로, 관념적 유물론이 유물론을 대표할 수밖에 없게 된다. 순수유물론에서는 사회과학에서 작용하는 변증적 유물론이 나올 수 없다. 그 이론은 관념적 유물론이어야만 가능하다. 그 이유는 역사를 관통하는 역사법칙을 물질의 속성만으로 설명할 수 없었기 때문이다.

그러므로 한편으로 형이상학의 관념을 자각하고서 스스로의 의식을 진리의 정점으로 이끄는 인간과 다른 한편으로 형이상학의 관념을 외면하거나, 무시하거나, 거부하고서 스스로의 의식을 회의적 방향으로 이끄는 인간이 서로 구별된다. 합리론은 인간의 의식기능이 형이상학적 본질을 제대로 자각할 수 있다고 믿고 그 과제를 추구하는 전자의 경우이다. 그런데 후자의 경우는 단적으로 유물론이라고 말할 수 없다. 그 이유는 위에서 설명했다.

이와 같은 구분에는 칸트의 입장이 단연 주목된다. 그 이유는 칸트가『순수이성비판』제1판 머리말의 첫머리에 쓴 다음의 글귀가 바로 인간의식에 주어진 형이상학의 표상을 명확히 진술한 내용이기 때문이다. 그 진술 내용은 컴퓨터의 경우와 비견되는데, 컴퓨터에 프로그램이 주어져 있어야만 작동한다. 선천성과 선험성에 기초한 선험철학 체계의 출발점으로, 이성 자신이 자신에게 부과한 형이상학의 과제가 인간의식 속에 선천적으로 내재해 있다는 관점이다. 만약 인간이 자신의 선천적 요인을 부정하면, 곧바로 왜 다른 동물은 인간처럼 지적인 존재가 되지 못했으며, 왜 다른 동물의 지각이 점차 인간의 지성으로 진화하지 못했는가하는 의문에 봉착하지 않을 수 없다.

인간이성은 자기인식의 어떤 종류에 있어서 각별한 운명을 지니고 있다. 곧 인간이성이 거부할 수 없는 문제에 의해 괴로워지는 점이다. 왜냐하면 이성이 해답을 주지 못하는 문제는 이성 자체의 본성에 의하여서 이성에게 부과된 것이기 때문이다. 왜냐하면 그것은 인간이성의 모든 능력을 넘어서 있기 때문이다.[1]

형이상학을 추구하는 이성의 본질 때문에 서구철학을 바라보는 비서구인은 칸트의 철학체계에서 칸트가 사용한 transzendental의 용어를 '초월'로 번역해야 하는지 아니면 '선험'으로 번역해야 하는지의 문제에 직면하지 않을 수 없다. 더 나아가 형이상학을 추구하는 인간의 의식수준이 심리학이 다루는 그런 단계의 의식수준과 단연코 구분되는가에 부딪치게 된다. 형이상학을 다루는 인식기능이 여타의 심리기능을 다루는 심리학의 과제가 될 수 있는가이다. 심리학이 다른 동물과 구별되는 인간의 특별한 심리기능을 논구하는 학문인 반면에, 형이상학은 인간 자신을 포함하여 모든 존재에 적용되는 존재원리를 논구하는 학문인 점에서 구별된다. 그 차이점은 자기종족의 생존여부를 벗어나 인류 전체를 비롯한 지상의 모든 생명체 및 우주 자체의 원리를 추구하는 형

---

1. AⅦ - Die menschliche Vernunft hat das besondere Schicksal in einer Gattung ihrer Erkenntnis. daß sie durch Fragen belästigt wird, die sie nicht abweisen kann ; denn sie sind ihr durch die Nature der Vernunft selbst aufgegen, die sie aber auch nicht beantworten kann; denn sie übersteigen alles Vermögen der menschlichen vernunft.

이상학적 지적 본능을 심리적 감정에 귀속시킬 수 없는 제약이다. 심리적 감정이 형이상학적 단계로 격상되려면, 인간의 심리가 주변 환경에 반응하는 감정의 심리상태와 다른 심리적 특성을 갖추고 있어야 한다. 심리구조가 자연스럽게 형이상학적 단계로 이행하려면, 심리구조가 형이상학을 추구하려는 심리기능을 원초적으로 갖추고 있어야 한다.

그러므로 선험철학의 인식론은 의식이 스스로를 탐구대상으로 삼을 수 있는 인식구조와 사고방식을 철저히 논구한다. 그런데 그 과정에는 자문자답을 하는 반성적 사유과정이 절대로 필요해진다. 자신이 자신의 얼굴 및 모습을 볼 수 없을 때에 거울을 통해 자신을 바라볼 수 있도록 거울을 만드는 구조와 방식이다.

'자기가 묻고 답하는 인식과정에서 작동하는 자발적 표상작용'에 관한 주제는 선험철학이 다루는 중요한 핵심과제이다. 칸트는 스스로 묻고 답하면서 진행하는 사유과정의 속성을 자발성과 상상력의 기능 속에서 서술했다. 원리와 원인의 표상이 동반해야 하는 완전성과 같은 표상을 비롯하여 그 표상을 추진하는 욕망과 의지를 논구하였다. 그 작업은 형이상학의 단계로 진입하는 사유과정을 보여 주었다. 이 표상의 정체를 밝히는 지적 작업은 희·로·애·락·애·오·욕 등의 감정에 의해 발생하는 분노, 염려, 불안, 초조 등의 심리적 표상을 밝히는 작업과 구별된다. 왜냐하면 의식의 사유과정에서 스스로 보편적 궁극원리에 대해 형이상학적 의문을 제기하고 그에 대한 해답을 찾으려는 욕망과 의지가 선천적으로 구비되어 있지 않다면, 그렇게 어렵고 힘든 학문적 작업이 인간의 사유과정에서 결코 지속될 수 없기 때문이다.

의식의 진면목에 관한 해명은 칸트 철학체계에서 일단 선천적이고 선험적인 종합판단이 어떻게 의식에서 가능한지의 물음을 해명하는 과정에서 확연히 드러난다. 칸트는 선천적이고 선험적 종합판단만이 형이상학을 구축할 수 있는 기능이고, 이 기능의 해명이 형이상학을 위한 학적 정초작업의 출발인 점을 밝혔다.

이 기능은 단순한 인식능력이 아니라 사유기능의 본질을 총체적으로 해부함으로서 파악되는 복합적 인식기능인데, 칸트는 3대 비판서적을 통해 이를 해명했다. 그리고 이 과제는 궁극적으로 '인간이 무엇인가?'의 과제를 수행하는 작업이었는데, 이 과제는 인식과 심리의 모든 요인이 일체로 통합된 체계에서 총체적으로 해명하지 않으면 결코 논구될 수 없는 지난한 작업이었다. 그 작업의 성격은 다음의 사항으로 요약된다.

첫째, 인간은 문명사회를 구축하여 생존하는 존재이고, 형이상학의 지식 없이는 문명사회를 이끌고 갈 수 없다. 그러므로 철학은 마땅히 각종 형이상학적 이념에 대해 진리의 토대를 제공하고 또한 잘잘못을 지적하고 수정할 수 있는 비판근거를 제공해야 한다. 그리고 형이상학의 학적 근거는 경험적 지식과 수미일관된 조건에서 객관적으로 마련되어야 한다.

둘째, 모든 현상의 원리에 해당하는 형이상학의 보편적 존재원리는 개별적 상황만을 경험하는 감각의 인식기능에 의해서는 파악될 수 없다. 감각에 의해 표상이 발생할 수 없는 형이상학의 탐구대상은 오로지 의식에 내재한 선천적이고 선험적 표상 작용에 의해서만 구성된다. 형이상학의 표상은 인식기능이 경험적 지식들을 체계적으로 통합하기 위해 작동할 적에 비로소 작용하는 표상이다. 이 점 때문에 형이상학뿐만 아니라 종교 영역에서도 진리의 가부와 인식의 월권과 형이상학의 정체성에 대한 학적 시비가 발생하였다.

셋째, 현상의 원리를 담고 있는 형이상학의 이념은 인간이 현상의 영역에서 경험하는 대상과 마주할 적에 선제적으로 작동하는 능동적 성격의 관념이다. 인간은 경험적 대상 이외 다른 존재를 인식할 수 없는 현상계에 스스로 자신이 구축한 형이상학의 이념을 투영하여 현상계의 본질을 이해한다. 인간은 형이상학의 이념이 지닌 이런 선제적이고 능동적 성격 때문에 자신이 수립한 진리를 수호하겠다는 명분을 내세운다. 그리고 더 나아가 극단적 대립과 투쟁을 마다하지 않는다. 그런 명분은 급기야 스스로 자신이 내세운 이념의 본질에 가장 어긋나는 행동조차 자행하게끔 만든다.

그러므로 형이상학을 수립한 사유기능은 스스로 수립한 형이상학적 이념의 주관적 특성을 반성적 입장에서 거듭 비판하고, 주관과 객관이 수미일관될 수 있는 학적 근거와 실행방법을 기필코 마련해야 한다.

4. 존재본질 및 인간본성에서 기인하는 철학의 보편성

70억 내지 80억 명의 개인들이 모두 다 각각 자신이 처한 입장에서 자신이 느낀 심리적 감성을 바탕으로 하여 삶의 가치와 행동양식 그리고 나아가야 할 방향을 주장한다면, 그 상황에서는 개인들이 유기적 통합사회를 구성하고서 공동생활을 유지할 수 없다. 그런데 인간의 본성은 그런 개별적 상황을 극복할 수 있는 통합적 의식구조를 갖추고 있다.

뛰어난 인문적 상상력을 가진 인물들이 개별상황에 처한 개인들에게 앞으로 나아가야할 마땅한 도덕적 규범과 법을 제시함으로서, 공동체에서 발생할 수 있는 갖가지 사건들이 미리 예방되거나 해결되었다. 이러한 인문적 사고방식에 통일성을 제공하는 기능은 보편적 원리를 추구하는 철학적 사고방식이었다. 그 점은 항해를 하는 배들이 북극성이나 십자성을 바라보고 항로를 판단하고 결정하는 방식과 비견된다.

근대 이후에 등장한 사회사상은 사회체제와 질서가 상부구조의 인간이 하부구조의 인간의 심리적 감정을 억압하는 도구와 수단이라고 비난하였다. 더 나아가 인간본성의 중추인 이성조차 상부구조의 이익을 위해 도구적으로 악용되었다고 주장하면서, 전체주의와 개인주의를 대립시켰다. 그 결과는 오히려 역설적 양상으로 나타났다. 이성에 의한 사회발전을 주장했던 헤겔이 공공사회의 적으로 내몰리고, 그와 반대로 전체주의의 공산사회를 주장한 마르크스가 개인의 자유와 평등을 조화롭게 추구한 인본주의자로서 추앙받았다.

이러한 상황은 어려운 지적 과정을 거쳐 수립한 철학의 전통적 가치관을 더욱 혼란스럽게 만들었다. 사회사상의 주장을 신봉한 많은 사람들은 마르크스가 주장한 전체주의적 사회인 공산주의가 인간의 본성을 올바르게 보호하고 각 개인의 권리를 옹호하는 체제라고 앞 다투어 전파했다. 이 믿음을 견지한 사상의 무리는 공산주의가 거의 몰락한 20세기 이후에도 여전히 자본주의체제를 비판하면서 새로운 형태로 치장된 사회주의 가치를 은밀히 주장하면서 호시탐탐 부활을 노리고 있다. 왜냐하면 인간사회의 질서를 상부와 하부로 구분하고서 계층 간의 계급투쟁을 선동하는 사회현상의 분석방법이 과거와 다름없이 소외된 인간들에게 대단히 효력을 발휘하기 때문이다. 그럼에도 불구하고 어떤 경우에서도 비판의 무대에 올라온 사상을 검증하는 학문의 터전으로 되돌아가면, 모든 철학자가 개척한 진리탐구의 학적 방법론은 하나의 공통점을 공유한다.

그것은 인간인식이 모든 존재자와 그 존재자를 가능케 한 존재원리를 남김없이 파헤쳐서 파악했든지, 역량이 부족하여 불충분했든지 간에 상관없이, 그 내용을 통일체계로 구성하여 진리의 본질과 맞닿게 하려는 목적이다. 시간의 흐름과 공간의 범위에 제한받지 않고 그리고 진술 내용이 비록 부족하더라도, 존재의 정체를 파악하려는 사고방식의 틀이 존재본질과 진리속성에 한 치도 어긋나지 않으려고 했던 목적이다. 다시 말해 삶과 죽음 간의 경계선을 허물고, 미지의 것과 기지의 것 간의 경계선을 허물고, 자신이 개척한 형이상학적 지식과 형이하학적 지식간의 경계선을 허물고, 종교와 학문과 생활 간의 경계선을 허물고, 자신의 상상력이 시간과 공간에 제약된 육체의 한계를 극복하고, 현상과 본질의 경계선을 넘나들어, 마침내 수미일관된 사고방식과 행동양식의 바탕이 될 통일된 존재원리 즉 존재이념을 수립하려는 목적이다.

이런 목적을 수행하는 사고방식은 2개의 도식에 의해 스스로 자가진단을 할 수 있었다. 하나는 인간의 지성이 존재원리를 탐구할 기능을 갖추고 있으면 '인식기능 ≥ 존재원리'라는 도식에 따라 인간은 필연적 지식을 수립할 수 있다는 입장이다. 그와 반대의 입장은 그런 기능을 갖추고 있지 않으면 '인식기능 < 존재원리'라는 도식에 따라 인간은 개연적 지식만을 수립할 수 있다는 입장이다.

이 구별은 철학의 어떤 사상도 그 내용이 합리론과 경험론의 계열을 벗어난 주장을 펼칠 수 없다는 관점과 맞닿아 있다. 이 구별은 독단론의 합리론과 회의론의 경험론의 주장이 직면한 비판의 여지를 극복하고 등장할 새로운 철학의 경향이 여전히 합리론의 노선을 따라가려면 전자의 입장이어야 하는 점을 가르쳐 준다. 극단적 합리론과 극단적 경험론의 주장을 어정쩡하게 절충한 것을 중도적 입장으로 그럴듯하게 표방해도, 그것이 결코 전자의 입장이 될 수 없음을 가르쳐 준다. 왜냐하면 모자이크 기법으로 그럴듯한 내용들을 간추려 적당히 짜 맞추고 연결하여 만든 이론이 결코 존재원리를 수립할 온당한 방법론이 될 수 없는 조건 때문이다. 다시 말해 그 이론이 양자의 문제점을 포괄적으로 포섭하여 변증적으로 해소할 사고방법을 제시하지 못한다면, 결코 그 이론이 대중들에게 당당하게 다가설 수 없는 조건 때문이다. 그러므로 전자의 입장은 칸트 비판철학 이후에 형성된 독일관념론의 흐름을 완결시킨 헤겔의 절대정신과 절대지의 개념으로 나아가게 된다.

그렇다면 칸트의 인식론이 어정쩡한 중도적 입장이었는지 아니면 확실하게 전자의 입장이었는지를 판가름하는 논구가 반드시 필요하다. 칸트의 사고방식이 전자이어야만 현대적이라고 평가할 수 있고 또한 현대성도 논구할 수 있다. 이미 시간적으로 과거 역사의 유물처럼 간주될 수 있는 상황에서 그의 사상체계가 수많은 근·현대 철학자의 사고방식을 제쳐 두고 우선적으로 주목되는 이유는 그가 수립한 형이상학의 체계가 여전히 현대성에 부합하는 요인 때문이다. 현대의 특징이 지구촌의 시대이므로 그의 선험철학체계를 현대시대에 걸맞은 철학체계로 평가하려면, 반드시 다음의 의문점을 해소해야 한다. 현대 자연과학의 지식 앞에서 순수철학의 지식이 과연 보편학문의 지위를 여전히 확보할 수 있는가라는 철학의 정체성에 관한 물음과 직결된다. 그리고 서구를 벗어난 지역에서 독자적으로 자생한 종교 및 학문의 이념과 가치관들 전면에서 서구문명의 이념과 사고방식을 수립한 서구철학을 보편학문으로 인정할 것인지의 철학의 위상에 관한 물음과 동질적 물음이 된다. 곧 현대사회가 바라는 사고방식이 칸트 사고방식과 일맥상통해야 하는 근거이다. 따라서 이 의문점들은 크게 다음과 같이 세 가지로 나누어 따져야 한다.

　첫째, 철학의 탐구영역에서 형이상학의 탐구논의를 무시하고 배제한 현대인이 문명사회를 활발하게 건설하고, 문화생활을 올바르게 유지할 수 있겠는가라는 관점이다. 다시 말해 형이상학의 이념을 대신하여 어떤 학문의 이론이 문화와 문명의 지속적인 발전을 견인할 수 있는 동기유발의 역할을 감당할 수 있겠는가라는 물음이다.

　둘째, 형이상학의 이념이 근·현대 자연과학이 이룩한 엄청난 실용지식 및 물질문명 앞에서 학적 정체성의 위기를 느꼈을 때, 철학은 자연과학 지식의 토대로서 형이상학 지식이 가지는 지적 효용성을 왜 제시하지 못했는가라는 점이다. 다시 말해 우리는 형이상학의 지식을 자신의 실생활에 전혀 영향력이 없는 것으로 왜 인식하게 되었는가라는 것이다.

셋째, 형식논리학과 선험논리학, 변증논리학의 이름으로 존재하는 기존의 논리학의 영역에 수리논리학 및 기호논리학이 등장하였는데, 이들이 과학철학의 입장과 더불어 반反형이상학적 경향과 흐름을 주도하면서 현대철학을 대표하는 주류사상으로 왜 자리매김할 수 있었는가 하는 물음이다.

이러한 의문점에 대해 형이상학은 자기지식이 실제 일상생활에서 생생하게 작동하고 있으며, 더 나아가 자연과학의 지식보다 더 큰 효용성을 지니고 있는 사실을 증명하지 않으면 지식사회에서 존재감을 상실한 상황으로 내몰릴 수 있다.

칸트의 철학체계는 유클리드 기하학과 구별되는 비유클리드 기하학의 등장과 뉴턴의 거시물리학의 이론과 다른 입자물리학의 등장, 게다가 우주선이 우주공간을 탐사하는 등에 의해 지식인들에게서 무관심한 대상으로 전락했다. 이런 환경변화가 과거이론을 박제로 만들어 역사박물관에 전시하는 행위를 정당화되고, 또한 그런 교만한 행위를 실천할 수 있도록 만든 근거가 될 수 없다. 그 이유는 인간을 포용하고 있는 존재원리와 법칙이 인간의 이해에 따라 상대적으로 변하는 것이 아니기 때문이다. 즉 태양이 형성되기 전에도, 지구가 형성되기 전에도, 지구의 생명체가 탄생하기 전에도, 그리고 인간이 등장한 이후에도, 존재원리와 법칙은 한 결 같았기 때문이다. 철학사상이 새로운 변화사태와 더 이상 연관될 수 없는 낡고 진부한 이론으로 판명되지 않는 한, 지식의 박물관으로 퇴출될 수 없다. 근대를 풍미한 칸트 이론체계가 더 이상 현대문명사회가 안고 있는 문제점을 해결할 요소가 전혀 없는 구시대의 발상으로 치부되어야 할 그런 수준의 사상인가라는 의문점을 우선적으로 검토해야 한다.

철학은 언제나 보편적이고, 총체적이고, 통일적인 존재론을 추구하는 학문이었고, 그 기대에 부응하지 못한 이론은 철학의 전당에서 언제나 퇴출당했다. 칸트의 형이상학이론도 다른 이론들이 시대에 걸맞지 않았을 때 그들의 약점을 극복하면서 등장한 새로운 이론이었다. 칸트의 주장이 보편성과 총체성과 통일성을 상실하였다면 그들처럼 곧장 퇴출되어야 한다. 그러나 그런 증거가 명확치 않다면, 그의 이론의 생명력은 여전히 고스란히 유지된다.

제일철학인 형이상학의 주제가 철학의 영역에서 반형이상학적 발상의 움직임에 의해 학문으로서의 지위를 박탈당할 위기에 처한 상황은 자연과학의 발전과 더불어 실증적 사고방식이 대두되었기 때문인 점은 분명하다. 그러면 이 역사적 현상에 대해 형이상학자는 몇 가지 반박을 자연스럽게 제기할 수 있다.

첫째는 자연과학적 사고방식이 도덕 및 종교분야의 과제를 근본적으로 해결할 수 있는 수미일관된 학적 방법을 제시할 수 있겠는가라는 의문점이다.

둘째는 인류가 자연과학적 탐구방식의 효용성에 긍정적 방점을 두고 전적으로 의존하게 되었을 경우, 자연과학의 지식이 인간사회의 각종 악성의 문제점들을 순조롭게 해결해나갈 수 있겠는가라는 것이다.

셋째는 자연과학적 사고방식이 뒤늦게 자신의 이론토양과 인문·사회과학의 이론토양이 다르다는 점을 깨닫고, 총체적 종합이론의 토양이 별도로 필요하다는 인식을 긍정적으로 지지할 수 있다. 그런데 그때에도 반형이상학자들이 형이상학에 관한 합리론의 주장을 전향적 자세로 수용하지 않고 여전히 자신의 반형이상학적 주장을 고수하면서 형이상학을 해체하려는 기존의 학문작업을 지속할 수 있겠는가라는 의문점이다.

전래의 형이상학의 이론을 거부한 실증과학의 입장은 경험론과 경험론으로부터 더욱 강화된 유물론의 사고방식에서 기인하였다. 그 입장은 도덕 및 종교분야에서 상대적이고 공리적 입장을 견지하였다. 하지만 그 입장에서는 결코 합리론의 사고방식을 이해하고 수용하는 사태가 일어나지 않았다. 그들은 자신의 사고방식에 의거하여 인류가 당면한 문제점들을 해소하면서 동시에 합리론이 제기한 관점을 잘못된 문제제기라고 논리적으로 일축해야했지만, 그렇게 할 여지를 스스로 마련하지 못했다. 그 입장은 인간지성이 수립한 지식에 대해 개연적 입장만 표방하면서 마침내 회의론에 봉착하였다.

그러므로 현대철학이 시급히 해결해야 하는 당면한 문제점은 인식론에서 자연과학적 사고방식이 여전히 경험론과 수미일관된 입장을 견지하고 있는가라는 의문이다. 하지만 언제나 가설을 만들고 실험을 통해 확정해 나가는 자연과학의 사고방식은 합리적 입장이다. 가설과 실험의 지적 방식은 실증적 경험론의 약점을 극복하는 사고방식이므로, 자연과학의 방법론은 근본적으로 경험론이 아닌 합리론에서 그 근원을 찾아야 한다. 자연과학의 언어인 수학이 경험론에 근거한 심리주의의 논구대상이 아니라 합리론에 근거한 인식론의 논구대상인 사실성 때문이다. 그러므로 자연과학의 사고발상과 학문의 정체는 반드시 합리론의 방향에서 규명되어야 한다.

5. 형식논리학의 특성과 선험논리학의 차이점

형식논리학의 약점

A는 B이다.	자본주의는 나쁜 제도다.	사회주의는 나쁜 제도다.
C는 A이다.	우리나라 체제는 자본주의다.	우리나라 체제는 사회주의다.
C는 B이다.	우리나라 체제는 나쁜 제도다.	우리나라 체제는 나쁜 제도다.

반대내용을 담고 있는 삼단논법의 추론은 형식적으로 잘못이 없다. 그리고 자본주의 국가에서는 후자가 맞는 주장이 되고, 사회주의 국가에서는 전자가 맞는 주장이 된다. 형식논리학은 예로서 사용한 문장에 대해 옳고 그르다는 판단을 하지 못한다. 추론을 하는 주관적 입장에 의해 대개념, 매개념, 소개념의 정당성이 결정되므로, 진리를 확정하는 작업은 대개념, 매개념, 소개념을 판단할 작업이 별도로 필요하다.

그러므로 형식논리학을 바탕으로 갖가지 사상이 등장하고, 자신의 주관적 입장에서 예를 선택하고 논리적으로 자신의 정당성을 입증한다.

선험논리학의 학적 의의

칸트가 선험논리학을 일반논리학과 구분한 차이점은 선험논리학이 자연형이상학의 원리를 스스로 정립할 수 있는 기능을 갖추고 있는 점이었다. 칸트가 새롭게 구성한 선험논리학은 형식논리학의 문제점을 극복할 수 있는 방법이었다. 그에 관한 해명은 다음의 비유를 통해 가능하다.

예컨대 몸이 아픈 사람은 몸이 아프지 않은 정상적 사람처럼 판단하고 행동하는 것이 대체로 불가능하다. 그와 마찬가지로 주관의 인식기능이 잘못 작동하면 올바른 판단에 이를 수 없다. 판단과정에 있어서도 성립하는 정상적이라는 기준은 정상적 몸의 구조가 제대로 작동하여 의식이 지향하는 목적이 올바르게 집행되었을 때에 성취한 결과에서 확인된다. 그런 경우에 몸의 쾌락도 발생하므로, 정상적의 개념이 의미하는 기준에 별다른 이의제기가 등장하지 않는다. 거꾸로 이런 정상적 상황을 판단기준으로 삼아 몸의 구조와 각 기관과 모든 신경작동을 객관적으로 확정하면, 몸의 변화가 야기하는 갖가지의 차이점을 서로 비교한 기록이 가능하여 정상과 비정상을 설명할 수 있다. 설사 그 기준점을 변경하더라도, 그 변경된 기준점이 상호간의 비교된 객관적 결과를 전혀 달라지게 할 수 없으므로 여전히 정상과 비정상의 설명은 가능하다. 곧 객관적 정황이 불변이면 판단기준이 변경하더라도, 판단과 설명에는 변화가 없다. 객관적 사실이 존재하고 객관적 관찰이 성립하는한, 그로부터 야기한 변화는 객관적으로 설명할 수 있다. 그렇다면 물리의 성격을 지닌 육체와 달리 심리의 성격을 지닌 판단기능의 의식이 이와 같은 방식으로 물질처럼 객관화될 수 있는가라는 물음이 가능한데, 인식론은 그 의문점을 해명해야 한다.

그 과제는 감각이 마비되면 감성적 판단을 할 수 없게 되는 것에서 시작할 수 있다. 곧 시력이 상실하여 시각이 작동하지 않으면 대상을 볼 수 없고, 후각이 마비되면 냄새를 맡을 수 없고, 청각이 마비되면 소리를 들을 수 없고, 미각이 마비되면 맛을 느낄 수 없고, 촉각이 마비되면 감촉을 느낄 수 없게 되는 사실이다. 인간의 의식은 대상에 대한 인식자료가 없으면 그 대상에 대한 감각적 판단을 직접 할 수 없다. 경험에 의해 의식에서 발생한 대상에 관한 직접적 인상 및 표상은 의식내부에서 기억을 통해 저장된다. 이미 지식이 되어 기억의 기능에 축적된 표상을 바탕으로 하여 새롭게 구상된 창조적 사물형상은 감각을 촉발하여 의식에서 발생한 인상 및 표상과 구별된다. 칸트가 설명한 감성적 직관의 표상은 외부대상에 대한 인식의 출발점이다. 의식에 내부에서 새롭게 구상되는 그런 표상들은 일차적으로 외부대상에서 직관된 그런 표상들이 없이는 나타날 수 없다. 따라서 이 사실을 틀렸다고 부정하려면, 당연히 인간이 선천적으로 외부대상을 인식할 객관적 표상을 가지고 탄생했다는 사실이 틀렸다는 점을 증명해야 한다.

인간은 세계 속에서 살아가는 존재이므로, 인간의식은 일차적으로 대상을 인식할 수 있는 인식기능이 외부대상과 접촉하여 그 대상에 관한 직접적 정보를 획득하는 과정에서 인식을 시작한다. 인류가 세상에 처음 등장할 적에 외부대상에 관한 정보를 전혀 가지고 있지 않은 그런 의식구조이었다면, 어떻게 세상에 등장할 수 있었는지의 발생론적 물음, 그런 상태의 인류가 어떻게 자연에서 생존할 수 있었는지의 발생론적 물음을 인간은 스스로 반문할 수 있다. 마찬가지로 어린아이는 스스로 생존할 수 없기 때문에 어른이 어린아이에게 세상의 정보를 제공하지 않는다면, 어린아이가 어떻게 지식을 획득하고, 형성하고, 성장하고, 자립할 수 있는지의 발생론의 문제점을 인간은 스스로 반문할 수 있다. 그러므로 인류가 지상에서 생존하려면, 인류의 첫출발은 어린아이가 아닌 성장한 어른이어야만 하는 조건이 논리적으로 타당하다. 그러면 인간은 스스로 자신의 선천적 지식에 관한 인식론의 문제를 논구하면서, 경험을 거쳐 지식을 획득하는 인식과정을 밝혀야 한다.

그런데 인류에 관한 발생론의 문제와 달리 어린아이가 지식을 획득하는 과정은 실질적으로 논구할 수 있는 문제이므로, 인식론의 논구는 그 점을 바탕으로 하여 해명을 시작할 수 있다.

첫째, 인간이 어린아이라면 태아에서 어머니에게서 미리 정보를 획득하든지 아니면 태어난 이후에 부모에게서 정보를 획득할 수 있으므로, 선험철학의 선천성은 부정되지 않는다.

둘째, 인간이 다른 유인원으로부터 진화된 것이라면 당연히 그 유인원이 지닌 정보를 전달받아서 인간의 활동을 하게 되므로, 선험철학의 선천성은 부정되지 않는다.

셋째, 인간이 신으로부터 창조된 것이라면, 당연히 신이 인간을 어른으로 만들었거나 아니면 신이 인간을 양육하였을 것이므로, 선험철학의 선천성은 부정되지 않는다.

따라서 여전히 해명되지 않고 남는 문제는 진정한 발생론의 문제로서 신이 인간을 창조한 것인지, 아니면 물질로부터 만들어진 것인지, 그 물질은 의식을 동반한 물질인지 또는 의식기능을 전혀 갖추지 않은 기계적 물질인지, 그도 아니면 물질과 전혀 성질이 다른 정신적 존재가 물질과 더불어 공존하고 있는지의 발생론에 관한 의문들이다.

칸트는 이런 발생론적 문제를 우회하면서 발생론이 야기하는 문제점을 극복할 수 있는 형이상학의 체계를 새롭게 구축하려고 시도하였다. 의식의 인식기능이 제대로 작동하기 위해서는 장애가 발생해서는 안 되는데, 그 장애는 다음의 세 가지 경우들이다.

첫째, 인간의 인식기능이 선천적으로 지닌 문제가 아닌 인간과 공존하는 외적 대상들이 유발하는 장애이다.

둘째, 인간육체의 감각기관에서 발생하는 장애이다.

셋째, 인간의식의 사유기능에서 발생하는 장애이다.

이러한 물음들로부터 정신적 존재인 의식기능이 물질로부터 발생하며 사유기능의 원천인 정신을 물질의 일종이라고 판단할 수 있겠는가라는 의문이 파생한다. 이 의문에 대해 칸트가 개진한 해결방식은 적극적 태도로 발생론을 다루지 않고, 소극적 태도로 인식론을 접근했다. 즉 칸트의 역발상은 발생론과 직접적으로 연관되어 있는 존재론의 문제를 일차적으로 제쳐두고, 이차적으로 인식론의 문제를 해명함으로서 발생론의 문제를 직접 해결하는 방식을 비껴가려고 했다. 인식론으로의 접근 방식을 통해 칸트가 도달한 결론은 물질의 형식과 사유의 형식이 서로 공통점을 공유하고 있지만, 사유기능은 정신과 물질이 서로 다른 점을 명백히 보여주기에 양자는 서로 다른 실체라는 것이다.

칸트 선험논리학의 목적

칸트의 선험논리학은 크게 세 가지의 목적을 지니고 있다. 첫째는 전통적인 의미의 형이상학을 근대자연과학의 지식이 배척하려는 움직임으로부터 구출하여 굳건한 학으로서 재차 정립하려는 목적이다. 왜냐하면 형이상학이 학으로서 성립할 수 없다면 철학의 위상은 물론이고 비판적 사고로부터 성립한 모든 여타의 학문의 기반이 송두리째 무너질 수 있는 위기감 때문이다. 둘째는 논리학의 기본토대를 이루는 범주

개념이 진리를 표방하는 모든 학적 지식의 바탕이 되는 근원적이고 근본적 기초개념의 진정한 자격을 지니고 있는지의 문제점을 해결하려는 목적이다. 만약에 범주개념이 가장 근원적 존재원리에 적합한 개념이 아니라면 논리학을 이루는 기본요소가 될 수 없는 상황 때문이다. 다시 말해 누군가에 의해 아리스토텔레스가 나열한 열 가지 범주의 항목이 형이상학의 근본 취지에 알맞게 재구축되지 않으면, 그와 같은 형이상학의 지식이 학문으로서의 지위를 상실할 것이기 때문이다. 칸트는 이점에 있어서 아리스토텔레스가 정립한 10가지 범주항목에서 최우선적으로 시간의 범주 및 장소 곧 공간의 범주를 분리하여 선험적 감성론으로 독립시켰다. 셋째는 칸트는 선험논리학이 단순한 사유법칙의 형식이 아니라 내용을 다루는 논리학임을 입증하려는 목적이다. 판단의 논증에서 내용을 배제한 연후에 그 형식적 판단규칙만 가지고 올바른 판단진행의 형식적 규칙을 논구하였던 전통적 형식논리학에 대해 칸트는 판단형식과 내용이 분리될 수 없음을 명확히 논구한 것이었다.

　칸트가 『순수이성비판』에서 논구한 내용은 전통적 맥락에서 보면 크게 존재론적 측면과 인식론적 측면으로 구분된다. 그 구분은 인간의 인식기능과 그 인식기능이 파악하고자 한 대상으로 재차 구분된다. 왜냐하면 칸트가 선험적 관념론에서 주장하였듯이, 대상이 인식기능에 의해 지식으로 규정된다고 해도, 여전히 인간육체의 바깥에는 인간과 나란히 그리고 동시에 인식대상이 존재하고 있지 않으면 안 되는 조건 때문이다. 외부대상을 인식하여 학문의 지식으로 구축하는 과정에는 대상에 관한 지식과 인식기능에 관한 지식이 동시에 해명되지 않으면, 그 학문들은 진리의 관점에서는 불충분한 체계가 되는 상황 때문이다.

　칸트가 말한 바처럼, 대상이 경험으로부터 인식을 시작하지만 경험만으로 인식을 진행하는 것이 아니라면, 그 내용은 주관적 인식기능과 객관적 인식대상을 연결하는 공통요소를 제시해야만 타당한 지식이 된다. 왜냐하면 주관과 객관이 공통요소에 의해 연결되어 있지 않다면, 주관은 객관을 인식할 수 없고, 마찬가지로 객관은 주관에 인식될 수 없는 조건 때문이다. 즉 주관에서의 상상력이 객관적인 것이 될 수 없다면, 인간이 파악한 지식은 결코 객관적 지식이 될 수 없고, 마찬가지로 객관적 존재자들이 어떤 변화를 진행해도 주관적 인식이 그것을 인식할 방법이 없는 조건 때문이다. 따라서 칸트는 순수직관형식으로서 공간과 시간을 선험적 감성론에서 선험적 논리학과 분리하여 논구하였다.

『순수이성비판』에서 칸트는 인식론적 측면에서 순수오성 개념의 범주를 연역했고, 존재론적 측면에서 자연형이상학의 원리를 구축했다. 칸트는 이 과정에서 경험을 외부대상을 인식하는 방식의 근본으로 삼았다. 그 이유는 외부대상의 현상이 너무 복합적이어서 그 속에 대상들과 더불어 하나의 구성인자가 되어 있는 인간이 감각적 경험을 활용하지 않고서는 외부대상을 의식의 상상력만으로 인식할 수 없는 한계 때문이다.

칸트가 해명한 선천적 종합판단의 인식기능은 선험적 감성론에서 논구한 공간과 시간의 순수직관형식에 근거를 두고 있다. 칸트는 시간에 앞서 공간의 특성부터 우선적으로 검토하였다. 칸트는 공간이 사물이 아니므로 어떤 경우에서도 공간이 사물 자체가 될 수 없다고 판단하였다. 공간은 인간이 사물의 궁극원리를 추구하여 형이상학을 구축할 수 있도록 하는 인식의 근본조건이라고 판단했다. 순수공간을 인식의 선천적 기능으로 내재시키고서 순수직관형식으로 규정하였다.

이성의 선천적 종합판단은 물 자체를 전제하고 이념을 구성한다. 그러면 선천적 종합판단은 목적을 지향하는 인식기능에서 비롯된다. 칸트는 그 점을 논구했다.

문명사회의 창조물은 인간의식이 머릿속에서 형상을 구상하고 인간 노동이 만든 것이기에, 그 사실을 바탕으로 인간은 자연에 등장한 모든 개체들의 생성·소멸과정에는 목적적 관념이 작용한다고 유추했다. 그 이유는 고도의 복잡한 구조와 기능을 가진 생명체의 구조와 조직이 미세한 소립자가 우연히 결합하면서 만든 구조와 조직이라고 생각하는 사고방식이 불합리하기 때문이다.

　그러면 자연의 생성·소멸의 과정에 대해 세 가지 경우가 가능해진다. 첫째는 각 구성인자가 복합체를 구성할 목적을 향해 스스로 움직이는 경우이다. 둘째는 외부에서 복합체를 구성할 작용을 행사하는 경우이다. 셋째는 현상을 구성하는 물질과 전혀 다른 성질을 가진 또 다른 존재가 현상의 구성인자 속으로 들어와 고도의 복합체를 구성하는 경우이다.

　이 세 가지 경우 중 가장 합리적 경우는 마지막 경우이다. 이 경우도 다른 경우와 마찬가지로 육체의 경험이 포착할 수 없는 영역이기 때문에, 칸트는 합리론의 주장을 난파시킨 발생론의 물음을 우회할 수 있는 합리적 방법으로 물 자체 개념을 내세웠다.

　그러면 칸트가 물 자체 개념을 내세워 자신의 이론체계를 불가지론의 회의론으로 이끌고 간 것인지, 또는 불가지론보다 약화된 개연적 체계로 끌고 간 것인지를 따지지 않을 수 없다. 그 이유는 첫째 물 자체 개념에 의해 인간이 따질 수 없는 영역이 발생하는가의 의문점 때문이다. 둘째 물 자체 개념이 궁극원인을 가리키는 것이므로, 궁극원인을 따질 수 없는 입장은 존재본질을 수미일관되게 설명하려는 합리론의 이론체계를 수립할 수 없는 것인가의 의문점 때문이다. 그럼에도 불구하고 물 자체 개념을 전제한 칸트 이론이 필연적 지식체계를 주장하였기 때문에, 선험철학의 체계가 물 자체 개념을 경계선으로 삼아 알 수 없는 미지의 영역과 알 수 있는 기지의 영역을 어떻게 서로 융합할 수 있었는지를 반드시 밝혀야 한다. 칸트가 주장한 새로운 형이상학의 체계가 기존의 합리론과 경험론의 주장과 어떻게 다른가는 이런 맥락을 제대로 파악해야만 해소될 수 있다.

6. 기계론적 인과율과 목적론적 인과율의 양립

양립을 위한 근거와 논증방법

인간의 목적행위는 자연법칙을 변경하는 것이 아니다. 자연법칙을 활용하여 문명사회를 건설하려는 것이다. 자연법칙은 우연적이고 불규칙하면 성립할 수 없다. 그러므로 법칙은 관념적이다. 자연의 탄생도 이 관념성을 바탕으로 하여 등장한 것이다.

목적은 의도적이다. 의도는 의지적이다. 의지는 의식의 발상이다. 의식은 정신적인 것이다. 의식은 물질의 속성으로 설명할 수 없다. 의식은 물질의 육체 속에 존재한다. 의식에 의한 목적론적 인과율과 육체의 기계론적 인과율은 현상계에서 공존한다. 존재론에서 목적론적 인과율과 기계론적 인과율은 양립한다.

의식에서 자유의지의 선택적 결정은 물리법칙이 작용하는 사물영역의 변화흐름을 변경할 수 있다. 그러므로 사회과학은 자연과학의 사고방식의 틀과 구별되는 인간의 삶의 목적과 가치의 본질을 학문의 대상으로 삼는다. 인간이 추구하는 삶의 목적은 자연의 사물을 이용하여 실현한다. 그 활동이 자연의 근본성질을 변경하는 작업일 수 없으므로, 인간과 자연이 공존하는 양상은 정상적으로 유지한다.

자연의 특성을 이용하여 문명사회를 건설하는 과정에서 발생하는 사회문제는 자연법칙으로 설명될 수 없는 사건이다. 자연의 개체들이 자기존재에 대해 영혼불멸의 의식을 갖고 행동하지 않지만, 인간은 영혼불멸설을 추구하는 문화적 활동을 한다. 그런 점에서 자연과 인간의 존재방식이 구별되고, 인간에 관한 학문은 자연과 다른 차원의 원리를 전제한다. 그럼에도 불구하고 인간의 한쪽에서는 사유기능의 근원인 영혼 또는 정신을 물질에서 비롯된 것으로 견지하면서 영혼불멸설을 부정한다. 그런데 유심론이건 유물론이건 간에 그들은 인간의 삶의 목적을 통일적이고 총체적으로 해명해야 하는 과제를 해결해야만, 그들은 자신의 입장을 진리라고 주장할 정당성을 확보할 수 있다.

유물론과 유심론의 논쟁에서 가장 주목해야 할 관점은 사물의 속성과 전혀 다른 오로지 자유의지의 속성만으로 구성된 영혼의 존재영역을 입증하지 못하면, 인간은 유물론적 사고의 틀을 벗어날 수 없는 것이 아닌지의 의문점이다. 그 의문점은 순수유물론이 합당하지 않다면, 정신과 물질의 속성을 통합한 범신론이 유물론의 틀 속에서 가능한지의 의문점으로 나아간다. 곧 범신론이 유물론의 수정된 변형인 관점이다. 하지만 범신론의 뿌리가 유물론의 근거에 놓여 있다는 주장이 나올수 없다. 왜냐하면 사물의 구성요소들이 화학적 합성과정을 거쳐 복합체의 조직을 구성하고 자연계를 형성했을 때, 어떤 사물도 전체를 구성하는 구성요소로서 부속품과 동일한 부분에 불과하기 때문이다. 더욱이 유물론의 물질은 존재전체를 조망하는 형이상학적 사유기능을 가진 인간의식을 구성할 수 없는 사실 때문이다. 더 나아가 유물론에서는 기계적 인과율과 다른 목적적 인과율이 결코 양립할 수 없는 사실 때문이다. 그러면 유심론을 견지하는 입장은 관념실재론과 직결된 목적적 인과율을 해명해야 한다.

인간이 자연에서의 다른 동물과 달리 특별한 지위를 가지고 있는 근거는 인간을 인간답게 만들 수 있는 의식의 이중구조 때문이다. 인간 의식의 그런 이중성은 인간에게 다른 존재자와 확연히 구별 짓는 육체의 다른 특성과 기능까지도 갖추도록 하였다. 가령 인간에게 웃는 기능과 음식과 옷을 만들어 생활하는 문화 · 문명생활의 특성이다. 그러나 인간이 자신이 갖춘 그런 기능의 본질을 제대로 파악하지 못하게 되면, 스스로 의식의 자중지란을 초래한다.

인간은 그런 기능에 의한 생존활동을 시작한 이래로, 한편으로는 종교적 믿음으로 창조적 유심론과 영혼불멸설을 전개하였고, 다른 한편으로는 자연과학의 지식이 풍부해지면서 회의론, 우연론, 인간중심의 상대적 심리주의를 전개하였다. 그런데 두 부류의 흐름 속에 정작 문제를 삼아야 할 사건은 지식인들이 체계의 통일성을 상실한 자신의 주장을 한편으로는 그럴듯한 절충적 입장으로 포장하고, 다른 한편으로는 모자이크 식으로 짜깁기로 구성하여 진리를 오도시킨 점이다. 그들은 형이상학에 대해 반형이상학을, 합리적 사상에 대해 회의적 태도를 견지하고서 사회의 여러 분야에서 자신들의 주장을 강력하게 피력하였다. 그들은 기존의 도덕적 사회규범을 해체시키려고 사회체제에 의한 개인의 억압을 거론하였지만, 정작 자신들에게 사회통치의 기회가 주어지면 대중들에게 반민주적 발상으로 억압적이고 독단적 행동양식을 서슴지 않고 취하는 모순된 경향을 보였다. 더욱이 이와 같은 양상이 지금의 현대사회에서도 지속되고 더욱 두드려진다는 점에서 역설적이다. 그러므로 당면한 사회혼란을 야기한 문제핵심을 제대로 직시하고 그 혼란의 올바른 해결책을 모색하지 않는 한, 다음 시대에도 인간이 희망하는 좋은 사회와 인류평화를 낙관적으로 예견할 수 없다.

인식적 자아와 심리적 자아

앞서 지적한 의식의 이중구조가 무엇인지의 물음에 대한 요지는 경험대상인 현상에 머무르는 사고방식과 그 대상의 원인 및 원리를 찾아가는 사고방식 사이의 차이점을 의미한다. 자신을 벗어나 자신을 포함한 전체를 관망하는 사유기능을 어떻게 파악하였는지의 입장차이이다.

그런데 사람의 인격인 자아가 진리를 추구하는 인식적 자아와 삶의 현장을 감정으로 대응하는 심리적 자아로 이루어진 특성은 의식의 본질을 파악하는 작업에서 혼란을 야기한다. 즉 동일한 하나의 자아가 이와 같이 두 개로 구분되는 점에서 자아의 구조가 이중적이라고 말해야 하는 당위성이다. 인식영역에서 통각으로 불리는 자아가 이와 같이 심리적 자아와 더불어 이중적이면, 인식론의 자아이론과 심리학의 자아이론이 자칫하면 학문적으로 서로 충돌할 수 있는 정황이다. 왜냐하면 인간이 문명사회를 건설하고, 유지하고, 발전시키려면, 자신의 지적 본성인 형이상학적 소질을 명확하게 규명해야 하는데, 역설적으로 심리적 자아의 심리적 감정이 이 작업을 뒷받침하지 않으면 결코 그 목적을 순조롭게 달성할 수 없기 때문이다. 하나의 자아가 두 개의 기능으로 구성된 점을 제대로 밝히지 않고, 삶의 목적을 올바르게 설정하고 그 방향으로 나아갈 수 있을지가 의문시되기 때문이다.

인간의식의 본질 곧 자아의 본성을 해명하려는 입장은 필히 다음의 두 가지 의문점을 우선적으로 해명해야 한다. 첫째, 인간은 제일철학인 형이상학을 포기하고 지적 사회를 유지해 나갈 수 있을 것인가? 둘째, 심리학의 탐구방식에 의해 의식의 본질을 제대로 규명할 수 있을 것인가?

첫 번째 의문은 인간의 자아가 형이상학적 의식구조와 심리적 의식구조로 나누어 조직되었다고 생각하는 입장을 논구하는 과제이다. 즉 동일한 자아가 개인이 추구하는 대상과 목적이 다른 경우에는 동일한 자아의 감정 속에서 상충할 수 있게 되는 점을 논구하는 작업이다. 이 작업은 인식론에서 이성과 오성의 기능을 구별하는 방식과 직결된다. 그 이유는 오성의 기능이 심리적 기능에 속한다고 주장하면, 이성의 기능이 심리적 기능에 속하는 인식기능인지 또는 구별되는 또 다른 의식기능인가 하는 의문점 때문이다.

두 번째 탐구방식은 심리학에서 인간의 본질을 규명할 방법이 무엇인가의 의문을 해명하는 과제이다. 심리학의 연구방식도 여타의 다른 과학과 마찬가지로 객관적 대상을 바탕으로 하여 오성적 지식을 수립하는 경우이다. 그 방식은 그런 대상이 개인 및 사회갈등의 문제를 야기하는 원인과 그리고 그런 문제를 해결할 방법을 의식의 심리요건에서 찾는다. 그러나 그 해결방식이 무한소급의 방식에서 결코 헤어날 수 없으므로, 논구는 한계의 벽에 부딪친다. 왜냐하면 인간이 모든 만물을 탄생시킨 궁극원인의 존재자가 아니므로, 인간의 감성적 심리현상에 의존해서는 존재원리와 법칙 및 도구를 만들고 다루는 기술의 본질을 명확히 규명할 수 없는 한계 때문이다. 곧 인간심리의 연구가 존재본질을 규명할 수 없으면, 심리학은 여타의 과학처럼 보편학이 아닌 특수과학으로서 연구대상과 방식이 제한적일 수밖에 없는 성격 때문이다.

경험론을 바탕으로 하는 심리주의가 형이상학을 부정하려면 의식의 목적행위를 부정해야 하는 조건을 충족해야 한다. 심리주의가 삶의 현장에서 발생하는 감정의 작동원리가 형이상학의 근본문제를 해결할 지적 기능임을 밝히는 것이다. 심리학은 경험적 실증주의 학문이므로, 희·노·애·락·애·오·욕을 근본요소로 하여 발생하는 심리현상을 설명하는 학문이상일 수 없다. 심리학은 이런 종류의 감정이 정상적으로 작동하지 않을 적에 발생하는 변태적 양상뿐만 아니라, 그로부터 파생하는 각종 병적인 심리현상의 해결책을 찾아 설명하려는 개별학문일 뿐이다. 그럼에도 불구하고 심리학의 심리주의가 철학의 인식론과 상충하는 요인은 인간의식을 오로지 심리현상으로 간주하고서 인간의 지적 기능을 심리구조의 요소로서 파악하려고 시도한다.

심리주의를 기반으로 하는 심리학은 인식론을 기반으로 하는 철학분과의 지식들을 섭렵할 수 있는 학적 근거를 제시해야 한다. 심리학이 인간 심리에 관한 자신의 이론이 철학의 인식론보다 상위에 놓여 있다고 주장하려면, 철학의 존재론(형이상학)과 인식론과 논리학의 기반이 심리주의에 놓여 있음을 논증해야 한다. 마찬가지로 철학도 형이상학(존재론)과 인식론 및 논리학을 심리학의 탐구영역에 속하지 않을 뿐만 아니라 오히려 심리학이 철학에 기반을 둔 분과과학이라는 점을 논증해야 한다. 그런데 언뜻 보면 인간의식을 심리현상으로 간주할 수 있었으므로, 경험론은 자연과학의 방식으로 탐구하려는 심리주의를 객관성을 갖춘 인간인식의 근원으로 인정하고, 형이상학의 이론은 인간의식이 구성한 허위적 발상으로 배척하였다.

이와 같은 논쟁은 의식의 정체성에 관한 문제이므로, 인간이 의식구조와 기능을 세밀히 구분하지 않은 채 인식론의 지적 의식과 심리학의 심리적 의식과 동일시하게 되면, 당연히 그 입장은 심각한 오해를 야기할 수 있다. 철학의 인식현상은 지성에 의한 의식기능이고, 심리학의 심리기능은 감정에 의한 의식기능이다. 인식현상은 지성에 의한 욕망에 의해 작동되고 그리고 심리현상은 감성에 의한 욕망에 의해 작동되는 것이므로, 의식구조는 두 기능으로 구성되었다고 판단해야 한다.

그 점은 두 기능이 하나의 대상에 존재하는 동일한 색깔을 두고 작동하는 방식에서 확연해진다. 심리학은 빛깔에 대한 감정을 탐구대상으로 삼는 반면에, 철학은 그 빛깔의 원리를 탐구대상으로 삼는 점이다. 두 기능이 서로 얽혀 있기 때문에 대상을 탐구하는 과정에는 그런 혼동과 혼란이 발생할 수 있다. 여하간 그 혼란은 심리학이 인식기능을 심리기능으로 간주할 적에 비롯된다. 철학과 심리학은 의식기능의 차이점을 명확히 구분해야 한다. 철학은 형이상학 및 인식론과 논리학의 학적 성격을 탐구해야하고, 심리학은 심리주의의 학적 성격을 탐구해야 한다. 철학의 특성은 좋음이란 쾌감을 추구하는 심리적 감정과 그 감정을 기반으로 하여 자기행동을 조정하는 도덕적 감정이 구별되는 점에서 확연해진다. 심리적 감정을 통제하고 조절하고, 조정하려는 도덕의 감정이 도덕철학의 기반인 점 때문이다. 도덕의 감정에 심리적 욕망, 불만 및 불안의식 등이 작용하더라도, 도덕의 의지가 심리적 기능에서 발생한 욕망과 불만과 불안의식을 극복하려는 의도 때문이다.

인간의 순수인식기능을 심리주의로 환원하려는 입장을 비판하려면, 그와 같은 특성의 본질을 보다 더 명쾌하게 해명해야 한다. 더욱이 그 과제는 '앎과 행동이 왜 수미일관되지 못하는 것일까?'는 지행합일에 관한 문제와 연관되어 있다. 심리적 감정과 형이상학적 감정이 동일한 속성의 의식에서 발생하는 것이라면, 결코 하나의 의식에서 두 개의 다른 현상이 동시에 발생할 수 없는 모순점 때문이다. 다시 말해 하나의 동작에서 두 개의 다른 방향의 결과가 발생할 수 없는 모순점 때문이다. 그 경우는 야구에서 투수가 한 방향으로 던져 보낸 공이 날아가면서 두 방향으로 나누어지는 경우와 비견된다. 공이 두 방향으로 날아갈 수 있는 경우가 타당하려면, 공이 오로지 투수가 던진 방향으로만 날아가는 경우와 공이 날아가면서 스스로 판단하여 방향을 바꾸는 경우가 발생해야 한다.

의식에서 올바른 판단을 하더라도 실제행동에서 전혀 다른 선택을 한다면, 의식에는 두 개의 판단기능이 가능하다는 것을 인정해야 한다. 그러면 의식구조를 구분해서 파악해야 한다. 그럼에도 불구하고 심리학이 인식의 순수기능을 심리기능에 포섭하려고 하면, 심리주의는 두 개의 서로 다른 종류가 의식구조가 존재하는 것이 아니라, 지행의 불일치는 단지 사태를 제대로 파악하지 못한 무지에서 비롯된 심리현상이라고 반박해야 한다.

칸트의 『순수이성비판』이 지닌 학적 의의는 형이상학으로 향하는 의식이 이성적 기능임을 명확히 논증한 업적이다. 그리고 형이상학을 정립하려는 이성의 특성이 심리학이 고찰하는 심리의 특성과 구별된다는 사실을 객관적 지식으로 명확히 정립한 업적이다. 철학에서 합리론과 경험론의 입장이 서로 상충되어 차별된 이유도 이성의 지적 기능에 의한 형이상학의 정초문제 때문인데, 칸트가 이성의 지적 기능이 심리의 감정적 기능도 아니고 오성의 지적 기능도 아닌 점을 명확히 한 업적이다. 칸트가 오성과 이성의 특성을 구분하여 형이상학의 정초와 형이상학적 학적 의의와 학적 효용성에 관한 의문점을 규명한 업적이다. 칸트가 인간이 타고난 자연소질로서의 형이상학의 본능이 잘못된 길로 접어들어 형이상학이 갖추어야 할 학문의 본질을 상실한 경우를 지적한 업적이다.

칸트의 입장은 이성의 월권을 방지하기 위해 지식의 탐구기능을 오성에만 국한하고 형이상학의 학적 토대를 확립하려는 것이었다. 그러므로 합리론의 입장이 현대의 과학철학이 보편원리를 추구하는 형이상학의 학적 본질을 회의적으로 부정하는 경험론의 입장을 비판할 적에는 칸트의 철학체계를 반드시 참조해야 한다.

칸트의 방법을 논구하려면 의식의 인식기능에 대한 그의 진술을 먼저 주목해야 하는데, 그 진술은 아래의 문장에서 표현된 자발성에서 확인된다. 곧 지성의 본질을 자발성으로 규정한 내용이다.

"나는 생각한다"는 것은 나의 현존재를 규정하는 작용을 표현하는 것이다. 그러므로 현존재는 이미 이 작용을 통하여서 주어져 있는 것이다. 그러나 내가 이 현존재를 규정하는, 다시 말해서 현존재에 속하는 다양을 나의 내부에 정립하는 방식은 그로서 주어져 있는 것이 아니다. 이에는 선천적으로 주어지는 한 형식, 즉 시간이 그 근저에 놓여 있는 자기 직관이 필요한데, 시간은 감성적으로 규정될 수 있는 수용성이다.

그런데 네가 만일 시간이 규정되는자를 제공하듯이 규정하는 작용에 앞서서 내가 오직 그 자발성을 의식하고 있는 규정하는 자를 제공하는 이외의 다른 직관을 가지고 있지 않다면, 나는 하나의 자발적 활동자로서의 나의 현존재를 규정할 수 없고 도리어 나는 나를 다만 사고 작용, 즉 규정작용의 자발성을 표상할 수 있을 뿐이다. 그리고 나의 현존재는 어디까지나 다만 감성적으로, 즉 현상의 현존재로 규정될 수 있을 뿐이다. 그러나 이 자발성 때문에 내가 나를 지성이라고 부르게 되는 것이다.[1]

---

1. B157.

2부

칸트 선험철학이 해명해야 할
현대성이 지닌 학적 의의

1장

왜 오늘날에도 여전히
칸트 철학이어야 하는가?

1. 칸트 철학과 현대철학의 공통분모

근대성과 현대성을 포괄하는 공통분모

▨ 근대와 현대의 구분

근대와 현대의 개념은 서구인이 서구역사를 탐구하는 시각으로 구분한 자의적 설정이다. 그럼에도 불구하고 그 구분은 역사의 전환점을 바탕으로 하여 설정한 것이므로, 서구문명을 수용하는 입장에서는 그 구분을 인정하지 않을 수 없다.

근대는 확실히 중세와 구분된다. 그리고 근대와 현대의 구분은 문명의 발전성과에 의해 구분할 수 있다. 그러면 현대기 지속하는 과정에서 다음의 시대를 무엇으로 부를 것인지 선뜻 짐작하기 어렵다. 억지로 '전기 현대', '현대', '후기 현대'로 구분하면, 곧바로 '후기 현대' 다음은 무엇으로 부를지가 난감한 상황 때문이다.

그런데 근대와 현대는 양시대가 문명의 이질성 때문에 단절된 시대가 아니라, 문명의 특성을 공유한 연속된 시대이므로, 현대철학의 문제점은 근대사회와 구별하는 현대사회의 특성을 논구해야만 해명할 수 있다.

■ 칸트 사상의 근대성과 현대성의 공통분모

현대철학이 칸트 철학이어야 하는 주장은 칸트 철학이 현대사회의 특성을 완벽하게 설명하는 사상인 점을 강조하려는 시도가 아니다. 이 주장은 현대철학의 토대가 선험철학의 체계임을 강조하려는 시도이다. 칸트가 18세기 인물이고, 그의 사상이 18세기 산물임은 주지의 사실이다. 그럼에도 불구하고 그의 철학체계를 21세기의 현시점에 적용하려면, 그 입장은 칸트 철학을 논구하기에 앞서 먼저 철학의 보편성부터 따져야 한다. 철학이 보편학문이라고 하여, 모든 철학사상이 시대를 막론하고 주목받을 수 있다고 여길 수 있겠지만, 그런 경우에 해당하는 철학자는 극소수일 뿐이다.

칸트 철학체계가 현대성을 지니고 있다는 의미는 첫째 기본적으로 그의 발상이 철학의 보편성에 부합한다는 것과, 둘째는 그의 철학체계가 현대의 당면문제점을 분석하고 해결의 실마리를 마련할 수 있는 역할을 담당할 수 있다는 것이다. 그럼에도 불구하고 그의 철학체계가 18세기 시대여건에 제한된다고 여긴다면, 칸트의 현대성 논구는 다음의 3가지 제약을 해소해야만 진행할 수 있을 것이다.

첫째, 칸트 사후에 등장한 반유클리트 기하학과 양자역학의 이론과의 조화

둘째, 민주주의의 확산과 더불어 유엔과 같은 국제기구의 등장에 따른 정치경제 등에 관한 이론과의 조화

셋째, 낭만주의 이후에 등장한 다양한 경향의 미학적 사조와 조화

그런데 둘째와 셋째 경우에서는 칸트의 사상체계가 충분히 해명할 수

있기 때문에, 칸트의 제약은 주로 첫 번째 경우에 해당한다. 칸트 사상의 현대성논구는 칸트의 철학체계가 무결점의 완전하게 완성된 이론이라는 관점에서 출발하는 입장이 아니다. 더 나아가 칸트의 이론체계를 형이상적 관점에서 무조건 수호하려는 맹목적 입장은 더욱 아니다.

철학자의 현대성 논구는 철학자가 생존한 시기의 현대성뿐만 아니라, 모든 시대의 당시를 가리키는 보편적 의미의 현대성을 관통할 수 있을 경우에만 가능하다. 그런 맥락에서 칸트 철학체계가 21세기에도 여전히 통용할 수 있는지가 검토대상이다. 이 작업은 형이상학이 지닌 학문적 취약점을 올바르게 직시해야만 가능하다. 철학사상의 현대성은 당대의 문명사회를 건설하는 현대인의 관심에 의해 드러나며, 그 관심이 삶의 본질을 반성하려는 목적의식에 입각해야만 가능하다. 그러므로 칸트 철학의 현대성논구는 칸트가 인류가 지향하는 진리의 본질을 완전히 그리고 완벽하게 구현하였다는 입장을 개진하려는 것이 아니다.

칸트의 비판철학체계가 현대에서도 여전히 작동할 수 있는지의 판단은 독단론과 회의론의 사고방식을 극복한 선험철학의 비판적 체계에서 찾아야 한다. 현대인도 독단론과 회의론의 사고방식에 대해 칸트의 사유방식을 발판으로 삼아 반성해볼 필요가 있기 때문이다.

칸트 철학의 방법론이 독단론의 지나침과 경험론의 모자람을 극복하려는 변증적 체계의 결과였기 때문에 그의 철학체계는 시대의 흐름과 무관하게 각 시대에 적응할 수 있는 현대성의 학적 효용성을 지닌다. 당면한 문제점을 해결하기 위해 지식의 현실성과 효용성을 고려하면, 현대인에게는 경험론자인 흄의 회의론 입장을 취할 바에야 차라리 칸트의 합리론의 입장을 취하는 것이 더 효율적일 수 있다. 말할 수 없는 것에 침묵해야 한다는 논리실증주의자인 비트겐슈타인의 생각을 취할 바에야 차라리 선험철학체계의 입장에서 형이상학을 수립한 칸트의 입장이 더 효율적일 수 있다. 이와 같은 논지는 '제일철학인 형이상학을 배제하고 철학이 학문으로서의 철학일 수 있는가?'의 다음의 장이 다시 논구할 것이다.

칸트 철학의 논구방향은 보편학으로서의 철학이 진리의 실체 곧 제일철학으로서의 형이상학의 진정한 학적 원리와 이념을 새롭게 구축하려는 것이었다. 새로운 형이상학의 모습으로 거듭난 진정한 존재론을 재건하려는 칸트의 인식론체계는 선험적 감성론과 선험적 논리학으로 구성되어 있다. 그리고 그 구성은 감성과 오성의 인식기능으로부터 시작하여 이성의 지적 기능과 역할이 무엇인지의 의문점을 해결하려 했다. 그 의문점은 지성의 기능이 감성과 오성의 작용으로 제한되어 있다면, 지성의 구조에서 지성의 최고기능인 이성을 오성과 어떻게 구분해야 하는지의 의문점을 포함하고 있다. 철학이 이성의 성격을 밝히는 작업은 인간이 무엇인지의 의문을 해명하는 작업과 일맥상통한다.

철학이 이념을 구성하는 이성 기능을 지성에서 배제하면, 인류는 문명사회의 공동체를 규정할 방법을 가질 수 없다. 인간의 사유기능에서 이념을 구성하는 이성의 기능을 배제하면, 인간이 다른 동물과 특별히 구별되는 문명창조의 특성을 설명할 수 없다. 인류의 본성은 목적론이 아니라 오로지 진화론으로 해명해야 한다.

경험의 인식자료를 가지고 대상의 지식을 구성하는 오성은 이념을 구성하는 인식기능이 아니다. 이념이 없으면 인간을 집결하여 공동체의 질서하고 문명을 건설할 수 없다. 이념은 형이상학적 개념이다. 진화론은 동물의 진화과정은 설명할 수 있어도, 문명사회를 건설하는 인간본성을 진화의 과정으로 설명할 수 없다. 인간의 본성이 형이상학적이기 때문에 인간은 형이상학적 관점에서 해명되어야 한다.

이성과 오성의 지적 기능이 하나의 동일한 지성구조에서 비롯된 것이라면, 이 두 기능의 성격을 구분하기 위해서는 이성보다 더 상위의 지적 원천을 전제해야 한다. 칸트는 그런 상위의 또 다른 인식기능을 구체적으로 직접 해명하지 않고, 오로지 이성이 오성 기능을 바탕으로 하여 형이상학의 원리를 수립할 수 있음을 논증했다. 그러므로 칸트가 구축한 선험철학체계는 그 점에 관한 어떤 의문점도 마땅히 해명해야 한다. 선험철학체계는 새로운 형이상학의 학적 체계가 수립한 진리의 본성이 무엇인가 하는 의문점을 해명해야 한다.

　칸트는 진리 개념에 부합하는 존재원리가 하나의 통일체이므로, 진리는 독단적일 수밖에 없다고 주장했다. 경험론을 펼치는 철학자들이 어느 누구도 진리의 본질에 해당하는 존재원리를 아직까지 확립하지 못했다고 논증하더라도, 경험론은 진리가 하나의 통일체여야 한다는 원칙마저 근본적으로 부정하는 입장일 수 없다. 즉 경험론의 입장이 존재본질에 대해 인식불가지론을 펼치더라도, 그들의 회의적 입장이 존재의 궁극원리가 아예 존재하지 않는다고 부정하는 경우일 수 없다. 단지 궁극진리를 우리의 인식능력으로는 결코 파악할 수 없다는 주장을 펼칠 뿐이다. 그들은 말할 수 없는 것에 대해 침묵해야 한다는 주장만 펼칠 뿐이다. 그러므로 철학은 한 편으로 회의론을 극복해야 할 뿐만 아니라, 또 한편으로 독선의 입장으로 평가받는 독단론을 극복해야 한다.

　칸트는 비판무대가 언론과 표현자유의 터전 위에 설치되어야만 정당성을 확립할 수 있음을 분명히 천명했다. 진리가 인간들이 비판과정에 자유롭게 동참하여 자신의 주장을 펼치고, 옳고 그름을 가려내는 변증적 사고방식의 토대위에서 수립되는 결실이기 때문이다. 그러므로 다른 어느 시대보다도 현대문명을 구가하는 현대인들은 고대 그리스이래로 등장한 수많은 철학자들이 숱한 우여곡절을 겪으면서 확립한 철학의 학적 정신을 되새겨야 한다. 철학의 학문성이 수없이 치룬 잔혹한 전란을 거쳐 피폐해진 문명사회의 참혹함을 극복하고, 인류가 다함께 공생·공영의 길로 나아가도록 이끈 정신적 원동력임을 자각해야 한다. 인간은 자신이 문명사회의 지식에 무지한 상태에서 탄생했지만, 힘 겨운 학습을 통해 문명사회를 계승하고, 인류역사를 퇴보대신 진보의 길로 나아가도록 만든 객관적 사실을 상기해야 한다.

진보의 길이 가시밭길일 수밖에 없는 이유는 앞선 시대의 인간보다 뒤이어 등장한 인간이 항상 더 팽창된 지식들을 습득해야 하는 고난의 처지에 놓인 정황 때문이다. 그러나 개인에게 그런 어려움을 극복하려는 의지와 인내와 정열이 없는 한, 개인은 역사가 보전하고 있는 문명의 지식들을 계승하고 유지하고 발전시킬 수 없다. 현대인들도 자신의 정체성을 제대로 깨닫지 못하면, 진보적 역사의 창조적 주체가 될 수 없음을 깨달아야 한다.

칸트의 비판철학이 지닌 현대성은 문명창조의 원동력인 비판정신을 인류역사의 전면에 내세운 점이다. 그리고 인간지성의 창조적 본질이 의식의 선천성과 선험성에 있음을 논증한 방식이다.

인식기능의 선천성과 선험성은 상식적 의미의 초월성과 무관하기 때문에 인식기능에 관한 논구는 칸트의 비판철학 체계가 현대성의 의미를 충족하는지를 반드시 따져야 한다. 현상계에 전개된 개별상황을 종합하여 존재본질을 파악하는 지적작업은 시·공의 제약을 벗어난 전체적이고 보편적 존재의 실체와 속성과 양태를 선험철학의 입장에서 논구해야 한다. 그래서 인간의 인식기능이 보편성논구에 부합하는 한 칸트의 철학체계는 언제든지 지역과 시대를 넘어서 현대적일 수 있다.

선험철학의 현대성 논구는 그런 관점을 고려하여 몇 가지 관점을 미리 정리해야 한다.

1. 칸트 철학체계의 현대성 여부는 현시대에 이르러서도 여전히 해명 중인 철학의 의문점을 두고 판단해야 한다. 그리고 그 논구는 칸트 철학의 이론을 견강부회하게 해석하여, 칸트의 의도를 전혀 다르게 만들어서는 안 된다.

철학의 이론체계는 존재의 보편원리를 수립한 것이다. 전대의 철학 이론은 새로운 시대의 새로운 인물이 재해석하여 새 시대에 걸맞게 거듭났다. 새로운 시각으로 등장한 새 이론이 새 시대에 부합하려는 목적에만 몰입하여 기존이론을 터무니없이 개조하고 자기발상을 억지로 전개해서는 안 된다. 칸트 의도와 전혀 다른 새로운 시각의 관점을 제시하려면, 그 입장은 칸트 사상을 논구소재로 삼되 자기의도를 독창적으로 제시한 새로운 이론을 구성하는 방식이어야 한다.

형이상학을 수립하려는 지적욕망과 지적의지를 불러 일으키는 의식의 관념적 표상은 심리현상의 관념적 표상과 구별되어야 한다. 인간의 심리현상은 동물들이 자기생존에 집중하는 본능처럼 자신의 이해관계에 따른 심리작용이다. 그에 비해 형이상학적 의식작용은 이해관계에 얽힌 심리작용과 달리, 첫째 자신의 현존재성을 포함하여 모든 현상의 존재자들을 아우르고, 둘째 존재 자체를 지적 탐구대상으로 삼는 의식현상이다.

형이상학의 대상에 대한 지적관심이 형이상학의 사유과정에 진입하면, 오로지 그 곳에서는 자기이해관계를 벗어난 논리적 사유기능만 작동할 뿐이다. 각 개인의 구체적 심리작용은 배제된다. 형이상학의 사유과정에 심리요소들이 작용하더라도, 그 때의 심리현상은 일반적 심리작용과 구별되는 모습이다. 형이상학의 주제를 탐구하는 과정에서 발생한 신경질적 현상 및 고통, 불안, 염려, 집착 등의 심리현상 때문에 형이상학의 인식작용이 일반적 양상의 심리작용으로 격하되지 않는다.

환골탈퇴와 같은 그런 관념은 형이상학의 영역에서 발생하는 표상일 뿐, 결코 심리적 이해관계에서 발생하는 표상이 아닌 근거 때문이다.

2. 헤겔의 저서 논리학에서 표현된 진술처럼, 진리가 학문의 체계화된 지식이라면, 진리의 본질은 학문의 지식체계에서 드러난다. 철학자가 수립한 존재원리는 철학자가 서술한 사상체계의 처음과 끝을 다 훑어보아야만 제대로 파악할 수 있다. 하나의 통일체계에서 부분, 부분만을 발췌하여 인용하는 방식은 철학자가 주장하는 존재원리의 진면목을 제대로 보여줄 수 없다. 그러므로 그런 방식의 설명에는 진리의 전체모습을 드러낼 수 없는 한계가 발생한다.

사상을 논구하는 작업에서 인용하는 부분이 전체의 흐름에 따르지 않으면, 그 해석은 설명하는 주체의 입장에 따라 자의적인 것이 될 수 있다. 사상을 비판하는 작업이 이런 해석과정의 어려움을 헤쳐 나가려면, 언제나 철학이 지향하는 궁극목적과 그리고 저술가의 발상이 나아가려는 의도와 방향을 가늠하여 각 부분의 진술을 해명해야 한다. 그런 비판적 입장만이 독자에게 제대로 된 해석을 제공할 수 있다.

칸트의 사상체계를 설명하려는 작업도 이와 같은 원칙을 준수하고서 해석의 어려움을 극복해야 한다. 칸트 의도를 해명한 진술은 칸트 사상에 생소한 철학도의 입장과 칸트 사상을 잘 알고 있는 철학자의 입장을 별개로 각각 고려해야 한다. 그리고 그 내용은 이해하려는 입장의 수준에 맞추어 적절히 구성해야 한다. 하지만 제한된 지면은 두 입장을 고려한 서술을 세밀히 추진할 수 없으므로, 해명을 진행하는 지면은 한 장소에서 서로 다른 두 입장을 한껏 조화시키기 위해 칸트 사상의 체계를 개괄적으로 요약하는 방식을 차선의 방책으로 채택하지 않을 수 없다. 개요는 칸트 사상을 올바르게 그리고 정확히 이해할 수 있는 여건을 조성하기 위한 목적이므로, 먼저 칸트 철학체계를 우선적으로 요약하고 그 연후에 전체의 짜임새에 따라 각각이 지닌 올바른 의미를 제대로 서술해야 한다.

칸트 사상을 논구하는 방식은 모든 자료를 전부 소개하면서 진행하는 것이 아니라, 칸트가 진술한 문장에서 칸트의 의도를 대표할 수 있는 문장을 선택하여, 그것을 객관적 근거로 삼아 해명하는 경우이다. 그러므로 여기에 인용한 문장과 중첩되거나 유사한 내용의 문장들은 칸트 저서의 곳곳에서 쉽게 발견된다. 그러나 칸트 저서의 원문에서 유사하다고 여겨 인용하지 않은 문장이 오히려 여기에 인용한 문장을 부정할 수 있는 내용을 담고 있거나, 여기에서 주장한 관점을 반박할 수 있는 내용을 발견하면, 해명을 시도한 입장은 차후에 그 점을 밝히고 논구의 오류를 반드시 시정해야 한다.

3. 칸트는 인간이 궁극진리를 추구할 수 있는 인식기능을 갖추고 있다는 말을 『순수이성비판』 서두에서 다음과 같이 말했다. 그런데 아래의 글은 언뜻 보면 칸트를 오히려 반형이상학자로 오인할 여지를 보여준다. 하지만 서두의 이 글은 칸트가 형이상학을 구축할 수 있는 인식기능과 능력을 다른 무엇보다 우선적으로 검토해야 함을 확실히 천명한 내용이다.

인간의 이성은 그 인식의 한 종류에 있어서 회피할 수 없는 문제에 시달리는 특수한 운명을 지니고 있다. 이 문제를 회피할 수 없는 까닭은 이 문제가 이성 그 자체의 본성에 의하여서 이성에 부과된 것이기 때문이다. 그러나 이성은 이 문제에 해답을 주지 못한다. 왜냐하면 그것은 인간 이성의 모든 능력을 초월한 것이기 때문이다.[1]

---

1. A VII.

칸트 사상이 구축한 철학체계의 근본토양은 인간이 선천적으로 형이상학적 본성을 타고난 존재인 입장이다. 인간이 원천적으로 형이상학적 존재가 아니라면, 인간이 인간을 어떻게 규정해야 하는지의 물음은 해명될 여지를 상실하게 된다. 인간이 형이상학적 존재가 아니라면 인간이 이성적 존재라는 규정은 곧장 유명무실하게 된다. 인간이 존재원리에 대해 회의적 입장에서 불가지론을 펼치면서 경험적 일상생활에서 자신의 입맛에 맞는 결론을 내리더라도, 그것은 세 가지 관점의 테두리 안에서 진행된다. 첫째는 그들이 활동하는 문명세계가 형이상학적 사유의 산물인 사실이다. 둘째는 그들이 주장하는 회의론은 형이상학의 내용을 모르면 제시할 수 없는 이론인 사실이다. 셋째는 회의론자들이 불가지론을 펼치면서 형이상학을 거부하더라도, 그들의 주장이 유물론은 결코 될 수 없는 사실이다. 그들은 자신이 살아가는 삶의 터전을 떠받치는 합리적 현실기반을 부정하지 못하면서, 거꾸로 경험의 대상처럼 직접 체험되지 않은 약점을 내세워 형이상학의 대상과 개념을 부정할 뿐이다.

철학에서 회의론이거나 신비론이거나 간에 그런 주장을 펼치는 입장은 스스로 모순을 불러 일으킨다. 그러나 인류의 문명사회는 합리론의 입장에 의해 구축되고, 유지하고, 진보하였다. 그 과정이 순조롭지 않고 갈지자걸음이었더라도, 인류는 문명사회의 이정표를 바라보고 나아갔다. 인간이 형이상학적 존재가 아니라면, 그 작업을 결코 할 수 없었다. 칸트는 그 점을 아래의 문장으로 서술했다. 철학의 보편성은 형이상학의 지식으로부터 성립한다. 현대인이 형이상학의 지식에 무관심하고 애써 외면하더라도, 끝내는 형이상학의 주제를 다룰 수밖에 없다. 그 점에서 칸트 철학은 현대적이다. 그리고 그 관점에서 칸트 철학의 현대성을 논구해야 한다.

형이상학에 관하여서는 그 종래의 진행이 틀렸고 또 종래에 이 세상에 나타난 어느 하나의 형이상학에 대해서도 그 본질적인 목적에서 보면 그것이 현실적으로 존재하고 있다는 말을 할 수 없기에, 어느 것이나 그 가능성이 의문시될 이유가 있다. (중략)

그러나 이 종류의 인식도 어떤 의미에서는 주어져 있는 것이라고 생각해야 되며, 형이상학은 비록 학으로서는 아닐망정 자연소질로서는 현실적이다. 왜냐하면 인간의 이성은 박식이란 단순한 허영성에 끌려서가 아니라, 자기의 요구에 쫓겨서 이성의 경험적 사용과 이에서 도출되는 원리를 통하여서는 절대로 해석될 수 없는 문제에까지 그칠 줄 모르고 나가기 때문이다. 그러므로 인간의 이성이 사색하기에 이르기까지 성숙하자마자 모든 인간의 의식에는 언제든지 현실적으로 그 어떤 형이상학적인 관념이 발생한다. 그리고 또 언제나 그에게서 떠나지 않을 것이다. 그러면 이 현상으로부터 다음의 문제가 성립한다. '어떻게 해서 자연소질로서의 형이상학이 가능한가?'[2]

칸트의 통합적 철학체계

■ 칸트 철학의 통합성

칸트 철학체계가 짜임새 있게 구성된 것을 단적으로 보여주는 곳은 『순수이성비판』의 목차이다. 칸트는 그곳에서 『순수이성비판』을 구성하

---

2. B21~22.

고 있는 체계를 크게 선험적 원리론과 선험적 방법론으로 대별하였다. 이 구분에서 주목해야 할 관점은 몇 가지가 있다. 원리론에서 방법론을 왜 구별하였는가? 선험적 원리론을 구성하는 원리가 무엇에 대한 원리인가? 또 다시 선험적 방법론이란 명칭 하에서 이성의 월권을 방지해야 할 방법을 재차 논구해야 할 필요가 있는가? 더 나아가 칸트가 표명한 원리의 용어가 인식의 원리인가, 아니면 존재의 원리인가, 그도 아니면 그 용어가 인식과 존재를 모두 아우르는 원리인가? 그에 대한 해명을 바탕으로 하여 '실천이성의 입장에서 도덕형이상학의 체계를 수립한 선험철학의 방법론이 형이상학을 정초한 방법으로 적절한가?

그 다음으로 주목해야 할 관점은 칸트는 선험적 원리론을 선험적 감성론과 선험적 논리학으로 구분한 그의 발상이다. 이 구분이 정작 중요한 이유는 칸트가 논리학에서 구분된 감성론이 인간이 우주에 존재하는 모든 사물들을 객관적으로 파악하여 통일된 지식체계로 구성하는 인식의 원천적 기능을 설명하는 장소인가 하는 의문점 때문이다.

끝으로 주목해야 할 관점은 칸트가 선험적 논리학을 선험적 분석론과 선험적 변증론으로 구분한 방식이다. 그 이유는 이 구분이 전통적인 형식논리학과 달리 새로운 사유방식인 변증논리학의 길을 열었기 때문이다. 그리고 변증논리의 이율배반의 장에서 실천이성과 『판단력비판』의 주제를 동일한 관점에서 논구할 길을 열었기 때문이다.

칸트는 이런 방식을 거쳐 존재론과 인식론과 논리학의 삼자가 수미일관된 기본토대를 바탕으로 하여 사유방식의 통합기능을 논증했다. 그 과정에서 사유법칙을 구성한 논리학이 삼자를 통일하는 매개역할을 하는 근거를 논구했다. 인간의 인식기능이 진리 체계를 구축할 수 있는 능력을 갖추고 있음을 논증했다.

칸트는 이 작업을 위해 형식논리학과 차별되는 선험적 논리학의 범주개념을 크게 네 가지 강목으로 구성하였다. 그 구성에는 특별히 주목해야 하는 사항이 있는데, 그것은 칸트가 새롭게 도입한 양과 질의 강목을 뒤이은 관계와 양상의 강목이다. 왜냐하면 양상강목이 범주개념에 정립되어야만, 비로소 인간이 과거와 현재와 미래의 시간을 논리적으로 하나로 통일시킬 수 있는 제약이기 때문이다. 곧 인간이 다가오지 않은 미래에 관한 사항을 학문으로 다룰 수 있는 조건이기 때문이다.

선험적 원리론에서 마지막으로 주목해야 할 관점은 칸트가 선험적 변증론에서 세 가지 형이상학의 주제인 '신, 자유, 영혼불멸'을 '순수이성의 논과. 순수이성의 이율배반, 순수이성의 이상'의 제목 하에서 전통적 형이상학의 비학문성을 논구하였고, 선험적 변증론의 이율배반의 장에서 새로운 형이상학의 건립방법을 제시한 발상이다.

이 주제들의 논구는 결국 '인간이란 무엇인가?'의 의문점을 축으로 하여 '신이란 무엇인가?'와 '자연이란 무엇인가?'의 주된 의문점을 수미일관된 방식으로 해명하는 작업이다. 칸트를 이들을 차례차례 논구하여 존재론의 영역에서 통합진리체계를 구축한다. 그런데 세 가지 주된 존재론의 주제들은 근원적으로 하나로 통일되어 있었던 것이므로, '신이란 무엇인가?'의 주제는 '자연이란 무엇인가?'와 '인간이란 무엇인가?'의 주제를 해명하려는 주제와 직접 연결되고, 마찬가지로 '자연이란 무엇인가?'의 주제는 '신이란 무엇인가?'와 '인간이란 무엇인가?'의 주제를 해명하려는 주제와 직접 연결되고, 또한 마찬가지로 '인간이란 무엇인가?'의 주제는 '신이란 무엇인가?'와 '자연이란 무엇인가?'의 주제를 해명하려는 작업과 직접 연결된다.

그러므로 세 가지 각각의 주제는 다른 나머지 두 개의 주제가 뒷받침해야만, 비로소 자기논구를 제대로 진행할 수 있다. 자연과 신의 존재가 없다면, 인간은 자기정체성을 논구해야 할 근거조차 없는 상황 때문이다. 인간의 정체성을 논구하는 작업이 자연과 신의 존재를 바탕으로 삼지 않으면, 인간과 문명사회의 상관관계를 논구할 수 없는 조건 때문이다. 신과 자연의 정체성논구를 거부하면, 인간이 왜 존재하고, 왜 생활하는지를 따질 이유와 필요성을 외면하는 비학문성 때문이다. 거꾸로 자연과 신의 논구도 인간이 없다면, 논구자체가 성립할 수 없는 모순점 때문이다.

칸트가 '선험적 방법론'에서 제시한 방법의 철학적 의의는 명백히 드러나야 한다. 칸트가 '원리론'의 용어에 선험적 의미를 첨부한 경우도 특별한 작업이었지만, '선험적 원리론'에 연이어 '방법론'의 용어에 선험적 의미를 부여하고 서술한 경우는 더 특별한 작업이었다. 이 방법론이 칸트의 의도와 달리 거꾸로 다른 학자들 및 대중들이 칸트 사상을 반 형이상학적 발상으로 오인하도록 오도할 수 있었다. 칸트가 방법론의 의미를 설명하는 과정에서 선험철학을 구성주의로 이해할 수 있도록 만든 점이다.

그러므로 칸트의 『순수이성비판』의 이해는 '원리론'과 '방법론'의 문장을 함께 병렬하고 분석해야만, 선험철학이 지닌 구성의 의미는 제대로 드러날 수 있다. 칸트는 선험적 방법론에서 자신이 파악한 구성주의의 철학적 의의를 선험적 방법론의 설명에 앞서 다음과 같이 설명하였다.

순수하고 사변적인 이성의 모든 인식의 총괄을 적어도 우리가 설계한 하나의 건물로 본다면, 우리는 선험적 원리론에서 이 건물의 건축 재료를 어림잡고, 어떠한 건물을 얼마나 높이 그리고 얼마나 견고하게 건축할 것인가를 결정하였다고 말할 수 있으리라.

물론 이에 의해 밝혀진 바에 따르면, 우리가 아무리 하늘까지 치솟는 높은 탑을 세우려는 마음을 먹었다고 하더라도, 우리가 준비한 재료는 경험이라는 평면상에서 우리의 용도에 적합할 만한 면적과 주위를 전망하기에 충분할 만한 고도를 갖는 하나의 주택을 짓기에 겨우 족할 뿐이라는 점이다.[3]

칸트의 진술은 비판철학의 기반으로 하여 형이상학을 구축한 경우와 비판철학을 기반으로 하지 않고 형이상학을 구축한 경우를 서로 구분해야 함을 의미한다. 칸트는 이미 형성된 갖가지 형이상학의 이론 및 종교적 교리가 이성월권의 산물이라고 파악했다. 칸트가 후자의 형이상학을 대신할 목적으로 구축한 전자의 형이상학은 도덕형이상학이다. 그러므로『순수이성비판』에 서술한 위의 내용은『실천이성비판』에 의한 도덕형이상학을 예고한 전조이다.

그리고 그는 이성월권에 의한 진정한 형이상학의 실패가 형이상학의 부재를 의미하는 것이 아니라, 이성의 한계 내에서 진정한 형이상학을 구축할 수 있음을 건축학의 '설계'의 용어로 설명했다. 물론 그 방법의 실마리는 앞으로 논구하려는 이율배반에서 논증한 선험적 자유 개념이었다.

그러나 높은 탑을 세우려고 한 저 대담한 계획은 건축가들이 이 계획에 관하여서 불가피하게 의견의 일치를 보지 못하고, 또 그들이 제각기 자기 계획대로 특이한 건물을 건설하기 위하여 재료를 모든 세계에 분산시키지 않을 수 없게 할 말의 혼란 탓으로 돌릴 것도 없이, 재료의 부족으로 실패하지 않을 수 없는 것이다. 이제는 재료가 문제가 아니라 오히려 설계가 문제이다.[4]

---

3. A707, B735.

4. ibid.

칸트는『순수이성비판』서언에서 서술한 인간의 형이상학적 본능이 새로운 형이상학의 설립의 근거이었음을『순수이성비판』의 방법론'의 다음의 표현에서 명백히 했다.

　…우리는 어쩌면 우리의 모든 능력에 넘치는, 임의의 맹목적 설계를 갖고 무모한 짓을 하지 말도록 경고를 받고 있지만, 그러나 견고한 주택의 건설을 단념할 수 없기 때문에, 우리에게 주어진 그리고 동시에 우리의 필요에 적합한 재료와의 관계에 있어서 분에 맞는 건물의 설계를 작성하여야 한다.[5]

이 글에서 주목해야 할 관점은 칸트의 입장이 '구성주의'인가이다. 앞의 문장의 "우리가 준비한 재료"의 표현대로, 칸트는 선천적 인식기능의 근본능력을 명확히 밝혔다. 그로부터 이성이 형이상학의 구체적 내용인 이념을 구성하는 방법과 과정이 구성주의인가라는 의문이 발생할 수 있기 때문이다. 칸트의 입장을 구성주의자로 간주하면, 그 입장은 비판·선험철학의 학적체계가 의식기능에 의해 구성되었다는 사실을 의미한다.

모든 지식은 의식의 지성에 의해 구성되었다. 하지만 칸트 철학에 제기된 구성주의의 물음은 그런 맥락이 아니다. 칸트가 구축한 형이상학이 갖추어야 할 객관성에 관한 물음이다. 그 해명의 첫 번째 논증은『순수이성비판』의 원리론에서 진행할 수 있다. 두 번째 논증은『순수이성비판』의 방법론에서 진행할 수 있다.

---

5. ibid.

칸트는 선험적 방법론의 의미를 다음과 같이 규정했다.

선험적 방법론transzendentalen Methodenlehre은 순수이성의 완전한 체계를 위한 형식적 제약을 규정하는 것을 의미한다. 우리는 이러한 의도를 가지고 순수이성의 훈련, 규준, 건축술, 끝으로 역사를 다룰 것이며, 그리고 학교에서 실용적 논리학praktischen Logik이란 명칭 하에 오성일반의 사용에 관하여 시도하였으나 실패한 것을 선험적 의도에서 수행할 것이다.[6]

칸트는 일반논리학의 특성이 모든 과학적 지식을 체계화시킬 수 있는 사유법칙의 형식일 뿐이므로, 일반논리학은 형이상학을 학으로 구성할 어떤 근거와 기능을 갖추고 있지 않음을 진술하였다. 일반논리학이 과학의 지식을 객관적 학으로 구성할 토양과 방법을 제공하는 것이므로, 마찬가지로 형이상학의 지식에도 그대로 적용되어야 형이상학이 여타의 과학과 동일한 성격의 학문이 될 수 있다. 그러므로 칸트는 형이상학을 여타의 과학과 마찬가지로 학문으로 구성하기 위해 먼저 일반논리학을 선험논리학으로 개편하였다. 칸트는 일반논리학이 아니라 선험논리학의 바탕 위에서 형이상학을 새롭게 구성하였던 것이다. 칸트는'원리론'에서 천명한 것을 '방법론'에서도 아래와 같이 진술했다.

왜냐하면 일반논리학allgemeine Logik은 오성인식의 어느 특수한 종류(예를 들면 순수인식) 또는 어느 대상에 한정된 것이 아니므로, 그것이 지식을 다른 학문에서 빌려오지 않는 한, 가능한 방법의 명칭과, 학생들에게 우선 그 명칭을 배우게 하고 그 의미와 용법을 뒤에 가서 비로소 배우지

---

6. B736.

않으면 안 되게 하는 여러 가지 학문의 체계성에 관해 사용되는 기술적 용어 이상의 아무것도 논술한 것이 아니기 때문이다.[7]

칸트의 방법론을 구성주의로 평가할 적에 주목해야 할 점은 그가 이성의 월권을 방지하기 위해 이성의 무리한 작용을 제한하는 교육의 강제성이다.

　…비록 우리의 가능한 인식의 한계는 매우 좁고, 판단하려는 충동은 강하며, 나타나는 가상과 매우 기만적이고, 오류에서 빚어지는 손해가 지대할지라도, 오로지 오류를 방지하기 위하여서만 사용되는 소극적 교시가 우리의 인식을 증가시킬 수 있는 많은 적극적 교시보다도 더 중요하기 때문이다.

　우리는 어떤 규칙을 위반하려고 하는 부단한 경향을 제한하며, 필경 이 경향을 근절시키려고 하는 강제Zwang를 훈련Disziplin이라고 부른다.[8]

칸트의 이론전개의 특성은 3대 비판서적에서 실천이성과 『판단력비판』을 『순수이성비판』의 구성과 수미일관된 방식으로 구성한 방식에서 각별히 두드려진다. 칸트가 인간의 인식기능을 현상에 국한하고, 현상으로부터 형이상학의 이념을 어떻게 파악하고, 어떻게 실현할 것인가의 의문점을 일관되게 논구하여 통합체제의 형이상학을 새롭게 구축한 방식이다.

생성·소멸을 거듭한 존재영역에서 변화가 존재론의 속성인 점을 감

---

7. ibid.
8. B737~738.

안하고서 비판철학의 논구를 주목하면, 자연의 존재가 어떻게 변화하는가의 주제가 인간의 존재는 어떻게 변화해야 하는가의 주제로 교체되는 지점이 『순수이성비판』에서 『실천이성비판』에로 전환하는 분기점임을 파악할 수 있다.

3대 비판서가 정적인 공간에서 구분되는 변화의 상황인식을 비롯하여 동적인 시간에서 구분되는 과거와 현재와 미래를 하나로 통합하여 인간의식의 본질인 창조적 인식기능 및 활동의 성격을 명확히 확립하려는 작업의 분기점인 특성이다.

따라서 비판철학서의 모든 체계를 직시하면, 칸트 사상의 특성은 크게 다음의 5가지로 정리할 수 있다.

1. 칸트는 본질과 현상의 이원적 구분을 학문적으로 통합하기 위한 전단계의 작업으로 외부대상인 사물과 사물 그 자체인 물 자체로 구분하였다.

2. 칸트는 합리론의 연역적 체계와 경험론의 귀납적 체계를 통일하기 위한 선결조건으로 전통적 논리학을 새롭게 개편하여 선험논리학으로 재구성하였다.

3. 칸트는 이성의 월권을 방지하기 위해 선험논리학의 근본체제인 범주개념을 구성하기에 앞서 존재론과 인식론을 통합하는 장소로 선험적 감성론을 독립시켰다.

4. 칸트는 『순수이성비판』에서 사변이성이 학문적으로 다룰 수 없는 형이상학의 대상인 신을 『실천이성비판』에서 요청의 대상으로 정립하고 학적대상으로 삼았다.

5. 칸트는 『판단력비판』에서 전통적 논리학에서 다루는 판단개념을 두 가지 성격으로 구분하였다. 칸트는 오성의 판단력을 사변이성과 실천이성에서 작용하는 규정적 판단력과 반성적 판단력으로 구분하였다.

더 나아가 칸트는 인식의 감각적 감성기능을 예술의 차원으로 격상시키고 그 기능을 반성적 판단력의 미감능력으로 정립하였다.

그뿐만 아니라 칸트의 3대 비판서가 추구한 새로운 형이상학의 체계에서 주목해야 할 특성은 존재의 근본원리를 기계적 인과율과 목적적 인과율의 양립과 조화를 바탕으로 하여 구성한 논점이다.

그리고 3대 비판서는 형이상학의 체계를 구성한 한 축인 목적론의 사고체계가 물질이 아님을 전제한다. 그 점은 물질로 구성된 인간두뇌가 목적적 인과율의 사고방식을 활용하여 자연에서 존재하지 않는 갖가지 도구를 창조하는 현상을 통해 명백하게 실증된다. 심지어 문명사회의 발전은 자연도 의식의 목적활동과 마찬가지로 물질이 목적활동을 한 결과로 가정하는 관점을 부정하지 못하도록 만든다. 그 점은 유물론이 변증적 유물론으로 탈바꿈하는 과정에서 명확해진다.

그러므로 기계론이 목적론이 아닌 한에서는 기계론에서 어떻게 목적론이 나올 수 있는가? 하는 원초적 의문점은 연이어 다음의 파생적 의문점을 낳는다. 이 문제를 해명하기 위한 방법인 비판서가 지닌 통합기능이다.

1. 목적론은 기계론이 앞으로 나아간 또 다른 양상인가?
2. 목적론은 기계론과 다른 근원을 지닌 인과율인가?
3. 물질은 이 두 가지 인과율을 다 함께 지니고 있는가?
4. 목적론의 인과율을 위해서는 물질적 실체와 다른 정신적 실체를 인정해야 하는가?

■ 칸트 통합체제의 현대성

근대철학의 정점에 해당하는 헤겔의 사고방법이후 현대철학자들이 펼친 여러 가지의 주장은 헤겔철학의 학문적 본질을 비판하고 거부하기 시작했다. 철학 내에서 철학의 이름으로 횡행하는 천박한 사고방식을 극복하려고 노력한 그의 학적 결실을 비웃듯이 부정했다. 철학은 또다시 원점으로 되돌아가 문학적 수준의 감상적 사고를 펼치기 시작했다. 그 경향은 현시대에 등장한 각종 사회문제점을 해결하겠다는 학적 입장을 앞세우고서 반형이상학적 해체주의의 관점으로 두드려졌다. 과학주의, 신비주의, 역사주의가 주장하는 회의주의 성격의 이론전개가 칸트 이후 새롭게 등장한 형이상학의 관념론을 부정한 상황이다. 철학이 당면한 문제를 극복할 진정한 해결방법이 칸트 및 헤겔식 사고방식이 아니라는 주장이다.

형이상학을 부정하는 과학주의는 자연과학적 지식을 논거의 근거로 삼아 원리적 이성주의에 입각한 합리적 형이상학을 비판한다. 사회과학분야에서 태동한 변증적 유물론자들이 지상의 현실세계에서 인본주의의 이상을 실현할 수 있다는 기치와 전망을 내걸었지만, 이론의 실증성은 자연과학의 성과를 객관적 토대로 삼았다. 하지만 그들이 내세운 두드려진 주장은 역설적으로 존재론의 본질을 추구하는 이성의 진면목이 아닌 감각적 감성에 호소하는 도구적 이성의 문학적 사유방식이었을 뿐이다. 그러한 주장이 현상의 문제점을 예리하게 지적하고서 그 속에 난무하는 취약점을 나열하는 방식에는 탁월하였지만, 해결의 방법에 이르러서는 오히려 세상의 사람들을 더욱 혼란스럽게 만들었을 뿐이었다.

신비주의 입장이건, 역사주의 입장이건, 해체주의 입장이건, 그들이 합리론의 주장을 비판하고, 비난하면서 해체한 명분은 합리론의 사고방식이 진리의 본질을 올바르게 파악할 수 없다는 관점이었다. 그들이 합리론을 비난하면서 내놓은 결론은 주관적이었고, 상대적이었고, 개인적이었고, 비학문적이었다. 그것은 미학에서 취급하는 취미 수준의 담론일 뿐이었다. 그들의 주장에는 자신들이 살아가는 삶의 터전에서 공동의 구성원들이 공존하고 공영할 수 있는 실천의 방법이 애매했다. 상부구조의 인간의식을 자신의 사고방식으로 변화시키는 설득이 실효성을 갖춘 방법이 될 수 없음을 파악한 그들이 도달한 결론은 사회체제를 사회주의구조로 전환하는 것이었다. 그들은 그러한 자신들의 생각을 진보적이라고 믿고 합리주의자를 보수적으로 매도하고 타도의 대상으로 삼았다. 하지만 그들이 사회를 지도할 기회를 가졌을 적에 그들이 보여준 비도덕적, 반사회적 행동은 그들이 내세운 주장의 정당성을 스스로 부정하기에 충분했다.

합리적 입장은 그들의 비판에 맞서 자신의 입장을 변호하고 견지해야 한다. 합리주의 노선을 지지하는 입장은 기존의 이론을 현대적으로 재해석하여 해명해야 한다. 칸트 철학은 그런 관점에서 보면 가장 적격이다.

칸트가 철학이 지닌 보편학의 성격을 '만학萬學의 어머니'라고 표현한 이유는 전통적 학문의 입장을 따른 생각이었다. 그 표현은 다름 아닌 철학적 사고방식이 모든 과학이 추진하는 탐구방식의 근본토대인 특성을 강조하기 위함이었다. 곧 철학의 비판적 사고방식이 과학적 사고방식의 기초인 점을 강조하기 위함이었다. 철학의 이론이 의식의 상상력을 발동하는 문학과 예술의 방식처럼 인간의 감성을 자극하고, 호소하고, 만족시키는 창작 작업이 아닌 점을 강조하기 위함이었다. 철학의 이론이 실생활에서 생생하게 작용하는 신앙의 효력을 이미 상실한 신화와 같은 내용의 담론이 아닌 점을 강조하기 위함이었다. 곧 철학은 문학과 종교의 이야기가 지향하는 낭만적이고 이상적인 목적을 추구하는 그런 종류의 지식이 아닌 점을 강조하기 위함이었다.

철학적 사고방식은 당면한 문제를 실질적으로 해결할 현실적 방법을 찾아 제시하는 창조적 사고방식이지 않으면 안 된다. 그 이유는 철학적 사고의 또 다른 모습인 과학적 사고가 과학적 지식을 산출하였고, 철학적 사고방식의 결실인 수많은 과학들이 탄생하여 독립할 수 있었던 정황 때문이다. 게다가 철학의 학적 작업이 문학과 종교영역을 관통하는 심리적 사고처럼 낭만과 구원을 추구하는 입장이 아닌 특성 때문이다.

현실의 모든 현상의 진정한 원리를 찾아내고 그리고 그에 맞추어 합당한 해결방법을 수립하려는 철학의 학적 목적은 지난한 이성적 작업에 기인하고 있으므로 냉엄하지 않을 수 없다. 누구든지 철학도가 되려면 지루하고 기나긴 사고과정을 견뎌내야 하는 정신적 고통을 감수해야만 한다. 이 사실은 인류역사가 고통 속에서 진보를 거듭한 시련 및 발전과정에서 확인된다.

철학자의 사상을 해석하는 과정에서 반드시 부딪치는 근본적 문제점은 이미 역사현장에서 사라진 인물이 생존한 그 시대의 제약을 넘어서, 그가 서술한 구체적 내용을 현대사회에 맞추어 확대해석해도 무방한가의 의문점이다. 철학지식이 지닌 보편성의 성격을 감안하면 무방하다고 말할 수 있다. 그러나 어떤 사상도 그 사상이 완전하지 않는 한, 너무 달라진 환경변화를 도외시하고 재해석하는 작업에는 심한 무리가 발생할 수 있다. 그러므로 원문을 두고 해석을 새롭게 시도하는 입장은 그 의미를 침소봉대하거나, 왜곡하거나, 의미를 축소하거나, 본말을 전도하는 과실을 범하지 않도록 신중과 신중을 기해야 한다. 그 입장이 저자의 사상을 올바르게 파악할 수준을 충족했을 적에 자신의 의도를 달성할 수 있기 때문이다.

근대철학자인 칸트의 사상은 현대에 이르러서도 여전히 유효하다. 그러나 그 판단은 칸트의 진술을 명확히 제시해야만 가능하다. 그리고 그 해석의 작업은 현대의 문제점과 이해방식을 열거해놓고 곧바로 칸트의 진술이 이런 사실을 이미 포함하고 있다는 비약적이고, 아전인수식의 해석방식이어서는 안 된다. 그러므로 칸트의 현대성논구는 크게 두 가지 장애를 철저히 해명해야 한다.

1. 칸트의 수학과 과학적 사고방식이 현대적인 특성이다. 곧 유클리드 기하학의 지식이 결코 비유클리드 기하학의 지식에 의해 부정되고 배척되지도 않았고, 그리고 비유클리트 기하학의 지식에 의해 칸트의 사고방식이 모순과 혼란에 직면하고 빠지지 않는다는 사실이다. 더 나아가 근대 뉴턴에 의한 거시물리학의 지식이 현대 물리학자에 의한 미시 양자물리학의 지식에 의해 부정되고 배척되지 않았고, 그리고 미시 양자물리학의 지식에 의해 칸트의 사고방식이 모순과 혼란에 직면하고 빠지지 않는다는 사실이다.

2. 칸트의 철학이 지향한 방향이 현대의 철학이 지향하는 방향과 본질적으로 결코 상이한 방향이 아닌 정황이다. 곧 칸트의 철학사상의 연장선상에 현대철학자의 사상이 머무르고 있는 정황이다. 다시 말해 근대의 칸트 사상과 현대의 철학자들의 사상이 동일선상에 놓여 있는 정황이다. 왜냐하면 현대문명자체가 근대사상을 바탕으로 하여 진행된 역사발전의 선상에 놓여 있는 특성 때문이다.

근대철학에서 17세기에서 18세기 초반의 대륙의 합리론과 영국의 경험론과 구분되는 18세기 후반과 19세기 초반의 독일의 관념론 사이의 중간점에 서있는 18세기 중반과 후반부의 칸트 철학의 체계 곧 비판 및 선험철학의 체계가 지닌 근대성을 현대성의 입장에서 부정하려면, 그 입장은 비판기준으로서 선결적으로 먼저 현대성의 성격부터 명확히 제시해야 한다. 그 이유는 현대사회의 외형적 변화만을 근거로 삼아 근대와 현대의 성격을 구분하는 그런 종류의 단순작업은 결코 용인할 수 없기 때문이다. 따라서 차별을 시도하는 부정적 입장은 현대문명을 이끌고 있는 현대사상의 원동력이 근대문명을 이끌었던 근대사상의 원동력과 어떻게 차별될 수 있는지를 우선적으로 밝혀야만 한다.

근대와 현대가 연결되어 있는 역사현장의 문명은 이성의 힘에 의해 구축되고 또한 구성되었고, 그동안 그로부터 헤아릴 수 없는 많은 사건이 발생하였고 또한 여전히 발생하고 있다. 그럼에도 불구하고 현대인이 학문의 전당에서 근대성과 현대성의 구분을 명확히 하려면, 그 시도는 근대철학이 확립한 주체적 이성의 본질과 차별되는 다른 성격의 이성의 본질을 제시하든지, 아니면 현대문명이 이끄는 동인이 이성이 아닌 다른 성격의 의식기능임을 내세워 근대성과 현대성을 차별해야만 설득력을 갖출 수 있다. 곧 현대철학자들이 근대철학자들이 중세의 신학적 사고방식을 비판하면서 이성의 기능을 회복하였던 사실을 본보기로 삼아, 근대의 이성적 사고방식을 비판하면서 의식의 또 다른 요인을 문명창조의 기능으로 내세워야 한다. 그러면 그 제안이 철학의 중대한 논구과제가 될 것이다.

칸트의 현대성은 두 가지 역사적 관점에서 고찰되어야 한다.

하나는 칸트의 사상체계가 여전히 현대철학자의 사상체계의 밑거름인 사실이다.

다른 하나는 근대의 합리론과 경험론의 맥을 또 다시 계승하여 발전시키려고 시도하지 않는 한, 그리고 더 나아가 현대문명의 발전을 위해 새로운 사상적 동인과 동력을 제시하지 않는 한, 두 사상의 조류를 조화롭게 통합한 칸트의 사고방식은 여전히 현대사상의 저류에서 근본토대로 자리 잡고 있는 사실이다.

그럼에도 불구하고 칸트 철학체로부터 여전히 현대성의 부족함을 느끼는 입장은 그 부족함을 채워 현대철학이 새롭게 거듭날 수 있는 길이 무엇인지를 모색해야 한다.

오성과 구별되는 이성의 특성

칸트가 비판서 첫 번째 저서를 『순수이성비판』이라고 명명한 이유는 지성의 기능에서 오성과 이성의 역할을 명확히 구분하려는 의도 때문이었다. 오성과 이성을 하나로 통합하여 오성 또는 이성으로만 규정할 수 없는 특성 때문이었다. 지성의 기능을 감성적 지각과 오성적 지각으로 규정하거나 아니면 감성적 지각과 이성적 지각으로 규정할 수 없는 특성 때문이었다. 모든 현상을 통일하는 존재의 궁극원리의 탐구가 오성만으로 불가능하고, 오성과 이성이 각자의 역할을 수행해야 가능한 특성 때문이었다. 예컨대 땅에 널린 돌멩이와 들에 핀 꽃의 존재를 설명하는 과정에서 경험의 대상인 돌멩이를 경험에 의해 파악된 개연적 개념으로 설명하는 오성적 입장과 물리·화학의 근본원리로 사물의 본질을 설명하는 이성적 입장이 구분되는 특성 때문이었다.

이성이 추구하는 존재의 궁극원리를 종교적 차원에서 논구해야 할 과제라고 규정하면, 원리는 탐구하는 각자의 입장에 따라 상대적으로 수용될 수 있고 또는 거부될 수 있다. 기존의 과학영역에서 종교의 교리가 배제되듯이, 이성이 추구하는 궁극원리도 과학영역에서 현상을 설명하는 궁극원리의 역할을 담당할 수 없다. 더 나아가 이성이 다루는 대상이 오성이 다루는 대상과 전혀 무관한 서로 다른 이질적 대상이 된다.

삶과 죽음의 의미를 다루는 논구는 현실세계와 무관한 죽음 이후의 또 다른 차원의 세계에 관한 문제로 나아간다. 종교의 이론이 현실의 삶과 전혀 무관한 것이라면, 인간은 종교적 교리에 다가설 수 없다. 역설적으로 현실의 인간이 종교의 교리를 믿고 따를 현실적 이유가 없다. 다시 말해 종교적 교리의 핵심인 창조주가 현실과 전혀 무관하다면 진정한 창조주가 아니게 되고, 더 나아가 현실의 원인이 아니게 되면 두

말할 나위 없이 인간은 그 창조주에 관한 표상을 전혀 가질 수 없다. 종교의 창조주가 현실과 무관한 것이 아니라면, 존재원리를 다루는 이성의 논구대상도 현실과 무관할 수 없다.

이성이 종교의 대상인 창조주를 논구할 방법이 없다면 모순에 직면한다. 만약 도덕행위가 사후세계와 연결되지 않는다면, 인간은 육체를 구성하는 물질영역에서 도덕행위를 마땅히 해야 하는 존재론적 이유를 따질 필요가 없다. 그런데 인간의 정신은 사후세계를 믿고 도덕적으로 행동한다. 철학은 그 사실을 현실영역에서 일관된 논리로 설명해야 한다. 따라서 철학은 신학을 포괄하여 존재론의 궁극원리를 비판적으로 다루어야 한다. 제일철학인 형이상학은 이 주제를 총체적이고 통일적인 관점에서 다루어야 할 학적 과제로 삼는다.

인간 자신이 존재원리에 해당하는 대상에 신의 개념을 적용한다면, 창조적 방법론에 주목하지 않을 수 없다. 그 이유는 존재영역에서 진행하는 생성·소멸의 모든 과정이 결코 우연적일 수 없기 때문이다. 인간 의식의 외부에서 작용하는 존재의 궁극원리는 인간이 필연적인 것으로 혹은 우연적인 것으로 이해하는 태도와 상관없이 그 자체로 확정적인 조건이기 때문이다. 존재의 궁극원리는 불가지론을 주장하는 경우의 인식여부와 상관없이 그 자체로 존재한다.

만약 인간이 궁극원리를 확정적이지 않다고 주장하면, 그 입장은 현재의 우주가 형성된 과정과 방법을 물리·화학적으로 설명할 수 없다. 그 이유는 최소한 다음의 네 가지 관점 때문이다.

첫째는 인간이 존재원리를 우연적이라고 주장하더라도, 우연론도 우주가 생성·소멸을 반복하는 사실을 설명하기 위해서는 존재의 근본원리를 확정적이라고 말해야 한다. 우연론도 그 점을 인정해야 인간이 살아가는 세상을 설명할 방도를 내놓을 수 있다.

경험론을 바탕으로 한 회의적 입장은 인간의 인식능력이 존재의 궁극원리를 자명하게 설명할 수 없다고 주장하면서 인간의식이 수립한 지식을 개연적이라고 주장한다. 개연적 입장도 현상의 생성·소멸이 원리와 법칙에 의하지 않고 진행될 수 있다고 주장하지 않는다. 개연적 지식을 주장하는 경험주의자들의 사고방식은 인간의 인식기능이 궁극원리의 실체를 경험적으로 확증할 수 없다는 입장만 취할 뿐이다. 존재의 궁극원리를 단정적으로 규정할 수 없다는 태도일 뿐이다. 원리와 법칙이 없는 불규칙적이고 무질서한 상태에서 우주의 생성·소멸이 진행한다는 것을 주장하는 입장이 아니다.

궁극원리가 우연적으로 형성되었더라도, 일단 원리가 원리로서 성립하는 순간부터는 그 원리의 형식적 골격은 반드시 확정적이다. 확정적이란 의미는 무질서한 상황에 작용하는 원리와 법칙이 규칙적인 점을 의미한다. 원인과 결과에 의한 생성소멸의 과정이 형식적 단계를 거쳐 이루어진다는 상황을 가리킨다.

둘째는 원리가 법칙이 확정적이지 않고 그에 따른 모든 원인이 우연적이라면, 그 상태에서는 생성·소멸이 진행될 적마다 우연적 원인이 등장할 수 있다. 그러면 인과율에 의한 생성·소멸의 과정이 성립할 수 없다.

우연성은 그 자체로 모순점을 내포하는데, 그것은 현재에 펼쳐진 현상계와 그 속에 현존하는 인간의 목적적 삶의 방식을 도저히 해명할 길이 없는 한계이다. 목적개념 없이 존재하는 사물영역 속에 목적개념 없이 존재할 수 없는 인간이 탄생하고 살아가는 상황을 모순됨이 없이 설명할 수 없는 한계이다.

셋째는 확정적 필연성과 모순되는 불확정적 우연성이 근본원인의 속성이라면, 우연에 앞선 더 근원적 상황을 설정해야 하는 모순에 빠진다. 우연적 양상을 수용할 수 있는 필연적 존재가 필요하기 때문이다. 그 논구가 무한소급을 거듭하면, 인간은 불가지론에 빠지게 된다. 더 나아가 비관적 회의론에 봉착하게 된다.

넷째는 존재의 출발이 우연적이라면, 우연론은 반드시 우연적으로 진행되는 생성 · 소멸의 과정을 반드시 해명해야 한다. 순수공간의 개체들이 서로 간의 결합과 분리를 거듭하면서 복합체를 구성하는 과정이다. 인간이 사물을 만들려면 생산을 위한 공장과 같은 구조와 조직을 갖추고 있어야 하는데, 사물의 생성 · 소멸의 과정도 그런 구조와 조직을 갖추고 있는지를 해명해야 한다. 순수공간에서 자유롭게 활동하는 개체들 사이에 그런 공장의 역할을 하는 인위적 성격의 구조와 조직이 존재하는지의 의문을 해명해야 한다.

칸트는 이런 과제들을 다루는 기능이 인간이성이므로, 인간지성의 능력이 이 과제들을 올바르게 그리고 제대로 다룰 수 있는지를 우선적으로 검토해야 한다고 판단했다. 이 입장은 인식론과 존재론의 과제가 결코 분리되지 않는 사실에 근거한다. 그 사실은 인식론과 존재론은 탐구하는 대상이 서로 다른 독립된 학문임을 결코 의미하지 않는다. 거꾸로 총체적이고 통일적 체계로 구성된 동일한 학문의 구성요소임을 뜻한다. 존재가 하나의 근본원리로 통일되어 있다면, 그것을 탐구하는 철학의 근본 틀도 하나의 통일된 체계로 구성되어야 한다. 하나의 체계로 통일된 철학분야에서 탐구하는 방식의 차이는 가능하다. 그러나 철학의 틀을 구성하는 전체의 지도는 결코 바뀌지 않는다.

칸트는 진리의 본질을 탐구하는 방식을 바꾸어 존재론으로부터 인식론을 다루는 것이 아니라 거꾸로 인식론으로부터 존재론을 다루는 순서를 선택했다. 칸트는 자신의 발상을 코페르니쿠스적 전회라고 설명했다. 코페르니쿠스적 전회는 칸트의 전략적 사고방식을 적절하게 대변한다. 칸트는 전통적인 형이상학적 탐구방식을 변경해야 할 이유를 다음과 같이 설명했다.

나는 하루아침에 일어난 혁명에 의하여 지금 있는 그대로의 것이 된 수학과 지연과학의 실례는 우리가 이 학문들에게 그처럼 유리하게 된 사고방식의 변화의 중요한 요점을 성찰하고, 또 이 학문들이 이성적 인식으로서 형이상학과의 유추를 허용하는 범위 내에서 형이상학에서 적어도 시험적으로 모방하여 볼 만큼 충분히 주목할 값어치가 있는 것으로 생각한다.
그러나 대상에 대해서 선천적으로 개념을 통하여 우리의 인식을 확장할 수 있는 어떤 결정을 내리려고 하는 모든 노력은 이러한 전제하에서 실패하고 말았다. 그러므로 대상이 우리의 인식을 다르지 않으면 안 된다고 가정하면 우리가 형이상학의 과제에 있어서 보다 더 잘 해 나갈 수 있는가? 또는 없는가? 한 번 시험해 볼만한 일이다.[9]

칸트는 코페르니쿠스적 전회라는 표현한 탐구방식을 다음과 같이 진술했다. 그런데 코페르니쿠스의 발상은 실제로 천체의 모습과 인간의 인식결과가 일치해야 성립하는 비유이다. 만약 일치하지 않았다면, 그 방식은 코페르니쿠스의 주관적 착상이었을 뿐이다. 그리고 진리로서 인정될 리 만무했다. 마찬가지로 이 비유가 적절하지 못했다면, 비판 및 선험철학체계의 방법론이 타당성을 갖추지 못했을 것이다.
칸트 철학체계의 타당성은 칸트가 인간의 인식조건을 정확히 파악했음을 의미한다. 칸트는 그 점을 확신했다.

---

9. B Ⅹ Ⅵ.

이 가정은 대상이 우리에게 주어지기 이전에 이 대상에 대해서 어떤 단정을 내려야 될 형이상학의 선천적 인식의 요구되는 가능성과도 잘 맞는 것이다. 그 점은 천체운동의 설명에 있어서 모든 성군이 관찰자를 중심으로 하여 회전한다고 가정하면 보다 더 잘 설명될 수 있는지 또는 없는지를 시험해본 코페르니쿠스의 최초의 사상과도 비슷한 것이다.[10]

칸트는 인식론을 바탕으로 하여 존재론의 과제를 다루어야 한다는 입장을 다음과 같이 명백히 했다. 인식론의 학적 의의는 예컨대 고양이에게는 인간과 같은 종류의 사유능력인 인식기능이 전혀 없기 때문에, 고양이가 결코 인간처럼 대상을 판단할 수 없는 사실에서 확인된다.

인간이 존재론의 의문점을 다루려면, 아래의 진술처럼 인식기능은 의문점을 다룰 능력을 갖추고 있어야 한다.

형이상학에 있어서도 대상의 직관에 관하여서는 그와 같은 방식으로 시험해 볼 수 있다. 만일 직관이 대상의 성질에 따르지 않으면 안 된다고 하면, 어떻게 해서 대상에 관하여 선천적으로 그 어떤 지식을 얻을 수 있는 것인지 우리는 도저히 이해할 수 없는 것이다. 그러나 대상이(감능의 객체로서) 우리 직관능력의 성질에 따른다면 우리는 이 가능성을 충분히 이해할 수 있는 것이다.[11]

고대 그리스의 철인인 플라톤이 설명했듯, 신에 해당하는 창조주가 수학적 원리를 창조적 사고방식으로 채용하여 현상계의 모든 사물을

---

10. ibid.
11. B X VII.

구성하지 않았다면, 인간은 존재원리에 해당하는 것을 사유하거나 인식할 수 없는 존재가 되었을 것이다. 창조주가 수학의 존재원리와 더불어 모든 사태를 통일적 체계로 구성한 이성적 존재원리를 창조의 사고방식으로 채용하지 않았다면, 창조된 인간의 사유방식은 신의 존재를 파악할 수 없었을 것이다. 인간은 자신의 감성적 감각 앞에 어지럽게 펼쳐진 자연을 계통적으로 구분하여 체계적으로 파악할 수 없었을 것이다. 인간은 일관된 논리로 자연을 통일적으로 이해할 수 없었을 것이다. 인간에게 그 방식 이외에 자연을 설명할 수 있는 방법이 없으므로, 자연을 이해할 수 없을 것이다. 이런 관점은 사물의 변화과정에 수학의 사고방식이 모순을 발생할 적에 부정된다. 모순은 사물의 기계적 인과율에 수학이 적용될 수 없을 때에만 가능하다. 수학은 기계적 인과율에 의한 변화과정에 적용하기 때문에 수학의 보편타당성은 거부할 수 없다.

수학적 사고기능을 비롯하여 논리적 사유기능이 인간에게 없었다면, 인간은 자연의 본질을 파악할 수 없다. 인간에게 이 기능들이 없었다면 거대한 문명을 창조할 수 없다. 인간은 우주와 문명의 창조적 양상을 바라보면서, 창조주와 인간이 다함께 수학적 사유방식과 논리적 사유방법의 원리를 공유하고 있다는 논리적 귀결에 도달할 수밖에 없게 된다.

관념적 신의 개념인 창조주를 부정하는 유물론은 창조주를 내세운 주장과 마찬가지로 물질 속에 이와 같은 원리를 동일하게 부여해야 한다. 그러므로 생성·소멸의 작동방식에 관해서는 서로 다른 바 없다. 만약 유물론이 수학과 논리의 관념성을 부정하고 배척하면, 수학과 논리의 원리가 배제된 물질은 현상을 잉태하는 기능을 가진 물질이 아니게 되어 유물론 자체가 불가능하다.

이런 논리를 전개하는 합리론의 입장은 수학과 논리학의 사고방식이

외의 다른 지적방식이 불가능함을 명확히 논증하지 못하면, 인간의 인식능력의 한계를 제기하는 경험론의 반론에 직면하게 된다. 그런데 인식의 한계를 내세우면서 과학주의가 내놓은 기발한 착상은 반증주의 이론이다. 실증할 수 없는 대전제의 타당성은 실증 대신에 반증을 제기할 수 없는 경우에 성립한다는 주장이다. 그런 애매한 입장은 단지 단어와 단어에 의한 반론일 뿐이다. 전통적 합리론의 입장을 거부할 논거가 될 수 없다. 대전제를 진리로 확립한 합리적 판단기능과 판단과정이 명확하면, 반증자체가 무의미한 논리성 때문이다. 경험적 실험이 필요한 가설은 먼저 가설을 구상하는 인식기능의 작용이 선행되어야 하는 논리성 때문이다. 경험을 벗어난 미시와 거시의 영역은 수학과 기하학과 논리학을 바탕으로 한 상상의 영역인데, 이 영역의 가설은 오로지 수학과 기학과 논리학에 의해 검증, 실험, 확정되는 특성 때문이다. 실증과 반증의 모든 과정이 수학과 기하학과 논리학의 토대위에서 이루어지는 특성 때문이다.

실재할 수 없는 것을 존재한다는 주장은 그 상황에 대한 상상력을 발동시킬 수 없기 때문에 언어표현에 지나지 않는다. 그 주장의 존재는 우주에 어떤 영향도 미치지 않고, 어떤 관계도 맺지 않고, 인간에게 어떤 상상력도 불러일으키지 않으므로, 인간은 존재存在 용어와 대립하는 무無라는 언어를 적용할 수밖에 없다. 더 나아가 합리론의 존재원리는 무한 수의 개념에 의해 부정되지 않는다. 하나의 수를 부질없이 무한히 쪼개거나 무한히 나열하는 학적 작업이 합리적 존재원리를 부정하는 경우가 될 수 없는 점 때문이다.

수학의 지식은 인간이 생존하는 삶의 목적을 해명할 속성을 갖추고 있지 않기 때문에, 인간이 추구하는 존재원리의 궁극지점은 수학의 방법론에 의해 도달할 수 없다. 수학은 사물의 생성·소멸과정에서 사물의 구성과정을 설명하는 도구가 될 수 있지만, 현상계를 구성하는 모든 개체들이 지향하는 활동의 목적과 존재의미를 설명할 수 없는 한계 때문이다. 현상계에서 다양하게 펼쳐진 각 개체들의 탄생의 해명은 수학에 의해 설명될 수 있는 것이 아니라, 형이상학의 이념에 의해 설명될 수밖에 없는 특성 때문이다.

인간의 사고방식이 학적 이론으로 정립한 형이상학의 내용들이 타당한 진리인가의 의문점은 반드시 규명되어야 한다. 또한 인간에게 진리를 정립할 수 있는 그런 권리가 존재하며, 그런 작업을 수행할 기능을 갖추고 있는가의 의문점을 함께 규명해야 한다.

이 작업은 인간의식이 자신의 외부에 자신과 더불어 존재하는 대상을 활용하여 창조물을 만드는 사실을 규명해야 한다. 인간의 인식기능이 외부대상을 파악할 요소를 갖추고 있는 사실을 규명해야 한다. 인식기능이 명백해져야 인간이 존재의 근본원리에 해당하는 형이상학의 이념을 학으로 정초할 수 있는 사실을 규명해야 한다. 인간의 인식기능이 형이상학적 이념에 대한 학적 지식을 의식적으로 추구하더라도, 그 성취는 인식기능이 목적을 수행할 수 있는 능력을 갖추고 있지 않다면 결코 달성할 수 없는 조건 때문이다. 인식기능이 부족하면, 그로부터 정립된 이론은 불완전하고 불충분한 결과가 되어, 오히려 인간의 행동양식을 오도하는 사실 때문이다.

통각기능을 갖춘 자아는 어떻게 그런 판단의 기능과 창조적 기능을 가지게 된 연유는 감성적 직관에 의해 파악할 수 없다. 인간은 자신의 존재를 발생론의 입장에서 파악하고 실증할 지적 직관을 갖추고 있지 않다. 인간이 갖추고 있는 인식기능은 역으로 자신의 경험을 반추하여 자신의 존재성을 추상적 사유과정을 거쳐 파악하는 방법이다.

인간은 학문을 형성하는 인식과정에서 이성이 형이상학의 이념을 추구한다. 사물의 속성과 무관한 형이상학의 개념을 모든 개체의 원인으로서 존재론의 대전제로 삼는다. 형이상학의 개념이 모든 개체의 원인으로 규정한다.

형이상학의 정체에 대한 논쟁은 합리적 입장과 경험적 입장으로 나누어져 치열해졌다. 이러한 경향의 흐름은 종교의 교리와 뒤섞이면서 더욱 복잡해졌다. 그리고 근세에 이르러 두 입장의 논쟁은 새로운 시대에 적응하기 위해 인식론을 바탕으로 하여 진행되었다. 두 입장의 학풍은 데카르트에서 비롯된 주체철학의 특성을 공통점으로 공유한다. 그 점은 인간의 인식능력을 바탕으로 하여 철학의 모든 지식을 재정립하려는 입장이다.

경험론과 합리론의 입장 차이에도 불구하고, 두 입장은 데카르트의 자아의 본성을 논구하는 방식을 공유하고 있다. 록크가 데카르트 사유방식을 주목한 역사적 사실을 고려하면, 근대철학의 특성을 데카르트의 인식론에서 찾을 수 있다. 영국에서 진행된 경험론의 흐름이 대륙의 합리론과 논쟁의 각을 세웠다고 하더라도, 경험론이 의식에서 단순관념과 복합관념 및 사물에서 제일성질과 제이성질이 있음을 논구한 주장 때문이다. 인간의 인식기능이 경험의 지식을 구성한 것이므로, 합리론과 경험론의 인식론은 주체철학의 공통성을 공유한다. 그 근거는 경험대상을 지식으로 구성한 인간의 인식기능을 해명하지 않고서는 합리론뿐만 아니라 경험론도 자신이 규명한 경험적 지식의 타당성을 올바르게 주장할 수 없는 제약 때문이다.

근세철학의 두 입장이 전통적 형이상학에 대한 각자의 입장을 개진하였을 적에, 모두가 똑같이 명백한 문제점을 드러냈다. 그것은 양쪽 다 인식기능의 논구가 철저하지 못했다는 단점이다. 그 이유는 두 입장이 근세철학이 출발한 초기의 시대적 한계에 얽매이지 않을 수 없었던 요인 때문이다. 그 점은 첫째, 근대에 이르러서도 여전히 기득권을 유지하고 있는 기독교의 교리의 배타적 독단성이다. 둘째, 일정수준까지 성숙하지 못한 자연과학의 지식이 인식론의 분야에서 철학자들에게 충분한 도움을 줄 수 없었던 상황이다.

그로부터 다음의 두 가지의 물음이 성립한다.

하나는 기독교의 교리를 배척한다면, 기독교의 교리와 동일한 학적 성격을 공유하는 형이상학이 기독교의 입장과 달리 어떻게 세상에서 학문의 위상을 유지할 수 있겠는가의 의문점이다.

둘째는 인식론이 형이상학의 지식을 정당한 진리로 확정하여 형이상학을 보편학문으로 정립하려면, 인식론이 논리학의 학적 성격을 어떻게 명확히 수립해야 하는가의 의문점이다.

이와 같은 의문을 규명하여 형이상학, 논리학, 인식론을 통합하려면, 그 성취는 데카르트가 말한 방법적 회의의 명제를 명확히 논증해야만 가능하다.

칸트의 이론체계도 데카르트가 자신이 행한 방법적 회의의 결과로서 정립한 명제 "나는 생각한다, 고로 존재한다cogito ergo sum. I think therefore I am"의 노선을 바탕으로 한다. 칸트는 한편으로는 형이상학의 입장에서 데카르트와 스피노자와 라이프니츠의 합리론적인 사고노선 및 사고방식을 비판적으로 거부하고, 다른 편으로는 인식론의 입장에서 록크와 흄이 개척한 경험론의 사고방식을 비판적으로 수용하였다. 칸트는 그런 입장에서 철저히 인식의 순수기능을 해부하여 인식론과 형이상학을 새롭게 구성하였다. 이 과정에서 칸트는 인식의 순수기능을 감성, 오성, 이성으로 구분하고, 이념을 수립하는 이성의 본질을 규명하였다.

2. 형이상학을 토대로 한 보편학문

새로운 형이상학

■ 전통적 의미의 형이상학

철학이 체계화된 이래로 형이상학과 인식론, 논리학의 3자 통일은 철학의 궁극목적이었다. 이 목적이 확고했기 때문에, 철학의 영역에서 반형이상학적 입장이 초래한 정체성위기의 경향은 시간이 지남에 따라 사막의 신기루에 불과했을 뿐이다.

18세기에 등장한 『순수이성비판』은 새로운 형이상학을 구축하기 위한 예비 작업이다. 제일철학 또는 존재론으로 인식되는 형이상학의 이론이 인식론과 논리학을 토대로 하여 종합적으로 구성되어야 함은 당연한 사실이다. 『순수이성비판』의 내용이 인식론과 논리학의 논구를 토대로 하여 형이상학의 방법론을 논구하였다. 그 점을 정확히 꿰뚫었던 20세기의 인물인 하이데거는 칸트의 『순수이성비판』을 '기초존재론'이라고 명명했다. 『순수이성비판』의 작업을 형이상학의 기초를 닦는 작업

으로 규정한 것이다. 더 나아가 그는 자신의 주저인 '존재와 시간'의 후
속편을 칸트의 『순수이성비판』을 주석한'칸트와 형이상학의 문제'로 대
체할 정도였다. 하이데거가 그곳에서 칸트의 『순수이성비판』을 아래의
문장으로 해명했다.

형이상학을 정초하기 위한 칸트의 단초를 논구하는 작업은 '왜 칸트에
게선 형이상학의 정초가 『순수이성비판』으로 되는가?'라는 물음에 답하는
작업과 동일하다. 이에 대한 답변은 다음의 세 가지 부분적인 물음들을 구
명함으로서 얻어져야 할 것이다.
1. 칸트가 먼저 만난 형이상학의 개념은 무엇인가?
2. 이 전승된 형이상학을 정초하는 작업의 단초는 무엇인가?
3. 왜 이러한 정초작업은 『순수이성비판』인가?[1]

그러므로 칸트의 형이상학의 학적 의의를 제대로 논구하려면, 크게
두 가지 점을 염두에 두어야 한다.
첫 번째는 인간에게 형이상적 사고기능이 없다면 당연히 미래지향적
인 문명사회를 건설할 수 없게 됨을 전제해야 하는 선결조건이다. 인간
사회를 구성하기 위해 갖추어야 할 질서를 지속적으로 관리하기 위해
필요한 권력은 모든 사회조직을 통합해야 한다. 통합역할을 담당하는
기능은 형이상학적 사고의 산물인 이념이 담당한다. 그러므로 인간은
통합기능을 지닌 형이상학적 사고방식이 권력의 본질인 점을 깨달아야

---

1. Kant und das problem der Metaphysik. Martin heidegger. Vittorio
Klostermann Frankfurt am Main 1973. s5. 칸트와 형이상학의 문제. 이선일 역. 한
길사, 2001. p.69.

한다.

두 번째는 칸트의 철학체계를 정확하게 그리고 올바르게 통찰하려면, 반드시 『판단력비판』에서 논구한 반성적 판단력이 지닌 개별성, 자유성, 창조성의 성격을 파악해야 하는 선결조건이다. 왜냐하면 인간의 감성이 지닌 두 가지 기능 중에서 반성적 판단력이 지닌 존재론적 의의가 인간의 정체를 파악하는 작업에서 종착역이기 때문이다.

인간이 공동체를 형성하여 질서를 유지하는 과정에는 반드시 통합이론이 존재해야 한다. 그러므로 형이상학적 사고방식에 근거한 이념은 어떤 형태로든 존재하지 않을 수 없다. 어느 시대든, 신화에 의해서건, 종교적 교리에 의해서건, 사회사상에 의해서건, 사회기능을 통합하여 사회를 다스리는 권력의 핵심인 이념은 항상 존재했다. 앞으로도 사회가 어떤 형태로 탈바꿈하든지간에 형이상학적 인식기능에 의해 수립된 이념은 인간사회에서 존재할 수밖에 없다.

학문의 근본원리를 제공하는 철학의 핵심은 형이상학이다. 형이상학적 이념을 구성한 이성의 논리적 사고방식에 의해 탄생한 자연과학에 의해 거꾸로 형이상학의 이념이 배척된 현상이 왜 발생하였는지의 원인과 과정은 철저히 논구해야 한다. 그 이유는 자연과학적 사고방식이 철학적 사고방식과 전혀 다른 사고방식이 될 수 없는 상황에서 자연과학의 지식이 형이상학의 지식을 거부하였기 때문이다. 그러므로 그 현상이 형이상학의 지식들에 대한 거부인지 아니면 형이상학 자체에 대한 거부인지를 명확히 규명해야 한다.

칸트는 인식대상과 사유대상을 구분했다. 인식대상은 과학의 대상이지만, 사유대상은 과학의 대상이 아니다. 신과 영혼불멸은 사유대상이다. 신과 영혼불멸은 학문대상이 아니다. 칸트가 인식대상이 아니고 사유대상인 신과 영혼불멸을 학문의 영역으로 끌어들인 학문적 방법이 선험철학의 체계이다.

칸트는 인식기능의 능력과 역할 때문에 형이상학을 자연형이상학과 도덕형이상학으로 분리하였다. 칸트는 자연형이상학을 별도로 저술하지 않고 『순수이성비판』의 논구로 대체하였다. 칸트는 『순수이성비판』에서 선험적 감성론과 선험적 논리학에서 자연형이상학의 원리를 정초하였다. 칸트는 선험적 변증론의 이율배반에서 도덕형이상학의 토대인 선험적 자유 개념을 확립하였다.

칸트는 형이상학의 이념을 수립하는 이성의 월권을 방지하기 위해 감성의 순수직관형식을 확립하여 인식범위를 확정했다. 칸트는 외적 경험적 사태는 모두 순수공간에서의 현상 이상이 될 수 없으므로 무한한 우주의 현상을 '가능한 경험의 총괄'이란 표현으로 통일시켰다.

자연과학의 지식을 바탕으로 하여 철학의 과학화를 주장하였던 반형이상학의 입장은 철학의 정체성문제를 야기하였다. 반형이상학적 입장은 고대 그리스의 인식주관의 상대주의와 지식의 회의론 및 근대경험론의 주장이다. 현대과학주의의 반형이상학의 입장은 근대경험론의 맥을 계승한 결과이다. 현대철학이 해명해야 할 형이상학의 정체성위기는 동일한 연장선상에서 바라보아야 한다. 칸트는 이런 경향을 『순수이성비판』에서 다음과 같이 통렬하게 비판하였다.

형이상학을 배척하는 반형이상학의 주장도 이름만 달리한 형이상학의 주장이다. 회의주의자의 주장이 합리적이지 않으면 회의론이 철학이론으로 성립할 수 없다. 상대주의자가 상대방과 공존하면서 공영을 도모할 수 있는 것은 서로가 인정하는 공통의 원칙이 있기 때문이다.

인간의 본성이 무관심일 수 없는 대상의 연구에 관해서 억지로 무관심인척 하더라도 그것은 무익한 일이다. 형이상학에 대한 자칭 무관심주의

자들이 학술용어를 통속적인 어조로 변경함에 의해서 아무리 자기네의 정체를 변경하려고 해도, 그네들이 일반적으로 무엇을 생각하기만 하는 동안 자못 경멸한다고 외쳤던 형이상학을 다시 주장하는 데에 그들은 귀착하지 않을 수 없었다.[2]

이와 같은 칸트의 말은 영국 경험론의 대표자인 록크와 흄의 입장을 비롯한 여러 종류의 반형이상학적 입장에 대해 형이상학의 통합성을 배척하고서는 어떻게 인간의 지적 활동이 가능할 수 있겠는가의 반론을 담고 있다. 그 의문은 인간이란 무엇인가의 의문을 압축하고 있다. 인간의 정체성에 관한 의문은 자연과 신의 존재를 해명해야만 해소될 수 있다.

반형이상학의 흐름은 '현대철학의 관심 및 경향이 도대체 무엇인가?'의 의문과 자연스럽게 연결된다.

■ 새로운 의미의 형이상학

칸트가 『순수이성비판』에서 전개한 선험철학의 본질은 형이상학의 학적 성격과 직결된다. 그것은 사변이성과 실천이성을 분리한 점에서 드러난다. 형이상학은 보편적 존재원리를 수립한 학문이다. 형이상학의 보편성은 공간과 시간의 무한성을 상상력의 대상으로 삼을 수 있다. 인간은 공간과 시간의 무한성을 바탕으로 한 상상력 덕분에 경험하지 못한 미지의 영역에 다가갈 수 있다. 적극적 생존방식은 상상력의 적극적인 활동에 기인한다.

---

2. A X , 최재희, p.20.

형이상학적 사고방식의 존재의의는, 첫째, 보편원리를 확립하여 시간과 공간의 제약을 극복하려는 목적이다. 둘째, 그런 제약을 극복하면 과거를 거슬러 올라가 현상의 원인을 규명할 수 있기에 현상의 존재이유와 목적을 학문의 지식으로 확립하려는 목적이다. 셋째, 다가오지 않은 미래를 여러 가지 경우로 가설을 만들고 비판적 검증을 거쳐 자신이 나아갈 방향을 설정하려는 목적이다.

칸트의 철학체계는 사변이성의 측면에서 바라보면 주지주의主知主義라고 말할 수 있다. 그리고 실천이성의 측면에서 바라보면 주의의主意主義라고 말할 수 있다. 칸트 이후에 등장한 수많은 철학적 경향은 칸트의 이런 양면성과 긴밀하게 연관되어 있다. 칸트가 선험논리학의 변증론에서 인간의 선험적 자유성을 논증하여, 인간이 자신의 자유의지에 의해 자신의 미래를 스스로 결정할 수 있는 능력과 권리가 있음을 정초하였기 때문이다.

선험적 변증론은 인간이 역학적 변화에 직면했을 때, 지속적 발전을 도모할 수 있는 정신적 근거를 제공했다. 칸트가 논구한 미래지향적 실천의지의 자유성이 인간사유기능에 선천적으로 내재한 인간 본성이다. 이점이 바로 근대성의 정점을 찍는 순간이었다.

의식의 자유성은 자신의 미래를 개척하려는 사고방식에 해결방법을 상상하게 만든다. 칸트는 과거부터 신봉해온 사고방식대로 수학적 사고방식을 자연의 정체를 탐구하는 수단으로 채택했다. 칸트는 자연과 구분하여 인간이 도덕적 보편법칙을 수립하려는 선천적 자유의지를 구분했다. 칸트가 도덕철학의 근본으로서 정립한 선험적 자유 개념이 인간이 기계의 단순한 부품과 같은 존재가 아니라는 사실을 분명히 하는 증거이다. 신을 중심으로 인간을 생각할 적에는 인간은 단지 신을 섬기는 종속적인 존재에 불과할 수 있다. 그러나 인간이 신의 제공한 표상을 선천적으로 활용하여 문명을 창조하는 존재가 될 적에는 인간자신이 존재의 주체가 될 수 있다. 그러면 인간은 자연과 자신의 정체를 밝히려고 하는 인식의 주체일 뿐만 아니라 더 나아가 신의 정체성마저도 밝히려는 인식의 주체가 된다. 인간이 종속적인 존재라면 다른 동물처럼 주어진 방식만을 되풀이하여 생존할 뿐이다. 인간은 주체적인 존재이기 때문에 그런 동물의 생존방식과 달리 새로운 형상을 창조하면서 생존한다.

선험적 자유는 창조적 상상력과 불가분의 관계를 맺고 있음을 논증하는 증거이다. 인간의 육체가 창조적 기능을 갖고 있는 사실과 불가분의 관계를 맺고 있음을 논증하는 증거이다. 칸트가 정립한 이율배반의 장에서 인간의 선험적 자유성이 자연과 대립하는 형식은 인간의 존재가 자연의 속성과 다른 기능을 가지고 있음을 전제하기 때문에 가능한 형식이다.

칸트의 이율배반의 장은 무생물이 지닌 사물의 성격과 인간이외의 생명체가 지닌 생명의 성격을 해명해야 한다. 첫 번째의 경우에서 사물이 목적지향적인 행동을 한다면, 인간은 어떤 경우에서도 사물을 이용하여 도구로서의 기계를 만들 수 없다. 그리고 수학적 사고방식을 자연에 적절하게 적용할 수도 없다.

칸트의 형이상학적 사고방식은 어둠 속에서 등불을 켜고 앞으로 나아가는 모습으로 비유될 수 있다. 형이상학적 사고방식에는 인간의 상상력이 뒷받침되어야 한다. 인식론에서 상상력의 기능이 존재론의 핵심으로 등장하지 않을 수 없다. 그리고 논리학이 존재론과 인식론의 근저에서 학적기능을 부여하는 매개체로서 자리매김한다.

칸트는 새로운 형이상학의 체계를 수립하는 모든 작업을 통일적으로 체계화하여 선험철학으로 명명하였다. 그리고 자신의 사고방식을 학적으로 타당하다는 점을 보여주는 명칭으로 비판철학의 용어를 채택했다. 칸트는 형이상학의 보편성을 확립하기 위해 변화하는 모든 현상을 포괄하는 존재원리의 틀을 형식적으로 구축하였다. 칸트는 자신의 철학체계를 비판철학, 선험철학, 형식철학으로 구축했다. 모든 현상의 변화가 인식의 틀 속에서 파악되기 때문에, 칸트는 인간의 인식기능이 형이상학을 비롯하여 모든 학문을 진리의 전당으로 구축할 수 있음을 분명히 논증했다.

형이상학적 사고와 창조적 상상력

인간은 주체이면서 동시에 객체이다. 정신을 담고 있는 육체는 다른 개체와 마찬가지로 현상계를 구성하는 존재자다. 인간은 자신이 타자를 관찰하면서 동시에 그 타자에 의해 관찰되는 존재자다. 그런 상호관계에 처한 인간이 창조적 진화를 제대로 추진하기 위해서는 보편이념을 올바르게 자각하여 개체의 다양성을 조화롭게 구성해야 한다. 창조의 발상을 실현하려면, 인간은 자신의 의식이 형이상학적 사유기능을 갖추고 있음을 올바르게 깨닫고, 그 기능을 제대로 활용해야 한다. 경험불가론의 회의주의자가 이와 같은 사유방식과 행동양식을 거부하는 경향은 대단히 역설적 현상이 아닐 수 없다.

근대를 거쳐 현대까지 지속된 반형이상학적 입장은 우연하게 성립한 형이상학 대신 형이상학의 원래 명칭인 제일철학이라는 용어를 의도적으로 사용했다. 반형이상학의 입장을 표방하는 과학주의는 자연과학의 발전과 더불어 등장한 경향으로서, 지식의 본질이 갖추어야 할 정확성,

확실성, 엄밀성의 성격에 충실하려는 학적 발상이었다. 그러나 그 발상은 형이상학의 특성을 전면적으로 부정할 충분조건이 될 수 없다. 현대철학이 스스로 초래한 철학의 정체성위기는 그런 발상이 스스로 초래한 결과이므로, 그 상황은 보편철학의 입장에서는 대단히 역설적이다.

과학주의의 반형이상학적인 발상은 과학지식의 특성인 정확성, 엄밀성, 확실성을 제대로 파악해야 한다. 인간의 인식능력이 전체를 한꺼번에 그리고 동시에 다 파악할 수 없는 약점 때문에, 인간의 인식기능이 궁극원리를 파악할 수 없다는 불가지론이 타당해지지 않는다. 인간이 학문의 전면에 내세울 수 있는 진리의 실체는 모든 존재자에 적용되는 존재형식의 틀이다. 현상에 실재하는 모든 개체들은 자신의 근원에 적용된 존재의 형식적 틀을 결코 벗어날 수 없다. 인간이 파악할 수 있는 진리의 본질은 그런 원리이다.

그 점은 예컨대 사필귀정事必歸正의 용어에서 논증할 수 있다. 그 용어는 모든 사건의 진행이 그런 결과를 명확히 보여주는 노출된 과정임을 전제하지 않는다. 사필귀정에 해당하는 결과는 시간적으로 확정되어 있지 않다. 그럼에도 불구하고 그 용어가 상식으로 통용되면, 그 근거는 어떤 사건도 존재의 형식적 틀을 갖추지 않고서는 발생할 수 없는 원칙에 기인한다. 현상의 사태가 올바른 조건을 갖추지 않으면 혼란Chose이 아닌 질서Cosmos의 상황을 형성할 수 없는 원칙이다. 그 원칙이 타당한 생성소멸의 원칙에 해당하면, 사필귀정의 용어는 상식으로서 용인될 수 있다. 그러면 존재를 형성하는 형식적 틀이 사필귀정의 용어를 뒷받침하는 근거라고 말할 수 있다.

칸트가 의도하는 근본취지는 인간의 상상력이 사유 내에서 순수개념에 의해 진행될 수 있는 가능한 범위를 명확히 논증하려는 것이었다. 인간의 상상력이 경험적 사실을 근거로 한 오성적 지식에 완전히 국한되어 버린다면, 이성의 의한 이념은 구성될 수 없다. 더 나아가 이성의 이념을 오로지 경험적 사실을 종합한 오성의 추상개념으로 간주할 적에는 이성의 형이상학적 활동은 전면적으로 부정된다. 형이상학적 이념은 심리활동의 산물로 귀결된다.

칸트는 경험론자와 달리 인간의 사고기능 중에 선천적으로 내재한 자연소질로서의 형이상학의 표상을 인정했다. 칸트는 이 기능의 상상력이 잘못 작동하여 잘못된 결과를 구상하는 것을 바로잡으려 했다. 형이상학적 표상에 의한 이념을 학문적 진리로 구성하려는 것이었다.

그러면 형이상학의 본질이 무엇인가? 하는 의문점이 규명되어야 한다. 그 해명은 보편학인 철학의 근본영역인 존재론과 인식론과 논리학을 수미일관되게 통합하는 다음의 세 가지 조건이다.

첫째, 인간이 마주하는 대상과의 관계가 인식의 초월성이다. 왜냐하면 각각 독립된 입장에서 인간의 감각이 경험에 의해 촉발하여 맺는 대상과의 관계에서 인간이 대상을 마주하는 사실은 인간이 대상을 관찰을 하는 관계이므로, 얼핏 보면 그 관찰은 상대적인 관계처럼 여길 수 있지만 그 시야를 넓혀나가면 결국 인간은 모든 대상을 관찰하는 관계로 나가면서 전체를 관찰하는 초월적인 입장으로 전환되며, 마침내 개념에 의해 존재 자체를 인식대상으로 삼게 되기 때문이다(이때의 초월성은 대상 전체를 바라볼 수 있는 인식상황을 의미한다).

둘째, 너무도 평범하고 일상적 관점으로서, 인간의 인식기능이 감정이입을 하는 능력을 갖추고 있는 구조이다. 인간이 추구하는 타자와의 동질성 및 동일성의 추구가 오로지 그 통로가 사유기능의 의식에서 감정이입을 할 수 있을 때에만 가능하기 때문이다.

셋째, 인간의 인식기능이 감정이입처럼 역지사지를 하는 능력을 갖추고 있는 구조이다. 역지사지는 감정이입과 더불어 인간이 모든 존재의 본질을 관통할 수 있는 유일한 통로가 아닐 수 없다.

정신이 물질을 이용하여 창조하려는 목적이 무엇인가의 문제는 인간이 정립하려는 형이상학에서 가장 중요한 과제 중 하나이다. 이 물음은 인간의 삶의 정체를 밝히는 가장 중대한 과제와 직결한다.

물질이 관념적 요소를 가지고 있지 않다면, 인간의식이 감각의 욕구를 해소하기 위해 물질을 충족시키려할 뿐, 선과 미의식이 물질을 이용하여 좋고 아름다운 사물을 창조할 리 만무하다. 물질이 선과 미의식의 관념적 요소를 갖추고 있어야만, 인간의식에 내재한 미와 선의 표상이 사물에 의해 촉발할 수 있다. 자연을 구성하는 사물들이 미와 선의 요소를 갖추고 있어야만, 인간이 자연을 바라볼 적에 선과 미의 표상이 촉발할 수 있다. 자연에 관념적 요소가 존재하지 않으면, 어떤 경우에도 인간이 자연을 바라보고서 그림을 그리고, 시를 짓고, 음악의 노래와 악기를 만들 수 없다.

칸트는 선과 미의식의 표상이 오성의 개념이 아니기 때문에 자연에 선과 미의 개념을 억지로 투입하는 그런 논리를 구사하지 않았다. 그는 선와 미의식의 표상들을 단계별로 구분했다. 그는 최고선의 규범과 숭고미의 표상을 다루었다.

인간의 창조행위는 자연에서 이루어지는 생성·소멸의 과정을 근본으로 삼기 때문에, 자연의 생성·소멸의 방식은 인간의 창조적 방식과 논리적으로나 사실적으로나 일관될 수밖에 없다. 자연에서 촉발되는 선·악과 쾌·불쾌의 감정이 인간의 창조행위의 근본이 아닐 수 없다. 더 나아가 일상생활 도구와 수단으로 창조된 사물과 구별되는 예술품은 인간의식의 창조적 진면목을 보여주는 명백한 증거이다. 예술품은 인간의 인위적 창조행위가 자연의 생성·소멸의 활동과 조화를 이루는 한 쌍의 관념적 세계임을 보여주는 증거가 아닐 수 없다.

칸트가 3대 비판서의 모든 체제는 오성의 순수개념인 범주를 바탕으로 하여 구성되어 있다. 칸트의 의도를 올바르게 이해하려면, 반드시 인간이 지닌 선과 미의 표상이 자연의 구성과 공통되어 있는 점을 전제해야만 한다.

칸트는 자연과 인간이 만든 창조적 형상이 진·선·미의 일체감에 의한 것일지라도, 인간이 창조적 형상에 내재한 형이상학적 이념의 본질을 파악하려면, 먼저 실천이성의 선의지에 의해 최고선의 의미를 깨달을 적에 가능하게 되는 점을 명확히 논구하였다. 그 점은 칸트가 자연의 동물에게 정신적 가치의 존재론적 의의를 직접적으로 부여하지 않고, 실천이성의 단계를 거쳐 간접적으로 부여한 절차에서 확인된다.

동물에게 직접 정신적 가치를 부여하지 않은 칸트의 우회적 방식을 정확히 이해하려면, 인간이 선천적으로 타고난 자연소질로서의 형이상학적 의식이 방자하게 나아갈 월권적 행위를 통제하려고 한 그의 의도를 명백히 주목해야 한다. 그것은 이성의 월권행위가 자연의 활동과 인간의 행위를 잘못된 방향으로 오도할 경우를 방지하기 위함이다.

인식할 수 없는 물 자체의 영역을 인간의 상상력이 작동하여 실재하는 진리로 구성하는 행위는 이성의 월권행위이다. 그런 상상을 자연과 인간의 공간에 비판과 반성도 없이 고스란히 적용하는 행위는 이성의 월권행위이다. 이성의 월권행위를 방지하려는 칸트의 진정한 의도는 선천적으로 타고난 인간의 자유의지가 잘못된 이념에 의해 억압되고, 구속되고, 통제되는 그릇된 행동양식을 타파하려는 것이었다.

인간이 타고난 자연소질로서의 형이상학의 표상은 감성의 영역에서 오성과 이성의 인식기능을 발판으로 삼아 문명사회를 건설하는 원동력으로 작용한다.

선험적 관념론

　인간은 상대방의 공격을 파하기 위해 공격과 방어를 위한 무술을 개발했다. 이 기술은 상대방의 공격을 전제하지 않으면 결코 인간의 머릿속에서 구상될 수 없다. 육체가 스스로 그런 기술을 개발하여 동작을 개시하지 않는 사실 때문이다. 의식의 상상력만이 공격과 방어의 동작을 개발한다. 상상력에 의한 그런 구상이 없으면 불가능한 실재동작이 인간이 관념적 존재임을 확인시켜준다.

　신이 실제로 존재하지 않고 오직 물질만이 존재하건, 신의 존재가 현상계에서 더불어 존재하건, 아니면 신의 존재가 현상계와 전혀 상관없는 별도의 영역에서 존재하건 상관없이, 일단 모든 개체의 탄생에는 관념적 원리와 법칙이 작용해야 하는 조건에서 존재는 관념적이다. 지금까지 존재하였고, 현재 존재하고, 앞으로 존재할 수 있는 잠재적 양상까지 모두 포괄하여 개체의 탄생에는 관념적 원리와 법칙이 작용해야 하는 조건에서 존재는 관념적이다.

　관념의 본질을 해명하려는 인류의 지적 작업은 기본적으로 초월적 입장과 내재적 입장, 유심론적 입장과 유물론적 입장으로 대립하였다. 더 나아가 이런 대립을 극복하기 위한 절충적 입장에서 관념이 사물에 내재하는 범신론의 입장까지 등장했다.

　칸트의 선험적 관념론은 데카르트의 관념론이 지닌 최대약점인 유아론 즉 독아론을 극복하려는 합리론의 방법 중 가장 출중한 입장이다. 데카르트의 관념론은 물질실체를 회의적 입장에서 제일 먼저 제쳐둠으로서 정신실체가 완전히 사물세계와 단절되고 유리되었다. 그러므로 '나는 존재한다, 고로 존재한다'의 명제는 발생론의 관점에서 정신과 물질의 존재성을 다루어야 했다. 데카르트의 결론이 종국적으로 결정론으로 귀착하면서 독단론으로 판정받았다.

그와 달리 칸트의 선험적 관념론은 의식의 바깥에 존재하는 외적사물의 세계를 실재세계로 전제하고, 관념론을 전개하였기 때문에 독아론의 궁지에 내몰리지 않았다. 칸트는 자신의 선험적 관념론과 구별되는 기존의 관념론을 다음과 같이 규정했다.

관념론은(나는 질료적 관념론이라고 이해한다) 우리 외부의 공간에서 존재하는 대상의 현존을 오로지 의문시하고 증명할 수 없다고 주장하거나, 또는 허위요 불가능한 일이라고 선언하는 학설이다.[3]

칸트가 전개한 선험적 관념론은 사물을 전제로 하여 인간의 고유한 인식기능을 밝힌 결론이었다. 칸트는 인식의 선천성을 순수성으로 규정하였다. 선험적 관념론은 인식기능이 작동하는 곳을 현상영역이라고 규정하였으므로, 주체의 인식본질은 객체의 현상본질과 일치해야 한다. 인식본질과 현상본질은 주체와 객체를 포괄하는 존재본질과 일치해야 한다.

인식본질과 현상본질과 존재본질이 서로 일치하지 않으면, 그 사실은 세 가지 경우를 전제해야 하는데, 첫째는 인식본질이 현상본질과 일치하지 않은 경우, 둘째는 현상본질과 존재본질과 일치하지 않은 경우, 셋째는 존재본질과 인식본질이 일치하지 않은 경우이다.

정신이 창조행위를 하는 영역은 오로지 현실세계이다. 창조행위의 대상은 오로지 현상계에 존재하는 인간과 사물들이다. 신의 형상은 이것을 토대로 하여 상상한 형상이다. 신을 정신적 실체로 규정하면 신은

---

3. B 274.

오로지 개념으로만 존재한다.

창조행위의 대상은 두 가지 성격으로 구분한다. 하나는 사물과 육체를 구성하는 질료이다. 다른 하나는 사물모습과 인간모습인 형상이다. 질료는 형상을 구성하는 요소이다. 질료를 가지고 구조와 조직과 체계를 구성하여 마지막 형상을 드러나게 하려면, 형상을 구성하는 목적이 존재해야 한다. 무한한 공간에서 스스로 움직이는 개체들이 목적도 없이 형상을 구성한다는 주장은 존재본성을 설명할 수 있는 주장이 될 수 없다. 그러므로 형상의 본질은 목적을 형성하는 표상이 아닐 수 없다. 사물형상은 사물이 지닌 에너지활동에 의해 우연적으로 구성되는 것이 아니다. 목적을 성취시킬 필연적 활동이 있어야 한다. 필연적 활동은 정신의 의지적 활동이어야만 한다. 물리법칙에 의해 진행하는 사물변화가 목적지향의 활동을 하면, 그 경우는 인간의식에서 선험적으로 작용하는 목적지향의 작용성격과 동일한 것이 된다. 동일하다는 의미는 인간과 사물이 동일한 공간에서 존재하는 것이다.

칸트는 사물형상이 의식에 선천적으로 내재해 있는 미의식과 선의식이 지성과 함께 작용하여 구성한 형상이라고 판단했다. 인식기능을 구성하는 진·선·미의 표상이 어우러져 형상을 창조한다고 판단했다. 지식의 지성, 도덕규범의 최고선의지, 예술작품의 미의식이 함께 어우러져 사물형상을 창조한다고 판단했다. 사물을 창조하는 행위에 일상생활의 도구에서부터 예술품까지 모두 포함되는 까닭은 세 가지 인식기능이 함께 작용하는 구조 때문이다.

선험적 관념론은 창조행위를 주도하는 실천적 자유에 앞서 선험적 자유를 전제한다. 선의식이건 미의식이건 간에 목적지향의 의식작용은 실천적 자유를 전제하지 않고서는 결코 이루어질 수 없다. 그러므로 근대합리론이 결정적 운명론을 벗어날 수 없는 반면, 칸트의 비판론은 자유의지의 자발적 결단에 의해 자기운명을 개척하는 미래를 의지의 대상 및 목표로 삼는다.

칸트의 선험적 관념론은 실재론과 충돌할 이유가 없다. 실재론은 비실재론과 대립될 뿐이지, 관념론과 직접적으로 대립하는 반대개념이 아니기 때문이다. 그 점을 착각하는 인간은 다음의 경우에도 잘못을 범한다. 그 잘못은 (1) 유물론, (2) 유물론 + 관념론, (3) 관념론의 경우에서 (2)의 경우를 부정하고, 오로지 유물론만 가능하거나 관념론만 가능하다는 극단적 주장이다. 그에 반해 (2)의 경우에는 범신론, 변증법적 유물론, 선험적 관념론이 존재한다. 정신적 실체로서의 신이 존재할 수 있는 이론은 선험적 관념론이다.

관념론은 실재하지 않는 것을 실재하는 것처럼 가공하여 인간에게 실재하지 않는 신기루를 뒤쫓아 가도록 하는 잘못된 사고발상으로 세상사람들에게 오도되었다. 그러나 일반대중들에게 오해를 불려 일으키는 잘못된 해명은 지극히 그릇된 것이다. 합리론은 극단적 관념론자가 아니다. 합리론은 물질을 실체로 간주한다. 그럼에도 불구하고 기독교를 비롯하여 데카르트의 합리론이 신을 오로지 정신만의 실체로 규정한 점 때문에 이와 같은 오해의 한 복판에 놓인다. 합리론의 노선을 견지한 과거의 학자들은 그런 오해를 불식시키기 위해 신의 본질을 논구했다. 그럼에도 불구하고 발생론의 문제를 제대로 해명하지 못함으로서 독단론의 평가가 세상에 널리 확산되었다.

자연과학의 성과에 매몰되어 실용적 경향이 더욱 두드러진 현대사회에는 관념론에 대한 거부감이 더욱 증폭되었다. 그 사실은 현대인이 종교에 대해 무관심태도를 보이는 점에서 확인된다. 자연과학의 학문적 본질과 더불어 관념론의 근원을 논구한 칸트의 학적 입장은 단연 주목 대상이 아닐 수 없다.

인간의 육체는 자연의 구성요소인 물질로 구성되어 있다. 인간의 육체는 자연의 것을 이용하여 자연 속에서 문명을 건설하면서 살아간다. 인간의 육체는 물질이 자체에 소유하고 있는 에너지를 활용하여 행동하는 존재이다. 인간은 먼저 자신과 외부상대자를 모두 포용하는 전체상황을 파악하고 자신의 처신을 판단하는 존재이다. 인간은 육체에 존재하는 그런 의식을 정신적 기능으로 구분한다.

인간이 자연에서 원시적으로 살아가는 존재가 아니라 문명을 건설하면서 살아가는 존재이기 때문에, 인간은 스스로 자신을 원시인에서 문명인으로 탈바꿈시킨 정신기능의 정체를 규명해야 한다. 그 작업은 다음의 차이점을 검토해야 한다.

1. 정신은 물질로부터 발생한 것으로 물질에 정신적 요소가 내재되어 있다.

   1-2. 물질에 내재한 정신적 요소는 물질의 속성으로 해체되며 비독립적이다.

   1-3. 물질에 내재한 정신적 요소는 물질의 속성과 다른 독립적 성질이 존재한다.

   1-4. 물질에 내재한 정신적 요소는 물질적 속성으로 해체될 수 없고 독립적이다.

2. 정신은 물질로부터 발생한 것이 아니라 물질의 외부에 별개로 존재한다.

   2-1. 정신은 외부에서 물질의 생성과정에 직접 관여할 수 있다.

   2-2. 정신은 외부에서 물질의 생성과정에 직접 관여할 수 없다.

이런 차이에 의해 일원론적 유물론, 이원론적 유심론, 일원론적 범신론이 성립한다. 그와 같은 각자의 입장은 다음 의문점을 해명해야 한다.

1. 정신이 물질과 다른 존재라면, 왜 정신이 굳이 물질에 내재해야 할 이유가 무엇인가?
2. 정신이 물질과 다른 존재라면, 물질처럼 공간에 존재하는 실체인가? 아니면 공간에 존재하지 않은 실체인가? 그러면 공간 이외의 방식에서 존재할 수 있는 방식이 존재하는가?

현시대의 인간이 이 과제를 제쳐두고, 현시대에 난무하는 현상의 문제에만 매몰되어 있다면, 보편적 성격의 철학의 이 과제들은 역설적으로 그렇게 생각하는 사람들만의 개별적 문제가 될 뿐이다.

칸트는 『순수이성비판』의 '관념론의 반박Widerlegung des Idealismus'에서 데카르트 입장의 관념론과 버클리입장의 관념론을 아래의 글로서 비판하였다.

(내가 질료적 관념론이라고 이해하는) 관념론은 우리 외부의 공간에 대상이 현現존재한다는 것을 다만 의문시하고 증명할 수 없다고 주장하거나, 또는 허위요 불가능한 일이라고 선언하는 학설이다.

전자는 "나는 존재한다."는 오직 하나의 경험적 주장만을 의심할 수 없는 것이라고 언명하는 개연적 관념론이고, 후자는 공간과 이 공간이 불가분적인 제약으로 소속하는 모든 사물을 그 자체가 불가능한 그 무엇이라고 보며, 그러므로 또 공간 중에 있는 사물을 다만 허구적인 것이라고 단언하는 버클리의 독단적 관념론이다.[4]

칸트의 이 진술에서 주목되는 사실은 칸트가 모든 사물이 발생하고

---

4. B274.

있는 총체적 모습인 현상이 실재한다고 인정한 관점이다. 칸트가 개개의 사물들이 공간에서 운동하고, 그들이 조직적으로 결합하여 복합체를 구성하고, 복합체들이 생성소멸의 변화를 되풀이하는 과정이 실재한다고 인정한 관점이다. 이런 과정이 사물변화라면, 사물의 구성요소가 현상원인에 해당한다. 물질의 구성요소가 모든 현상변화를 설명할수 있는 궁극원인으로 확인되었다면, 존재론의 해명은 유물론으로 종결되고, 철학에서 존재론의 근본문제가 사라졌을 것이다.

칸트는 유물론을 포함한 당시까지의 모든 존재론이 간과한 공간의 존재성에 관한 문제점을 명확히 정리하려고 시도했다. 인간은 사물의 빛이 없어서 시커먼 부분을 공간이외의 어떤 말로 표현하고 설명할 것인지의 의문에 대해 무한공간의 존재를 수용했다. 물질이 아니면서 물질을 수용하는 공간을 물질의 연장속성으로 제한하는 발상이 모순적이기때문이다. 따라서 칸트는 공간을 물 자체라고 규정하면, 공간에 존재하는 사물은 현상이고 공간은 물 자체가 되는 모순이 발생한다고 판단했다. 공간을 물 자체로 규정하면, 사물의 현상과 사물의 본질인 물 자체도 함께 공간에 공존해야 하는 논리성 때문이다. 그런데 공간은 변화하는 사물이 아니기 때문에 사물의 현상일 수도 물 자체일 수도 없다. 공간은 물 자체와 구분되는 현상계의 사물을 수용하고 있다. 현상계의 사물과 구분되는 물 자체가 실재한다면, 공간이 물 자체를 수용할 수 있는지의 가능성은 해명되어야 한다. 공간이 현상과 물 자체 모두 수용할수 있는 가능성이다.

해결방안의 논의는 세 가지로 나누어진다. 첫째는 물 자체의 존재는 공간밖에 존재한다. 둘째는 물 자체는 현상의 사물과 더불어 공간에 존재한다. 셋째는 물 자체가 사물과 분리되지 않고, 처음부터 사물과 더불어 사물 속에 내재한다.

세 가지 방안은 모두 상대측의 비판에 직면하여 난파당했다. 그럼에도 불구하고 공간이 없으면 사물이 존재할 수 없기 때문에, 공간은 반드시 실재해야 한다는 상황은 확정적이다. 인간에게 공간표상이 없으면, 인간은 사물을 인식하면서 문명을 창조할 수 없다. 그러나 공간을 물 자체를 수용하는 존재로 수용하지 않는 한, 그 곳에는 논쟁을 해소할 여지가 생길 수 없다. 물 자체 영역이 공간에 존재한다는 주장을 납득할 수 없다면, 별도의 제3의 길을 선택해야 한다. 그 방법이 칸트가 발생론을 우회한 방법이다. 칸트가 공간을 인식의 순수직관형식으로 규정한 방법이다.

만일에 공간을 물 자체에 속하는 성질이라고 본다면, 독단적 관념론은 불가피할 것이다. 왜냐하면 공간은 이 공간이 제약으로서 사용되고 있는 모든 사물과 더불어 허구이기 때문이다. 그러나 이 관념론의 근거는 우리의 선험적 감성론에서 무너졌다.[5]

칸트는 이 표현으로 정신과 물질의 관계 및 순수공간의 문제를 해결하기 위해 라이프니츠가 제시한 단자의 존재를 거부했다. 단자론은 스피노자 범신론의 문제점을 극복하기 위한 라이프니츠의 발상이었다. 라이프니츠는 정신과 물질이 하나로 통합된 단자를 내세워 기존의 유물론, 데카르트 방식의 관념론, 스피노자 방식의 범신론을 동시에 극복하려고 했다.

칸트는 라이프니츠 입장 대신에 데카르트 입장의 이원론을 옹호했다. 칸트는 그 점을 다음의 문장으로 서술했다.

---

5. B275.

개연적 관념론은 이 점에 관해서는 아무런 주장도 하지 않고 다만 우리 외부의 현존재를 직접적 경험을 통하여 증명하기가 불가능하다고 주장하는 점을 보아 합리적이며, 충분한 증거가 발견되기 전에는 여하튼 결정적 판단도 허용하지 않는 근본적인 철학적 사고방식과도 합치한다.[6]

칸트는 데카르트 사고방식에서 난파당한 이원론의 문제점을 정확히 직시했다. 칸트는 존재본질을 논구하는 과정에서 첫째로 신의 실체성에 관한 연역적 논증의 월권, 둘째로 정신의 실체와 물체의 실체가 서로 합일하는 방법이 데카르트 이원론을 침몰시킨 점을 제대로 파악했다. 칸트는 인식론영역에서 선험적 감성론과 선험적 논리학으로 데카르트 이원론의 의문점을 극복하려고 했고, 존재론의 영역에서 도덕형이상학으로 신의 실체성에 관한 의문점을 극복하려고 했다. 칸트는 데카르트의 방법적 회의론이 지닌 문제점을 다음의 문장으로 서술했다.

그러므로 여기서 요구되는 증명은 우리가 외부의 물에 대해서도 경험을 갖는 것이지, 결코 다만 허구(상상)를 갖는 것이 아니라는 것을 밝히지 않으면 안 된다. 이런 일은 데카르트가 의심할 수 없는 것이라고 말한 우리의 내적 경험도 오직 외적 경험을 전제하여야만 가능하다는 것이 증명되지 않고서는 이루어질 수 없는 것이다.[7]

칸트는 관념론이 유발하는 모든 문제점을 명확히 직시하고, 그 점을 불식시키기 위해 의식과 사물이 동시에 존재하고 있음을 전제했다. 곧

---

6. ibid 275.

7. ibid.

사물이 없으면 의식의 인식이 없고, 의식의 인식이 없으면 사물은 없다
는 것이다. 이것이 선험적 관념론의 요체이다.

3. 형이상학의 학적 위기

진리의 정체성 문제

■ 진리의 본질과 형이상학적 사유방식

현대철학의 두드러진 경향은 반형이상학적 입장에서 형이상학이란 용어보다 제일철학이란 용어를 의도적으로 사용하려는 입장이다. 그것은 자연과학의 발전과 더불어 지식의 본질을 규정하는 정확성, 확실성, 엄밀성의 특성에 충실하려고 하는 발상으로부터 비롯된 것이다. 그 입장이 오랜 시간 걸쳐 수립한 형이상학의 학적 의의를 부정하는 근거가 될 수 없다.

현대철학이 오히려 스스로 지식분야에 철학의 정체성위기를 초래했다. 그 위기는 인간이 모든 지식을 통괄하는 통일적 학적 원리를 수립하지 않고, 자신이 지향하는 문명사회의 올바른 질서를 구축할 수 없다는 사실을 스스로 거부한 결과이다. 그것이 야기한 불상사는 철학의 불신과 종교의 불신, 더불어 발생한 갖가지 발상이 난무하여 사회질서가 혼란해졌다. 그리고 그 점은 인간이 변증법적 사고방식에서 발전의 기틀을 모색하려는 입장대신에 자신의 입장만을 내세우면서 서로가 극단적인 파멸을 향해 투쟁의 전선으로 내닫게 되는 정황에서 확연해진다.

인간의 공동체에서 꼬리물기 양상의 논쟁과 논박으로부터 벗어나 상호발전을 도모하는 토의와 토론의 대화방식을 진행하려면, 비판의 본질을 확립하는 작업이 필수적으로 선행되어야 한다. 상대방을 오로지 허물어뜨리려는 부정적 의도는 상대방의 약점을 비난하는 입장이다. 그에 비해, 상호발전을 통해 공생공영을 도모하는 긍정적 의도는 상대방과 자신의 문제점을 적나라하게 펼치고서 문제점을 해결하려는 비판적 입장이다.

비판적 입장이 정착된 학적 분위기를 파악하려면, 시대를 거슬러 철학의 무대에서 고대 그리스 철학이 등장한 배경과 그 시대의 선각자들이 수립한 비판적 사고방식을 돌이켜 보아야 한다. 그리고 근대시기에서 독단적 교리를 학문으로 완성시키려고 한 신학의 입장을 비판하면서, 철학의 사고방식을 다시 부활한 근대철학의 출현을 주목해야 한다. 끝으로 관념적 형이상학의 허점을 비난하는 자연과학의 비판적 사고발상으로부터 형이상학의 본질을 재수립하려는 칸트의 비판적 사고방식을 검토해야 한다. 칸트의 비판철학의 본질과 특성이 무엇인지를 명확히 파악해야만 그의 철학이 현대성을 포함된 근대성을 정확히 이해할 수 있다.

경험론을 지지하는 철학자들이 인간의 본성이 결코 회피할 수 없는 형이상학의 주제를 실증적 자연과학의 지식에 매몰되어 애써 외면하려고 해도 그렇게 되지 않는 상황은 여전히 현대적이다. 또한 형이상학에 무관심을 가장하고서 상대주의의 입장을 진리의 본질인양 오도하는 경향에 반동하여 등장한 발상이 칸트의 비판적 사고방식이었기에 칸트의 철학은 여전히 현대적이다.

형이상학의 지식을 과학적 지식과 배치되는 비과학적 지식으로 치부하고서 무시하려는 경향을 형이상학적 비판이라고 간주할 수 있다. 그럼에도 불구하고 그들이 내세우는 지식이 형이상학적 사고방식과 무관할 수 없기 때문에 오히려 그들이 이성의 본질을 제대로 파악하지 않으면 안 되는 상황에 이르러 허둥댄다. 칸트가 이점을 정확히 꿰뚫고 이성비판을 통해 존재원리를 재수립하려고 하였다.

칸트는 형이상학의 지식을 거부하려는 경향을 다음과 같이 지적하였는데, 그 지적이 여전히 현대적이다.

인간의 본성이 무관심할 수 없는 대상의 탐구에 대해서 무관심을 가장하려고 하는 것은 무익한 일이다. 또 자칭 무관심주의자들이 아무리 학술어를 통속어로 고쳐서 자기들을 모르게 하려고 생각하더라도, 그들이 대체로 무엇인가를 사고하기만 한다면, 그들이 그렇게 심하게 멸시하던 형이상학적 주장에 불가피적으로 귀착하게 되는 것이다.[1]

인간의 지적본성이 모든 지식을 체계적으로 통합할 수 있는 학적 원리를 포기할 수 없기 때문에, 진리의 본질을 추구하는 지성은 어떤 경우에서도 결코 형이상학의 과제를 거부할 수 없다는 점을 칸트가 지적한 것이다. 더 나아가 칸트는 이런 부정적 반형이상학적 현상이 오히려 참다운 형이상학의 본질을 제대로 파악해야 함을 깨우쳐 준 꼴이 역설적 현상이라고 지적했는데, 그 점도 여전히 현대적이다.

---

1. AXI.

그것은 그렇다 하더라도 하여간 여러 가지 학문이 번성한 한복판에서 일어난, 더구나 가질 수만 있다면 사람들이 무엇보다도 가장 아껴야 할 바로 그 학문에 대한 이 무관심은 주목과 반성의 값어치가 있는 현상이다.[2]

칸트는 이와 같은 판단에 입각하여, 이성비판의 장소가 필요하다는 점을 주장하였는데, 그 점도 여전히 현대적이다. 칸트가 형이상학의 재건을 위해 이성의 영구불변적인 법칙이 반드시 수립되어야함을 강조한 관점이다.

무관심은 명백히 경솔에서 생긴 것이 아니라, 이제는 사이비의 지식이 속일 수 없는 당대의 성숙한 판단력에서 생긴 것이다. 무관심은 사실은 이성에 다음과 같이 호소함을 의미한다. 즉 이성이 하는 모든 일 중에서도 가장 어려운 자기인식의 일에 새로이 착수하여 하나의 재판소를 설립해야 한다는 것을 의미한다.

이 재판소는 정당한 요구를 하는 이성을 보호하는 것이요, 반대로 모든 부당을 강권의 명령에 의해서가 아니라 이성의 영구 불변적 법칙에 의해서 제거할 수 있다. 이런 재판소가 다름 아닌 『순수이성비판』인 것이다.[3]

칸트의 비판철학의 체계는 존재의 궁극원리를 수립하는 이성을 거꾸로 과학의 입장에서 비판하는 작업이었다. 그러므로 현대의 지성인이 마땅히 비판철학의 구성을 주목해야 하는 상황에서 보면, 여전히 현대적이다.

---

2. ibid.

3. ibid.

칸트의 역발상적 사고발상은 서구의 사상체계 전체를 뒤흔들 수 있는 관점을 담고 있다. 칸트의 입장은 유럽사회를 지배하는 정치세력을 대상으로 하였고, 그의 사고발상은 철학이 시도하는 비판영역에는 신학을 비롯하여 어떤 사상도 벗어날 수 없다는 관점이었다. 즉 절대적 영역에 속한 중세의 신학을 포함하여 모든 종류의 사상이 비판의 심판대에서 내려올 수 없다는 관점이다. 그러므로 그 발상은 여전히 현대적이다.

현대는 진정으로 비판의 시대요, 만사는 이런 비판에 붙여져야 한다. 종교는 그 신성성에 의해서, 입법은 그 위엄에 의해서 보통 비판을 면하려고 한다. 그러나 이때에 종교와 입법은 당연히 의혹을 일으키는 것이요, 거짓 없는 존경을 요구하지는 못하는 것이다. 이에 대해서 이성은 그의 공명정대한 검토에 배겨낸 내용에 대해서만 거짓 없는 존경을 허용하는 것이다.[4]

따라서 칸트는 비판의 목적을 다음과 같이 3가지로 밝혔다. 이는 존재론과 인식론과 논리학을 하나로 통합한 철학체계를 지향한 입장이다.

내가 여기서 말하는 비판은 서적이나 체계의 비판을 의미하는 것이 아니라, 이성이 모든 경험과 독립하여 추구할 수 있는 인식에 관한 이성능력 일반의 비판, 형이상학의 일반의 가능성과 불가능성의 결정, 형이상학의 원천 및 범위와 한계의 확정을 의미한다(이 모든 것은 원리에 의해서 이루어진다).[5]

---

4. ibid.
5. A X Ⅱ.

칸트가 학문의 안정한 길과 학문에서의 혁명이라고 표현한 글귀에는 그가 지향한 근대철학의 진면목이 단적으로 압축되어 있다. 제일철학으로서 보편학의 성격을 지닌 형이상학의 존재론이 철학의 사고방법에 기인한 자연과학의 지식과 상충되어서 안 되는 제약이다. 형이상학의 지식이 자연과학의 지식과 수미일관성을 유지해야 하는 제약이다.

칸트는 자신의 입장을 해명하기 위해, 형이상학을 구축하려는 이성의 인식기능과 자연과학을 탐구하는 감성과 오성의 인식기능이 범주의 토대위에서 동질성을 공유하고 있는 점을 논증하였다. 그리고 철학이 추구하는 형이상학이 수학과 자연과학일 수 없으므로, 그 점을 분명히 해명하기 위해 비판의 지적작업을 명백히 규정했다.

순수사변이성비판의 임무는 형이상학의 종래의 방법을 전회 시키고 또 그렇게 함으로서 기하학자와 자연과학자의 선례를 따라서 형이상학의 완전한 혁명을 기도하는 데 있다. 그것은 방법론이지 학의 체계가 아니다. 그러나 그것은 이 학의 모든 윤곽과 동시에 그 한계와 내부구조를 그려낸 것이다.[6]

그러면 칸트가 말한 수학과 자연과학을 모두 아우르는 철학, 그가 수립하려는 새로운 형이상학의 정체가 도대체 무엇인지를 해명해야 한다. 칸트는 이 의문을 해명하는 작업에서 형이상학과 비판철학의 관계를 아래와 같이 정립하였다.

비판은 학으로서의 순수이성에 있어서의 독단적 방법에 반대하는 것이

---

6. B X X Ⅲ.

아니라(왜냐하면 학적 인식이라는 것은 언제든지 독단적, 즉 확실한 선천적 원리에 의해서 엄밀하게 증명된 인식이 아니면 안 되기 때문이다), 독단론 즉 이성이 어떠한 방법과 권리를 가지고 거기까지 도달하였는지를 논구함이 없이, 오랫동안 사용하여온 원리에 따라서 성립하는 순수한(철학적) 개념적 인식만을 가지고 해 나간다고 자부하는 것을 반대하는 것이다. 그러므로 독단론이라는 것은 순수이성이 제 자신의 능력을 무비판적으로 신뢰하는 독단적 방법이다.

그러므로 이 반대는 통속성이라는 명칭을 도용하는 천박한 수다나 또는 모든 형이상학을 간단히 해치우는 회의론을 변화하기 위한 것이어서는 안 된다. 오히려 비판은 필연적으로 독단적이고 가장 엄격한 요구에 따라서 체계적이고 학적(비통속적)으로 완성되지 않으면 안 되는 학으로서의 근본적 형이상학을 촉진하기 위하여 필연적으로 선행하지 않으면 안 될 준비 작업이다.[7]

총체적으로 통합된 진리의 근본원리가 하나뿐인 점 때문에, 진리의 본성이 하나라는 관점은 정당하다. 진리가 하나뿐인 점 때문에 독단적이다. 철학이 다양한 사상을 수용하여 비판하려면, 진리의 본질을 명확히 수립해야 한다. 어떤 경우에서도 비판의 기준을 충족하면, 진리로서 용인된다. 비판을 거부하면서 진리를 표방하는 입장은 독단적일 수밖에 없다. 진리의 본질에 부합하지 않은 허점을 가지고 있음에도 불구하고, 진리를 표방할 적에는 독단론의 폐해를 초래한다. 그러므로 진리의 본성은 스스로 독단을 진단할 수 있는 비판의 근거와 기준을 갖추어야 한다. 칸트는 그 점을 확연히 인식하고서 어느 사상과 주장도 비판

---

7. B ⅩⅩⅩⅤ~B ⅩⅩⅩⅥ.

의 근본요건에서 벗어나서는 안 되고 또한 벗어날 수 없음을 결연히 주장하였다.

진리의 독단성의 의미에서 보면, 칸트가 형이상학의 진리를 추구한 점은 독단적이다. 마찬가지로 형이상학의 학적 정초를 위해 자연과학의 진리를 수용한 점도 독단적이다. 따라서 칸트의 철학체계를 검토하는 작업은 칸트 철학이 발생할 수 있는 독단성의 폐해를 검토하는 작업과 일맥상통한다. 거꾸로 칸트의 비판정신으로 칸트의 철학체계를 비판하는 작업은 대단히 역설적이면서 또한 현대적이다.

반형이상학의 경향을 야기한 자연과학의 발달은 일반인이 자연과학의 탐구방식을 진리를 추구하는 진정한 탐구방식으로 오인하도록 만들었다. 철학의 보편성을 확립하려는 철학자들은 자연과학의 사고발상이 어디에서 연유하는지를 근본적으로 고찰하여 철학의 위상을 회복해야 한다. 자연과학자들의 사고방식이 존재 자체의 문제 및 물 자체의 문제를 근본적으로 외면한 것이 아니었다. 하지만 자연과학자와 달리 과학철학자들이 반형이상학의 착시현상에 함몰되어 스스로 철학의 정체성의 문제를 야기하였다. 과학철학자의 반형이상학적인 사고방식은 칸트의 비판철학에서 비판되어야 한다. 그 작업은 칸트 철학이 지닌 현대성을 확연히 보여줄 수 있다.

■ 현대인이 자각해야 할 진리의 본질

자연과학의 발전과 변화의 조류와 더불어 사회과학 분야도 변화를 겪었다. 우선 꼽을 수 있는 변화의 사태는 공상적 사회주의라고 치부되는 전통적 사회주의를 넘어 과학적 사회주의의 미명 하에서 공산주의가 등장한 사실이다. 19세기 중·후반에서 20세기 후반까지 기승을 부리면서, 세계의 정치흐름을 양극체제의 상황으로 만든 점이다. 하지만

20세기의 끝 무렵인 1991년에 동독의 붕괴를 시발로 하여 구소련을 비롯한 동구라파 공산진영이 해체되었고, 세계는 실질적으로는 공산주의가 해체되는 극적인 상황을 맞이하였다. 사회과학의 사유방식은 자유와 평등이념이 지닌 근본성격을 제대로 반성해야 한다. 사회과학자는 철학의 사고방식으로 회귀하여 이념의 본질을 철저히 비판해야 한다.

지금도 낡은 이념으로 치부되는 공산주의에 여전히 미련을 버리지 못한 정치세력은 공산주의에 대한 미련을 버리지 못하고 부활을 기대하고 있다. 20세기를 경험한 지식인들의 일부는 새로운 시대의 특성을 제대로 이해하지 못하고 낡은 책장으로 퇴장해야 할 공산주의의 서적들을 여전히 뒤적거리고 있다. 해체되지 않은 중국과 북한의 공산주의 정치체제만이 그들의 기대와 염원에 부응할 뿐이다.

자유진영에서 공산주의사상을 포용하고 지지한 프랑스 대중들은 21세기를 맞이하여 비판적 입장에서 공산주의 및 사회주의 정치노선에 새로운 변화를 모색하였다. 그들도 과거의 공산주의식 발상이 결코 자본주의의 대안사상으로 부활할 여지는 없다고 전망하였기 때문이다.

자본주의가 초래한 사회문제는 근본적으로 정치체제와 사회체제의 변혁만으로 해결될 수 없다. 객관적 법률체제에 앞서 주관적 도덕의식이 선행되지 않는 한, 사회문제를 해결할 진정한 방법이 수립될 수 없다. 인륜에서 법의 객관적 단계는 도덕의 주관적 단계를 반드시 거쳐야만 올바른 결과를 형성할 수 있다. 철학자가 법을 논구하기 이전에 도덕을 논구한 이유이고, 도덕철학의 이면이 법철학인 이유이다. 법의 근본토대가 도덕임은 이 점에 있다.

도덕의식이 사회지도층의 의식에 확고히 뿌리내리지 않으면, 어떤 정책도 성공할 수 없다. 자유주의 민주노선과 자본주의 경제체제가 순조롭게 유지되려면 사회구성원의 도덕의식이 사회질서와 사회체제의 토대를 뒷받침해야 한다. 도덕의식이 정치와 경제체제의 상황을 적절하게 관리해야, 사회는 장밋빛 미래로 나아갈 수 있다. 현대사회의 문제점을 해결하기 위해 도덕철학이 절실히 요구되는 상황에서 칸트 철학은 여전히 현대적이다.

21세기는 근대산업사회의 혁명적 변화를 무색하게 할 정도로 4차 산업혁명기로 접어들고 있다. 혁명을 선도하는 AI(인공지능)의 개발, AI 로봇, 5G의 통신기기의 개발, 그리고 더 빨라지는 교통수단의 개발은 지구촌의 생존방식을 초기현대사회와 비교할 수 없을 정도로 변화시키고 있다. 철학은 이 변화의 추세를 존재본질의 성격에 비추어 검토해야 한다. 그리고 건전한 도덕과 윤리의식으로 미래사회의 전망을 진단하고, 사회변화가 올바른 방향으로 나아가도록 지도해야 한다.

근·현대의 문명사회가 고대와 중세의 문명사회와 비교하여 급격히 변천하였기 때문에, 철학의 정체성을 논구하는 입장은 변화를 이끈 동력인 이념의 사상적 정체를 논구해야 한다. 먼저 현시대의 지성인들은 철학의 비판적 사고방식이 모든 개별학문의 지식들을 탄생시킨 원동력인 점을 새삼 상기해야 한다. 그리고 철학을 구성하는 여러 이론들이 변천한 역사과정을 제대로 되돌아보아야 한다. 어느 시대를 막론하고 당대의 인물은 항상 역사를 구성하고 있는 사건들의 발생원인과 결과를 분석하고 종합하는 작업을 게을리 하지 않았던 성실함이다. 그로부터 자기시대의 문제점을 진단하고, 해결방안의 올바른 단초를 모색하였던 진지함이다.

현대문명을 유지하고 발전시켜야 하는 현대인은 서구철학사상에서 파르메니데스 및 선先 소크라테스의 철인들, 소크라테스, 플라톤, 아리스토텔레스 및 고대 철인들, 토마스 아퀴나스 및 중세 신학자들, 데카르트를 비롯하여 스피노자와 라이프니츠 및 근대 합리론의 인물들, 베

이컨을 비롯하여 록크와 버클리와 흄 및 근대 경험론의 인물들. 비판철학의 칸트를 비롯하여 독일관념론의 피히테, 셸링, 헤겔 및 현시점에 새로운 비판적 시각을 전개하고 있는 현대철학자들의 사상에 관심을 가져야 한다. 그들이 한 편으로는 시간과 공간의 제약을 벗어나 모든 현상을 포괄하는 존재의 보편성을 추구하면서도, 다른 편으로 자기시대의 문제점을 해결하기 위한 상황논리를 어떻게 펼쳤는지에 관심을 가져야 한다.

현대인들은 21세기의 현대문명에 대해 현대철학자들이 비평한 견해가 왜 서로 상충하는지를 주목해야 한다. 현대인들은 갖가지 비판적 전망에 직면했을 때에 자신을 올바르게 지도할 방법을 찾기 위해 보편학의 성격을 지닌 유일한 학문인 철학으로 회귀한 과거 인들과 동일한 처지에 놓여 있는 점을 직시해야 한다. 현대인들은 자신들이 보편적 사상체계 속에서 당대의 문제점을 타파할 대안을 마련하여 장밋빛 미래사회로 진입할 수 있는지를 따져야 한다.

철학이 다른 과학들의 지식과 달리 고전적인 인물들의 주장을 여전히 고수해야 하는지의 이유는 다름 아닌 철학의 보편성이다. 현대인이 고민하는 문제들은 당연히 이 시대가 당면한 난제들이긴 하지만, 인간의 삶의 형식이 결코 변화하지 않는 점 때문에, 현대인이 당면한 문제들의 근본속성도 과거 인들이 당면한 문제들의 근본속성과 다를 바 없다. 그 해결방식도 여전히 전체를 전망하고, 보편적 사고의 틀 속에서 현실의 장애를 비판하고, 적절한 대안을 마련하는 사유과정에서는 조금도 다를 바 없다.

현대인도 언제나 자기시대의 철학자들이 주장한 사상이 과거의 틀과 다를 수 없는 이유를 묻지 않을 수 없다. 자기시대의 철학이 과거의 논구방식을 여전히 반복할 수밖에 없는 이유가 도대체 무엇인가의 의문점 때문이다. 그 대답은 두말할 나위 없이 철학이 추구한 진리의 보편성이다. 그 점은 역사의 현장이 생생하게 확인해 준다.

철학자는 미래의 토양인 현실적 여건을 분석하고, 미래에 걸맞은 행동양식을 검토해야 한다. 철학자가 그 작업을 수행해야 하는 마땅한 이유는 철학의 보편성이 시대와 장소의 제약에 구애받지 않는 점 때문이다. 과학자는 전체의 틀 속에서 세부사항을 마련하고 교육을 통해 대중을 훈련시켜야 한다. 과학의 발전이 보편원리의 틀 속에서 진행하는 점 때문이다. 자연과학의 발전을 도모한 물리학이 근대시대까지 개별과학이 아니라 자연철학인 점을 현대인은 깨달아야 한다.

형이상학을 비롯한 철학의 정체성논란은 자연철학이 물리학으로 이름으로 탈바꿈하면서 철학영역에서 독립한 상황에서 비롯되었다. 현대물리학이 형이상학을 거부하고 형이상학의 주제를 독자적으로 탐구하였지만 모두 실패하였다. 물리학의 지식이 잘못되어서 그런 것이 아니라, 형이상학의 탐구주제는 물리학의 탐구방식으로 논구될 수 없는 점을 물리학자들이 무시했기 때문이다. 그럼에도 불구하고 자연과학의 눈부신 성과와 효용성에 함몰된 과학철학자들이 형이상학을 자연과학의 시각으로 거부하였기 때문에, 급기야 철학은 일반대중의 무관심 속에서 정체성 논란에 직면하게 되었다.

현대과학철학자들이 제기한 문제점은 이미 칸트가 논구한 과제였다. 칸트가 비판철학의 체계를 구축하고서 새로운 형이상학을 수립한 과정이 현대철학이 유발한 철학의 정체성위기의 답변이다. 그러므로 칸트의 철학체계는 여전히 현대적이다.

자연 · 사회 · 종교 철학을 통일해야 하는 현대철학의 난제

■ 순수철학의 근본 틀과 철학의 사고방식

　3000년 전의 인간과 2000년 전의 인간 그리고 1000년 전의 인간과 지금의 인간 사이에는 과연 무엇이 달라졌는가라는 물음에 대해 답변은 현대를 살아가는 대다수의 사람에게 궁금한 과제가 아닐 수 없다. 이 물음은 시간과 공간의 제약을 벗어난 주제로서'인간은 무엇인가?'라는 물음의 또 다른 물음이다. 이 과제는 자기정체성을 파악해야 하는 인간의 숙명에서 비롯된 과제이다.

　이 물음은 원점으로 회귀하여 인간에게서 변화하는 것과 변화하지 않는 것을 구분해서 살펴보도록 한다. 이 구분은 인간이 현생인류의 DNA를 공유하는 한 불변하는 존재임을 확인할 수 있게 만든 현대과학의 성과 덕분이다. 즉 키가 크거나 작거나, 몸무게가 많거나 적거나, 머리털이 노랗거나 검거나 하는 등의 개별적 차이점과 상관없이 인류가 멸망하지 않는 한, 인간을 인간이게끔 만든 DNA구조가 시간이 흘러가는 사실과 상관없이 불변이고, 인간의 종도 불변인 점이다. 인간이 다른 종의 존재가 되려면 DNA구조가 근본적으로 변해야 하는 점이다.

　인간의 정체성에서 진화를 도모한 기능을 규명하는 과제는 인간의 생존조건과 생존방식과 직결된다. 인간이 진화했다는 사실은 원시의 생존방식으로부터 문명사회의 생존방식으로 전환한 모습이다. 생존변화를 구체적으로 의 · 식 · 주의 활동에서 살펴보면, 변화한 것과 불변한 것의 구분은 명확해진다. 인간의 생활모습에서 변화한 내용은 인간들이 건설한 문명사회의 모습과 문명사회를 건설한 생생한 과정이 보여주는 행동양식들의 변화이다.

변화과정에는 구체제에서 신체제를 건설한 구성원들과 신체제에서 새로 등장한 구성원들 사이에 사고방식과 행동양식의 차이가 발생한다. 생활환경의 변화 때문에 발생한 가치관의 분열뿐만 아니라 계층 간에 부조화 때문에 야기한 이념의 차이와 대립은 각종 사회문제들을 해결이 쉽지 않은 복잡한 양상으로 치닫게 한다. 사회구성원들이 사적인 신분의 개인과 공적인 신분의 개인 간의 차이점을 명확히 구분하지 않으면, 구성원들 간에 복잡한 심리적 갈등이 발생한다. 개인에게 발생한 각종 문제는 사회체제에서 비롯된 것도 있고, 개인의 심리적 장애에서 발생한 것도 있고, 육체적 장애에서 발생한 것도 있고, 인간관계의 갈등에서 발생한 것도 있다. 철학이 추구하는 보편성은 인간의 동질성과 동일성을 확립하여 각종 문제를 분석하고 종합하는 학적 작업이 오류를 범하지 않도록 길잡이역할을 한다.

3000년 전에는 그 시대의 인간이 그 당시의 현대인이었다. 그리고 2000년 전에는 그 시대의 인간이 그 당시의 현대인이었다. 그리고 1000년 전에는 그 시대의 인간이 그 당시의 현대인이었고, 그리고 이 시대의 인간이 오늘날의 현대인이다. 그리고 현대인도 다음 시대에는 3000년 전의 인간처럼 과거의 인간이 된다. 이와 같은 시간의 본질 속에서 동일성과 동질성을 확인한 인간이 스스로 자신에게 질문한'자신은 누구이며, 진리는 무엇인가?'의 근본물음은 보편적 성격을 지닌 철학적 질문이 아닐 수 없다.

회의론의 입장이 철학자들이 수립한 형이상학의 진리 속에 발견한 문제점을 지적하고서 철학의 진행과정을 오류의 역사라고 주장하는 경우는 지극히 잘못된 발상이다. 인간이 진리의 본질을 규명하고자 시도하는 과정에서 여러 가지 오류를 범할지라도, 진리의 보편성을 유지하는 근본 틀이 파괴되지 않은 까닭은 철학자들이 이미 정립한 변함없는 진리 개념의 형식적 틀에 따라 자기입장의 내용을 일관되게 한 결 같이 주장하였기 때문이다.

참 진리는 보편과 특수개념의 상관관계를 바탕으로 하여 개념에 속하는 개체들이 서로 어울려 형성한 현상을 올바르게 설명한 사고방식의 결과이다. 사고방식의 근본 틀은 지식의 정당성을 근본적으로 뒷받침하여 지식을 진리가 되도록 만든다. 철학자는 역사의 무대에서 기초학문의 보편성과 개별과학의 특수성, 보편이념과 시대정신의 상관관계를 바탕으로 삼아 당대의 사태를 논리적으로 분석하고 종합하여 진리를 구축한다. 철학자는 한편으로는 변화한 시대상황에 맞추어 잘못된 지식의 오류를 수정하고, 다른 한편으로는 보편적 진리의 틀에 맞추어 자신이 속한 시대정신을 새롭게 진술한다. 철학자는 시대를 불문하고 진리의 보편적 형식의 틀을 가지고 자기시대의 변화원인을 분석하고, 앞으로 나아가야할 미래를 전망하고, 인간의 당위적 행동방향을 제시한다. 각 시대의 철학자가 보편적 진리의 틀을 바탕으로 하여 자기시대를 진단하고 다가올 미래를 전망하였기 때문에, 후대의 철학자들이 그 진술의 맥락을 계승하기도 하고 배척하기도 하였던 것이다. 철학자들의 진술은 역사의 무대에서 후대의 철학자에 의해 계승·발전되기도 하고 역사의 뒤안길로 퇴장하였다. 그 사실이 철학자들이 진리의 보편성에 입각하여 각 시대의 특수성을 논리적으로 타당하게 설명하려고 노력한 객관적 정황이다.

인류는 자신이 현재 건설해가는 미래사회의 모습을 한편으로 긍정의 시각으로 기대하면서 다른 한편으로 자신의 오판을 염려한다. 현재 당면한 문제점을 극복하려는 정책수립과 집행이 미래사회의 모습이기 때문이다. 정책을 수립하는 과정에서 발생하는 오류는 한편으로 정책을 수립하는 주체들이 이기심 등의 심리적 요인에 휩싸여 정책방향을 오도함으로서 발생하고, 또 다른 한편으로는 주체들이 외부요인에 의한 변화의 동인을 왜곡하거나 변질시킴으로서 발생한다. 예컨대 논리학에서 지적하는 오류처럼, 지구의 둥근 원을 잘게 나누어 직선의 평면으로 만들고 거꾸로 그 평면을 다시 연결하여 마치 지구가 둥근 원이 아니라 평면이라고 우기는 궤변에 버금가는 오류이다. 즉 지구가 마치 둥근 원이 아니라 직선으로 이루어진 평면이라고 주장하면서, 자신의 잘못된 주장을 진리라고 주장하는 경우이다. 그러므로 진정한 민주주의는 정책입안자들이 사업을 추진하는 목적에 알맞게 집행계획을 총체적으로 구성하고, 실현방법을 비판적으로 면밀하게 따지고, 추진과정을 공정하고 착실히 진행하려는 도덕의 덕목을 우선적으로 중시해야 한다. 부패하고, 부정직하고, 불공정한 인물들이 자기중심적 이기심으로 정책수립의 방향과 내용을 왜곡시키는 경우에는 그 결과는 대중이 피해를 당하는 오류의 사태에 이를 것이기 때문이다.

■ 통합이론이 필요한 현대사회와 현대철학

인간은 사회적 존재이다. 개인은 자신이 공동체의 질서에 순응하면서 문명사회를 건설하고 살아가는 구성원임을 절실히 깨달아야 한다. 개인이 사회질서의 본질을 파악하려면 인간의 본성을 이해해야 한다. 인간의 본성을 파악하려면 사회적 삶의 형태를 이해해야 한다. 개인과 사회가 동전의 앞뒷면처럼 한 몸이므로, 결코 두 요소가 별개로 분리될 수 없는 점이다. 한쪽이 다른 쪽을 자신의 근저에 반드시 두지 않으면 자신의 특성을 제대로 파악할 수 없음을 의미한다. 인간의 본질이 선천적으로 사회생활을 하도록 구성되어 있는 구조 때문이다. 그러므로 사회성과 무관한 개인의 본성을 주장하면, 그 내용은 인간을 인간이 아닌 다른 종류의 동물로 간주하거나 아니면 인간을 인간이 아닌 다른 종류의 존재자로 간주해야 한다.

현대철학이 보여주는 역설적 면모는 자연과학에서보다 오히려 사회과학에서 발생한다. 인간은 자연과학의 결실과 혜택을 향유하고 유지시키려 한다. 그런데 자연과학의 결실이 유발하는 갖가지 문제점을 해결해야 하는 사회과학이 구성원들의 조화를 꾀하지 못하고 상충하고 있는 상황이 현대사회가 직면한 난국이다. 사회과학이 제 역할을 다하지 못하고 허둥거리면서, 급기야 갈 바를 상실하고 방황하는 꼴이다. 게다가 정책당국자의 상황인식이 잘못되면 그 상황은 더욱 심각해진다. 사변이성이 파악한 자연법칙을 활용한 경우는 곧바로 효과를 증명할 수 있는 반면에, 실천이성이 수립한 사회정책을 집행한 경우는 곧바로 효력을 증명할 길이 어려운 점 때문이다. 그 이외에도 사회정책의 성격이 대체로 상대적이어서, 갖가지 인간들이 다 함께 인정하고 수용하는 경우가 심히 어려운 점 때문이다.

자연법칙들을 체계화하여 성립한 자연과학을 바탕으로 하여 이룩한 현대사회의 하드웨어에서 그것을 활용하는 인간의 소프트웨어가 서로 다른 방식을 추구하면서 상충한다면, 철학은 그로부터 발생하는 인간 상호 간의 갈등과 사회질서의 혼란을 수습할 논구의 토대를 마련해야 한다. 그러나 현대철학은 사변이성과 실천이성의 상관관계를 매끄럽게 연결할 통일성을 내놓지 못할 뿐만 아니라, 오히려 스스로 자기정체성의 시비에 휘말려 수습조차 어려워 할 뿐이다. 현대철학은 자신의 눈앞에서 발생한 어그러진 현실을 두고, 문제점을 바로 잡아야할 자신의 임무에 무기력해진 모습을 보여줄 뿐이다. 현대인은 현대철학에 무력감을 느끼면서 자연과학의 성과를 뒤쫓는 현대철학의 우스꽝스러운 모습을 보고 있을 뿐이다. 그럼에도 불구하고 현대철학자들은 해체주의, 역사주의, 과학주의 등의 이름으로 사회비평을 열심히 하면서, 자신의 주장을 철학의 이론으로 미화하고 정당화한다.

반형이상학의 입장은 이와 같은 견해를 당연히 반론하지 않을 수 없다. 그러나 이 평가는 한편으로는 자연과학의 기술적 방법에 의해 사회가 고도로 발전하였지만, 현대인이 철학사상의 부재에 처해 있는 현실에서 단적으로 증명된다. 정치가를 비롯한 사회지도층이 자연과학의 성과를 바탕으로 인류평화를 추구하겠다는 이념을 앞세우지만, 그들이 자연과학의 지식을 활용하여 개발한 고도의 무기를 활용하여 서로를 학살하는 전쟁을 계속하는 현실에서 단적으로 증명된다.

자연과학의 발달과 새로운 문명사회의 틀을 형성한 서구사회가 문명의 진보와 더불어 새로운 사회문제를 발생시킨 사실이 현대성의 근본과제이다. 그럼에도 불구하고 현대성 논구의 골격은 과거의 사회문제와 전혀 다른 성질을 내포한 새로운 문제가 아니다. 오히려 인간이 활용하는 물질문명의 겉모습만 달리 했을 뿐이다. 그 내용도 여전히 역사 이래로 진행된 사회문제의 연속이다. 현대사회의 논쟁점은 동일한 성격을 지닌 인간들 사이에서 발생한 사회갈등의 문제가 아닐 수 없다. 현대사회에서도 여전한 소외, 차별, 억압, 구속의 문제점들은 절대왕정체제를 대신한 근대사회가 논구한 소외, 차별, 억압, 구속의 문제점과 본질적 측면에서는 동일한 성격을 공유하고 있는 상황 때문이다. 현대사상들은 근대시민사회의 완성을 위해 더욱 박차를 가한 혁명사상의 기반인 자유와 해방, 평등이념의 실현을 더욱 구체화한 정황 때문이다. 더욱이 현대인의 사회의식이 근대시민혁명이 진행하는 과정에서 자유사상을 바탕으로 한 시장경제체제의 자본주의와 평등사상을 바탕으로 한 계획경제체제의 공산주의가 서로 대립하였던 갈등의 역사로부터 여전히 벗어나지 못하고 있는 한계 때문이다.

개인주의를 기반으로 한 자본주의 문명체제를 착취와 억압 및 소외의 이론 등으로 비판하고 해방이론을 전개한 이론이 오히려 전체주의를 기반으로 한 공산주의 문명체제에서 더욱 심화된 사실은 현대사회가 지향하는 방향에서 보면 대단히 역설적이다. 그 까닭은 인간의 자유가 야기한 사회문제를 해결할 수 있는 현실적 방법이 극단적 공산주의 체제였던가? 라는 의구심 때문이다. 근대자연과학이 낳은 문명의 혜택이 시간이 흐름 속에서 극단적으로 양 극단적인 양상을 심화시키고, 자연과학이 이룬 눈부신 성과가 제로섬의 평가의 의해 격하되고, 근대적이고 동시에 현대적인 문명사회의 체제가 긍정적 평가보다도 부정적 평가에 도달하게 된 점은 현대사회가 지향하는 방향에서 보면 대단히 역설적이다. 더 나아가 근대철학자들이 철학의 근본문제에 관한 방법론을 제시한 것과 달리, 오로지 지역말단의 문명·문화비평에 매달리고 침체된 현대철학자들의 사고방식은 현대사회가 지향하는 방향에서 보면 대단히 역설적이다. 그들은 자신의 현대문명에 대한 평가가 매우 일천하다는 비판을 겸허히 받아들여야 한다. 게다가 그런 노선에 따라가기에 급급한 현대인의 사고방식을 올바르게 지도해야 할 철학의 위상조차 덩달아 초라해진 모습은 현대사회가 지향하는 방향에서 보면 대단히 역설적이다. 현대철학사상은 대체로 포스트모던이란 명칭 하에서 진행되는 현대사상의 일면이고 그리고 현대사상의 전위적 행동양식이 세인의 주목을 끄는 역설적 측면은 현대사회가 지향하는 방향에서 보면 대단히 역설적이다. 다양성의 공존을 의미하는 민주사회에서 표현의 자유를 빙자하고 자의적으로 행동하는 사고발상은 이기적이기 때문이다.

　모든 비판점은 현대문명 앞에서 현대인의 사고방식은 어떤 것인지의 의문점으로부터 오히려 어떻게 해야 하는지의 의문점에 집중해야 한다. 즉 현대인들의 사고방식이 왜 근본적 사고방식에서 새롭게 거듭나지 못하고 근대사상의 아류적인 모습으로 전락하게 되었는지의 의문점이다. 다시 말해 현대인들이 자신의 문제점을 근대인들이 수립한 비판적 사고방식으로 대응하면서도, 근대인들처럼 자신들이 직면한 문제점에 대해 자신들의 비판적 관점으로 새로운 대안을 내놓지 못하는 상황을 어떻게 이해해야 할 것인지의 의문점이다.

현대철학사상에 나타난 난맥상에 대한 진단은 현대문명의 성격을 제대로 평가하지 못하는 이 시대의 철학자들의 좁은 시각의 사고방식에 기인했다는 평가가 가능하다. 하지만 이와 같은 진단은 현대철학의 경향을 비판할 적에 무슨 근거로 그렇게 진단할 수 있었는지의 반문을 거꾸로 당할 수 있다. 그럼에도 불구하고 현대철학의 사조가 자연과학의 발전이 야기한 현대사회의 부정적 사태를 제대로 분석하고 올바른 진단을 대중에게 제대로 내놓지 못한 상황은 비판받아 마땅한 사실이다.

현대인은 자신들이 처한 입장에 대해 왜 그렇게 되었는지의 의혹을 당연히 가질 수밖에 없다. 그 의혹은 닭이 먼저인지 아니면 달걀이 먼저인지의 의혹과 일맥상통한다. 그 이유는 철학적 사고내용이 세상을 선도적으로 이끌고 가는 수준인가, 아니면 철학적 사고내용이 사회변천의 후미를 따라 가면서 당대의 사회를 비평하는 수준인가의 관점 때문이다. 그 선택은 올바른 방향으로 변화를 추구한 선각자의 입장을 고려하면 전자인 닭일 것이고, 그와 달리 세상의 변화를 바라보면서 비평만 한 철학자의 입장을 고려하면 후자인 달걀일 것이다.

현대성의 논구는 중세사회에서 근대사회로 전환되는 과정에서 사회문제를 해결하기 위해 등장한 여러 사상들의 발상을 참조해야 한다. 근대사회의 부정적 사태를 개선하려는 혁명세력이 절대왕정체제에 저항하거나 체제를 개혁하려고 시도하였던 사실을 주목해야 한다. 중세로부터 근세로 이행하는 과정에서 천국에서 지상으로의 발상이 등장하였는데, 그 발상의 근저에 놓인 사상이 인간중심의 사고방식에 근거한 인권, 자유, 평등사상이다. 오랜 역사적 시간을 거쳐 면면히 내려온 그 사상들이 근대사회의 발전과 더불어 새롭게 각색되어 등장하게 된 역사의 배경이다. 근대사에서 주목되는 가장 극단적인 사고방식은 한편으로는 마르크스·레닌의 공산주의 사고방식이고, 다른 편으로는 무솔리니·히틀러에 의한 국가사회주의 사고방식이다. 그들의 사회체제가 근대성과 현대성의 문제점을 압축하고 있기 때문에, 그들의 사고방식을 주목해야 한다.

그들의 사상은 당대에 그들이 스스로 창안한 것이 아니라, 오랜 기간에 걸쳐 인류역사에 지대한 영향을 끼친 선각자들이 올바른 사회를 형성하기 위해 내놓은 사회개혁방안을 바탕으로 하여 그들이 짜깁기한 근대사회의 변혁이론이었다. 그런 사상이 혁명사상으로 급부상할 수 있게 만든 동인은 근대자연과학의 발전에 의한 기술력이었다. 자연의 천연물질을 각종 경제적 상품으로 가공할 수 있었던 근대사회의 기술력은 곧바로 인간사회를 개혁할 수 있는 사회과학의 동인을 제공하였고, 사회과학이론의 형성에 기반이 되었다. 하지만 외형적으로 발전의 모습으로 전환한 인간사회가 빈부갈등을 비롯한 갖가지 문제점을 표출하였기 때문에, 발전한 만큼 비례하여 더욱 강력한 대중들의 반발을 유발하지 않을 수 없었다. 대중들의 분노를 야기한 문제점은 계층 간의 심각한 빈부격차와 더욱 심화된 차별양상이 초래한 인간소외의 문제점이었다.

이 문제점은 여러 가지의 변수가 섞어 얽힌 복잡한 사회문제인데도 불구하고, 사회철학자들이 너무도 단순한 각도에서 이 문제를 분석하고, 곧이어 평등이론으로 짜깁기한 사회주의 및 공산주의를 내놓았기 때문에 결코 해결될 수 없었다. 물질문명의 발전만을 혁명의 동인으로 삼아 평등사회를 이룩할 수 있다는 그들의 확신이 오판이었기 때문이다. 그들이 물질문명을 창조한 인간과 사회에 대한 근본이해가 부족했기 때문이다.

근대사상의 흐름 속에서 이룩된 서구사회는 1차 대전과 2차 대전을 거쳐 일대전환기를 맞이하게 되었는데, 그것은 히틀러 방식의 국가사회주의 몰락과 레닌 방식의 공산주의의 팽창이었다. 그리고 자본주의와 공산주의 대립, 자유민주주의체제와 전체주의체제의 대립은 철학사상 대신에 정치경제학, 사회학의 활동반경을 넓혀주었다.

현대철학의 빈곤함은 중세의 신 중심의 사고방식이 초래한 인간이해의 불충분함, 근대의 물질문명 중심의 사고방식이 초래한 인간이해의 부족함이, 현대에 이르러서도 여전한 인간이해의 부족함이 혼재하면서 탄생한 비극적 양상인 셈이다. 그러면 근대사상의 맥락을 뒤이은 현대사상이 처한 문제점이 무엇인가라는 물음이 새삼 부각되지 않을 수 없다.

형이상학의 과제가 현대철학에서 유효한 이유

현대는 역설적으로 현대철학이 칸트 철학을 비판해야 하는 것이 아니라, 오히려 거꾸로 칸트 철학이 현대철학의 난점을 비판해야 할 처지이다. 왜냐하면 현대철학이 여전히 육체를 구성하는 물질에 대한 올바른 이해방식과 자연에서 작동하는 정신에 대한 올바른 이해방식을 제대로 다루지 못하고 있는 취약점 때문이다.

그와 같은 문제점은 칸트 철학의 방법론이 적절히 분석할 수 있다.

칸트 철학은 현대인들이 자신들이 직면한 문제점을 해결하기 위한 논구과정에서 면면히 검토해 보아야 할 충분한 조건을 갖추고 있다. 현대의 생태철학이 등장한 배경과 어울리는 철학이다. 칸트가 자연과 동물들에게 곧바로 인간이 인간에게 부여하는 목적론을 적용시키지 않고 실천이성을 통해 비로소 목적론을 적용한 의도 때문이다. 자연의 존재에 곧바로 목적론을 투여하게 되면 인간이 오히려 자연에 구속당하게 되지만, 인간이 도덕을 매개로 하여 자연을 목적대상으로 삼으면 인간이 인간을 통제하면서 자연과 인간의 조화를 꾀할 수 있는 사유방식 때문이다.

모든 현상원인을 통일한 궁극원리가 없으면 인간들 사이의 관계가 호혜적 상대주의보다는 적대적 상대주의로 전락할 수 있다. 자연을 바라보는 인간에게 도덕의식이 결여되면 자연을 이익추구의 대상으로 삼을 수 있다. 그러면 인간과 자연의 조화를 추구하려는 원래의 목적은 상실되고 인간들끼리 자연을 놓고 적대적인 상대주의로 전락하는 위험에 처한다.

인간이 인간을 도덕적으로 바라보면, 그 연장선상에서 자연스럽게 인간이 자연을 도덕적으로 대하게 된다. 인간과 자연의 공생공존의 조화를 꾀할 수 있다. 그렇게 하지 않고 오로지 자연의 질서만을 우선적으로 보호하려 들면, 자연이 인간의 우위에 서게 되어 오히려 자연을 사이에 두고 인간과 인간 간의 갈등과 투쟁이 발생할 수 있다. 그러면 친환경적 삶의 추구가 허구의 의식이 된다. 자연보호가 인간보호와 충돌하면, 자연보호와 친환경적 생태계보전의 목적이 누구를 위한 활동인지 아리송해진다. 그러므로 현대철학은 칸트 철학이 규명하려는 인간의 도덕성을 주목할 필요가 있다. 그리고 칸트 철학의 인간학이 어디에서 연유하는지를 살펴볼 필요가 있다. 그 의도는『순수이성비판』의 인식론부터 논구해야 이루어진다.

칸트는 정신영역에서 비롯되는 사고방식의 오류를 극복하려고 하였다. 오류를 이성의 월권이라고 명명하고서 그에 관한 문제점을 분석하였다. 자연에 존재하는 각각의 사물들의 변화가 생성·소멸의 올바른 법칙을 벗어날 적에 발생한 갖가지 문제점처럼, 정신의 활동인 의식의 사고과정도 그와 같은 성격의 잘못을 범하는 약점 때문이다. 인간이 생성·소멸의 과정에서 형성된 질서와 혼란의 양 측면에서 질서의 방향으로 나아가지 않고 오히려 혼란과 파멸로 나아가 무질서의 잘못을 범하는 약점 때문이다.

칸트의 입장은 명확하다. 그는 인식의 출발인 감성적 직관에 대해 『순수이성비판』에서 명료하게 "인식이 어떤 방식으로 또 어떤 수단을 통해서 대상과 가지든지, 인식이 대상과 직접적으로 관계를 가지며 모든 사고가 수단으로서 목표로 하고 있는 것은 직관이다. 그러나 직관이라는 것은 대상이 주어진 때에만 성립한다. 그런데 또 대상이 우리에게 즉 적어도 우리에게 주어진다는 것은 대상이 어떤 방식으로거나 심성을 촉발함으로써만 가능한 것이다. 우리가 대상에 의하여 촉발되는 방식여하에 따라서 표상을 받아들이는 능력을 감성이라고 부른다."[8]라고 천명했다. 곧 칸트는 인식과정에는 반드시 먼저 대상이 있어야 하고, 그리고 대상이 인식기능의 시작인 감성을 촉발해야만 대상인식이 가능하다고 표명한 것이다. 칸트는 그 인식작용을 직관이라고 명명하면서, 직관의 순간에 의식내부에서 발생하는 표상을 지식을 구성하는 인식의 시작이라고 말했다.

칸트의 주장을 반박하려면, 모든 감각이 정지되어 있는 상황에서 의

---

8. 『순수이성비판』 A19, B33.

식바깥에 존재하는 대상에 대한 표상이 의식내부에서 자발적으로 발생할 수 있는지를 논증해야 한다. 반박의 논증과정은 의식내부에서 발생하는 상상력에 의한 표상을 내세울 수 있다. 그러나 그것은 전혀 이 점에 대한 반박으로 타당할 수 없다. 그 이유는 상상력이 경험에 앞서 경험적 대상을 상상할 수 없는 조건 때문이다. 상상력이 만드는 표상은 경험에 의해 축적된 대상들에 관한 인상들과 개념이 발생한 이후에 가능한 조건 때문이다. 다시 말해 의식이 자발적으로 상상력에 의해 외부대상에 관한 갖가지 표상을 만든다고 하더라도, 그 사실이 인식의 첫 출발점에 해당하는 대상이 의식을 촉발해야 한다는 원칙을 허물 수 없는 조건 때문이다. 그에 대한 예증은 상식적으로 제시될 수 있다. 예컨대 인간이 어떤 동물이라도 전혀 경험해 보지 않고서는 동물을 상상할 수 없는 상태이다. 그가 동물을 경험 이후에 동물에 관한 상상력을 발휘하여 여러 가지 변형을 통해 갖가지 동물의 형상을 만드는 일은 가능하지만, 그에 반해 동물의 인상이 전혀 없는 상황에서는 창의적 상상력이 발동할 수 없는 한계점이다. 그럼에도 불구하고 의혹은 해소되지 않는다. 체험하지 않은 것에 대해 오성이 개념을 만들 수 없기 때문에 상상할 수 없다는 주장을 수용할 수 없는 입장이다. 가령 동물을 체험하지 못했지만, 식물을 두고 동물개념을 반대개념으로 만들 수 있는 경우이다. 그러나 그것은 실재하는 동물의 표상이 아니기 때문에 오성에 의한 지식이 아니다. 상상을 지식으로 만들려면, 체험을 통한 실증이 필요하다.

오히려 반론의 입장은 다음의 사실을 확인하게 한다. 첫째, 동물을 체험하지 않고 동물의 개념을 가질 수 있는 경우는 반드시 식물의 체험부터 선행해야 한다. 둘째, 동물의 개념을 지식의 개념으로 정립하려면 동물의 존재를 실증해야 한다. 셋째, 가설과 실험이 이와 같은 경우를 의미한다. 넷째, 체험하지 않은 것에 대한 개념은 추상개념이 아니다. 다섯째, 경험적 사실이 전혀 없는 개념은 추상적 성격의 이념이 될 수 없다.

칸트의 감성론은 일단 경험론의 주장을 수용한 이론이다. 역설적으로 경험론이 직접적이고 구체적 경험대상인 외부대상의 성질을 1차와 2차의 성질로 구분한 점은 선천적 인식기능의 존재를 확인시켜준다. 1차와 2차의 성질구분은 인식기능에 의한 구분인 만큼, 지식의 정체를 밝히는 작업에는 그런 판단을 하는 의식의 인식구조가 지식의 본질적 근원이다.

경험론은 의식이 감각기관이 전달한 외부 사물의 1차, 2차 성질에 대응하여 단순 관념과 복합 관념을 형성한다고 주장했다. 사물의 지식은 사물의 1차, 2차 성질이 단순 관념과 복합 관념으로 전환된 결과이므로, 지식은 의식이 만든 인식결과일 뿐이다. 사물이 1차, 2차 성질에 해당하는 요소를 가지고 있는 것처럼, 의식도 단순 관념과 복합 관념을 발생하고 형성하는 기능을 갖추고 있어야 한다. 그러므로 인식기능은 선천적이다. 경험론이 주장한 사물의 성질과 의식의 관념을 해명하려면, 선천적 인식구조와 기능을 밝혀야 한다.

사물의 성질과 인간의 관념이 동질성을 공유해야만, 인식과정에서 서로 간에 일관된 관계를 형성할 수 있다. 사물의 성질을 유발한 근원은 사물에 있고, 성질에 대한 관념을 유발한 근원은 의식에 있다. 칸트의 선천적 인식이론은 실재론과 관념론을 모두 수용한 종합적 이론이다. 그러므로 다음의 관점들이 성립한다.

- 인식대상인 외적사물과 인식주체인 인간이 존재하고 있다.
- 인식대상을 인식하기 위해서는 의식에 선천적 인식구조와 인식기능이 자리 잡고 있다.

- 인간의 사고기능은 사물의 성질과 동질적 성질의 표상을 선천적으로 갖추고 있다.
- 인식대상은 인간이 없으면 존재하지 않는 외부대상이 아니다.
- 대상은 인식하는 인간의 자의적인 판단에 의해 그들이 지닌 고유한 성질이 결코 바뀔 수 없다.

이 사실은 인간이 경험적으로 확인한 경우와 상관없이, 인간이 그 사실을 자각하지 못한 상황에서도 선행적으로 존재하는 객관적 사실이다. 이 관점은 합리론자이건 경험론자이건 간에 막론하고 모두 다 인정하고 수용하지 않을 수 없다. 양측이 모두 인간의 선천적인 의식구조와 사고방식과 표상능력을 인정하고 수용해야 한다. 그러면 의식에서 발생하는 표상의 본질을 해명해야 한다. 칸트가 사용한 표상의 용어는 한편으로 흄과 같은 경험론의 철학자들이 주장하는 관념들과 동일한 성격으로 이해할 수 있는 표현이고, 다른 한편으로 데카르트와 같은 합리론의 철학자들이 주장하는 본유관념과 동일한 성격으로 이해할 수 있는 표현이다. 칸트의 용어는 양측을 모두 포괄하고 있다.

의식에서 발생한 표상은 인식의 선천적 기능을 해명할 수 있는 단초이다. 그 이유는 관념과 표상이 동일한 성격을 공유하고 있는 근거 때문이다. 이성이 구성하는 이념은 오성이 확립한 경험적 지식을 소재로 삼는다. 오성은 최고의 유개념인 범주개념을 바탕으로 경험의 인식자료를 지식으로 구성한다. 그러나 오성은 자신의 지식들을 통합하여 형이상학적 이념을 수립할 수 없다. 이성이 오성의 지식들을 총괄하는 형이상학적 이념을 구축하기 위해서는 순수오성 개념이외의 관념이 필요하다. 그것이 자연개념과 양립하는 선험적 자유 개념이다. 칸트는 선험적 자유 개념을 논구하는 지점에서 이성의 본성을 사변이성과 실천이

성으로 구분한다. 칸트는 사변이성의 한계를 설정한 지점에서 반형이
상학자로 오해받았고, 실천이성의 역할을 설정한 지점에서 형이상학자
로 인정받았다.

칸트는 이율배반의 장소에서 선험적 자유 개념을 자연개념과 양립시
키기 위해 먼저 순수직관형식과 순수오성 개념을 논구하였다. 선험적
자유 개념을 바탕으로 실천이성의 본성인 최고선의지를 논구하였다.
그리고 규정적 판단력 대신에 반성적 판단력을 바탕으로 미의식을 논
구하였다. 사물인식의 근본토대인 범주개념을 구성한 선험논리학의 체
계는 인식론의 핵심이론일 뿐만 아니라, 형이상학을 정초한 존재론의
핵심이론이다. 더 나아가 미학을 구축한 핵심이론이다. 『순수이성비판』
은 형이상학의 토대를 마련하는 정초작업이다. 그러므로 형이상학과
논리학의 상관관계 때문에 칸트 철학체계는 여전히 현대적이다.

신의 존재를 인식론에서 논증할 수 없다고 주장한 칸트 입장은 그를
반형이상학자로 오해받도록 만든 요인이다. 그러나 궁극실체로서의 신
의 관념은 경험론의 주장대로 인간이 경험적 지식을 바탕으로 하여 상상
력이 구성한 추상적 개념이 아니다. 신의 관념은 실천이성의 선의지에
서 비롯된 선천적 개념이다. 그러므로 칸트는 결코 무신론자일 수 없다.

실천이성의 본성인 최고선의 의지를 바탕으로 구성된 도덕형이상학
을 학적 성격을 무시하고, 오로지 선험적 논과에서 신의 존재를 인식할
수 없다고 논증한 선험적 변증론만 주목하면, 칸트의 입장으로부터 무
신론일 수 있다. 그러나 무신론은 칸트가 지향하는 학적 목적이 아니
다. 무신론과 유신론의 갈등을 해소해야 하는 관점에서는 칸트 사상은
여전히 현대적이다.

4. 과학이론의 학적 토대인 형이상학

칸트 철학체계의 현대성

■ 비판철학의 발상이 현대사상의 토대

미술사에서 시대에 따라 새롭게 등장한 각 유파를 보면, 근대에 등장한 칸트의 사고방식을 과거의 유물인양 치부할 수 있다. 바로크, 로코코, 고전파, 신고전파, 낭만파, 인상파, 신인상파, 자연파, 입체파, 야수파. 미래주의, 초현실주의, 추상표현주의, 절대주의, 다다이즘 등은 근대철학자인 칸트 사상을 경직된 사고의 유물로 느끼게끔 만든다. 칸트의 『판단력비판』은 오히려 주관의 자유성과 다양성을 가장 먼저 일깨운 철학자였다. 그리고 미적활동이 인간의 이념적 활동임을 명백히 했다.

각 시대의 변화에 맞추어 등장한 미술경향은 시대상을 반영한 정신형태의 산물이다. 인간이 부조리, 불합리 등의 사회현상에서 느낀 각종 불만, 좌절, 절망, 혁명의 감정 및 문명사회의 발전에서 느낀 벅찬 환희, 희망, 개선의 감성은 모두 이성작업인 이념의 영역에서 발로한다.

미술의 어떤 유파도 세상의 멸망을 바라고 표현하지 않는다. 비판을 거쳐 등장한 역발상의 작품도 예술의 본질에서 조금도 변함이 없다. 여러 경향의 작품은 자유의식의 산물이다. 모든 경향의 활동은 이념적 활동이다. 예술을 표현하는 수단을 가지고 의식의 이념을 표현한 작업이기에 칸트의 비판철학의 체계는 여전히 현대적이다.

■ 반형이상학의 발상도 형이상학의 사고방식

『순수이성비판』의 '선험적 원리론'이 논구한 모든 과제는 형이상학의 주제가 왜 철학의 근본주제이며, 형이상학의 원리가 역설적으로 논리학의 근본원리의 토대인지의 의문점을 해명하기 위한 예비 작업이다. 자연과학의 지식에 함몰하여 철학의 학적 기능을 선별적으로 제한하고, 철학의 과학화를 추구한 입장이 인간의 정체를 제대로 해명할 수 있을 것인지에 대한 의문 때문이다. 논리학의 근본원리인 동일률, 배중률, 모순율, 충족이유율이 왜 존재론의 근본원리인지의 의문점 때문이다. 이 의문은 인간이 유클리드 기하학에서의 부피와 면 그리고 선의 근원이 되는 단순한 점의 타당성을 비롯하여 고대자연철학의 원자개념이 잉태된 질량불변의 법칙의 타당성을 왜 의심하지 않고 화학의 원리로서 받아들였는지의 의문점과 맞닿아있다. 그리고 인간이 자기 자신에 대한 정체를 밝히려는 작업에서 왜 논리학의 원리를 바탕으로 하여 형이상학의 근본문제를 다루려고 하였는지의 의문점과 연결된다. 그 의문점은 왜 인간이 자연의 것을 이용하여 문명사회를 건설하고 문화를 창조해야 하는지. 왜 인간이 도덕적이어야 하는지의 의문점을 포괄하고 있다.

모든 의문점의 근저에는 언제나 철학의 과제를 철학이 아닌 어떤 학문이 대행할 것인지의 문제점이 도사리고 있다. 철학을 부정한 입장은 철학의 사고방식에 의해 철학의 과제를 논구할 수 없기 때문이다. 철학의 정체성을 야기한 입장은 다음의 둘 중의 하나의 입장을 선택해야 한다. 철학의 기존사고방식을 대신할 새로운 사고방식을 내놓는 입장과 철학의 기존과제를 포기하는 입장이다. 이 선택에서 기호논리학을 제시하고, 말할 수 없는 것은 침묵해야 한다는 중도적 입장은 오로지 책임회피일 뿐이다. 철학의 기존과제는 침묵으로 해결될 수 없으면, 기호논리학이 새로운 해결방식이 될 수 없는 취약점 때문이다.

칸트는 서구사상의 전통에 따라 제일철학인 형이상학의 구체적 주제를 신, 자유, 불멸성이라고 명확히 규정하였다. 반형이상학적 주장의 영향을 받은 다수의 현대인들은 이 점을 주목하고서 칸트 철학체계를 고루하고 반현대적이라는 부정적 선입견을 가지고 거부감을 표현했다. 그러나 칸트가 진술한 진의를 제대로 파악하고 올바르게 이해했다면, 그들은 칸트 철학이 현대적임을 직시할 수 있었을 것이다. 현대철학은 칸트의 인식론에 대해 긍정적이든 또는 부정적이든 명확한 결론을 내려야 한다.

현대철학의 경향이 불가지론을 근거로 한 회의론의 입장이라면 다음의 진술에 대한 입장을 분명히 해야 한다.

…가능한 모든 경험의 범위를 떠나서 경험에 주어질 수 있는 하등의 대응하는 대상도 없는 개념을 통해서 우리의 판단의 범위를 경험의 모든 한계 이상으로 확장하는 것같이 보이는 어떤 인식이 있다는 사실이다.[1]

---

1. B7.

경험의 현실에서 경험과 대응하는 실제대상이 아예 없는 개념은 실제 경험과 전혀 무관하다. 위와 같은 표현은 학문적 의미를 지닐 수 없다. 인간의 상상이 불가능한 경우에는 인간은 개념조차 가질 수 없는 조건 때문이다. 인간이 설사 공허한 개념을 만들 수 있더라도, 그것은 소리에 지니지 않는다. 그 말은 알 수 없고, 경험할 수 없고, 말할 수 없고, 전달할 수 없고, 이해할 수 없는 소리일 뿐이다. 그 말은 둥근 사각형처럼 모순개념이외의 다른 개념일 수 없는 논리성 때문이다.

또 다른 경우로서 어떤 대상이 현상에 실제로 작용하지만, 인간의 지각능력이 그 작용을 전혀 알 수 없다는 신비주의의 관점을 내세우면, 그 경우는 자가당착에 빠지게 된다. 그것은 다음의 두 가지 경우가 충돌하는 사태 때문이다. 첫째는 개념에 대응하는 존재를 무엇이라고 묘사할 수 없더라도, 그가 일으키는 신비한 경험적 사건은 실재한다면, 인간이 신비한 존재가 실재하는 사실만은 명백히 증명할 수 있다. 그러면 그 개념은 실재와 무관할 수 없다. 둘째는 그 개념이 현상영역에 아예 작용하지 않는다면, 어떤 경우에서도 그것을 묘사할 수 없다. 그러면 인간이 그 대상에 대해 어떤 개념도 만들 수 없다.

인간이 추구하는 진리, 곧 존재정체에 해당하는 존재원리가 형이상학의 토대이며, 그것을 논구하는 작업이 형이상학을 해명하는 작업이다. 따라서 칸트가 말하는 이성개념은 모든 대상을 아우르는 통합원리로서 형이상학적 개념이다. 칸트는 그것을 아래의 말로써 설명했다.

경험의 지도나 수정이 전연 있을 수 없는 감성계를 벗어난 바로 이 종류의 인식에 오성이 현상계에서 습득할 수 있는 모든 것보다도 그 중요성에 있어서 훨씬 더 뛰어나고, 그 궁극적 의도가 훨씬 더 귀중하다고 생각되는 우리 이성의 추구가 있다. 이 추구에서 가령 오류를 범할 위험성이 있을 지라도, 우리는 그 어떤 의구나 또는 경멸에 무관심에 의해서 그렇게 중요한 추구를 단념하느니 보다 차라리 모든 것을 바쳐서라도 감행하려고 하는 것이다.[2]

순수이성에 의해 논구되는 과제들이 과학의 지식과 무관하게 독립적으로 존재할 수 있는지의 의문점은 논구해야 한다. 모든 과학적 지식이 형이상학적 지식과 무관하게 독립될 수 없는 성격 때문이다. 과학적 지식을 수립하는 오성과 형이상학의 지식을 수립하는 이성은 하나의 지성에서 서로 구분될 뿐이고, 서로 분리되어 지성이 아닌 다른 의식기능이 될 수 없는 제약 때문이다. 오성과 이성이 하나의 지성에서 지성의 역할을 양분하는 양면적 성질인 구조 때문이다.

수미일관된 진리체계를 구축하려는 하나의 지성에서 오성과 이성은 결코 분리할 수 없다. 그들을 서로 합쳐 하나로 통합한 구조에서 각자의 역할을 논구해야 한다. 그런데 그 논구는 이미 고대에 플라톤의 철학체계가 진행하여 줄곧 전승하였다. 그럼에도 불구하고 근대철학이 중세신학에 가로막혀 고대철학과의 연결고리가 거의 단절된 상황에서 독자적으로 새롭게 거듭났기 때문에, 역사는 근대철학의 탄생을 새로운 학풍의 태동으로 평가한다.

중세 신학에는 자연과학의 지식에 의해 위협받는 형이상학의 위상을 방어할 여지가 전혀 없다. 근대철학의 비판적 사고방식은 형이상학의 근본과제를 재검토하면서 독자시대의 지평을 열었다. 중세에 의해 단절된 고대와 근대의 시대적 간격은 근대철학자에게 고대철학을 충분히

---

2. ibid.

전문적으로 검토할 기회를 제공하지 못했다. 그러므로 근대철학의 당면과제를 수행해야 할 칸트는 과거의 형이상학이 학적 방법을 결여된 독단적 지식이라고 평가했다.

> 순수이성 그 자체의 이와 같은 불가피한 과제가 신, 자유 및 불멸설이다. 그런데 그 궁극적인 의도와 모든 마음가짐이 본래 오직 이 과제의 해결로만 향하고 있는 학이 형이상학인 바, 이 형이상학의 방법은 최초의 독단적이었다.[3]

칸트는 자신이 과거의 형이상학을 독단적으로 간주한 이유를 "다시 말해 이성이 그렇게도 큰일을 완수할 능력을 가지고 있는지 혹은 없는지를 미리 검토함이 없이 자신 있게 실천에 착수하였던 것이다."[4]라고 설명했다. 그러면 현대인들은 현대시점에 현대철학이 이 주제들을 기본주제로 다루어야 하는지의 의문점을 제기해놓고 당혹해할 수 있다.

근대의 칸트 사고발상은 마치 이 의문을 염두에 둔 듯이, 전래의 형이상학의 주제를 비판하고 철학의 실천과제로 신과 영혼불멸설을 제외한 자유만을 확정했다. 칸트는 사변이성의 선험적 자유 개념을 실천이성의 실천적 자유 개념으로 다루기 위해, 그리고 자연과 인간과 신의 존재가 하나로 통합된 이념의 기반을 확립하기 위해, 먼저 자연과학의 지식을 탐구하는 지성의 본질부터 규명하려고 했다. 자연에서 태어나서 생활하고 죽는 인간의 삶의 터전인 자연에 관한 자연과학의 지식이 자연현상의 근본원리인 이성의 이념과 불일치한다면, 인간이 진리

---

3. ibid.

4. ibid.

를 향한 발걸음을 더 이상 한 발짝도 내디딜 수 없는 선결조건 때문이었다. 칸트는 인간의 지적 기능이 자신의 경험을 벗어난 존재정체를 곧바로 인식할 수 없는 취약점을 극복하기 위해, 지성이 오성과 이성이 구분되어 있고, 이성의 기능도 사변이성과 실천이성으로 구분되어있다고 파악했다. 그리고 칸트는 인식할 수 없지만 사유할 수 있는 대상을 학문에서 배제하지 않았다. 칸트 철학의 전략은 사유와 인식을 분리하여 각자 독립시키는 목적이 아니라, 사유와 인식을 접목하여 철학의 근본 틀을 완성하려는 목적이었다.

칸트의 방법론은 형이상학이 직면한 정체성위기의 해명과 직결된다. 칸트의 철학체계는 자연에 존재하는 대상과 인간이 사용하는 언어가 서로 1:1로 상응하는 상관관계의 근본성격의 해명과 직결된다. 칸트는 '일반논리학을 분석론과 변증론으로 구분함'의 장에서 이에 관한 자신의 입장을 서술했다.

진리란 무엇인가? 이것은 논리학자들을 궁지에 몰아넣고 비참한 순환논법에 봉착하거나 또는 그들의 무지, 따라서 재간이 전적으로 허무함을 고백하게 하지 않을 수 없었던 고래의 유명한 문제이다. 진리란 인식과 그 대상과의 일치라는 명목적 설명은 여기서 허용되고 전제되어 있다. 그러나 모든 인식의 진리성의 일반적이고 확실한 기준이 무엇인가를 알기를 우리는 바란다.[5]

칸트는 연이어 비합리적 인물들이 범한 잘못된 논리전개를 혹독하게 비꼬았다. 칸트는 내용은 철학의 탐구가 잘못한 방향으로 나아갈 때,

---

5. B82.

이것을 시정할 철학자조차 덩달아 참여하여 모두가 잘못된 방향으로 나아갔다고 비판한 것이다.

우리가 마땅히 합리적으로 물어야 할 것이 무엇인가를 안다면, 그것은 벌써 그 만큼 영리하고 총명하다는 중대하고 또 필요한 증명이 되는 것이다. 왜냐하면 만일 문제 그 자체가 불합리하고 불필요한 대답을 요구하게 되면, 문제를 제기한 자의 창피는 말할 것도 없고, 그 밖에 또 흔히 경솔하게 듣는 자로 하여금 엉뚱한 대답을 하도록 유인하며, (옛사람이 말한 것처럼) 한사람이 수컷인 염소의 젖을 짜면 다른 사람이 체를 들이대는 가소로운 진풍경이 벌어지는 폐해를 가져오기 때문이다.[6]

진리는 인식주체와 인식대상의 일치이므로, 이성의 진리와 오성의 진리는 탐구대상의 본질 때문에 구별된다. 왜냐하면 개별대상을 가리키는 오성의 지식과 모든 대상을 아우르는 이성의 지식이 동일한 탐구방식으로 논구할 수 없는 조건 때문이다. 보편적 추상개념은 구체적 개별대상만을 제한해서 가리킬 수 없고, 보편성의 의미는 개별적이고 구체적 대상의 내용을 가리키는 것이 아니라 전체적이고 추상적 형식을 가리키는 특성 때문이다.

그러면 논구는 원점으로 되돌아가 또 다른 의문을 야기한다. 생성·소멸의 변화과정에서 질료에 목적 관념이 작용하는지의 인과성 여부이다.

…진리의 일반적인 기준은 그 대상의 구별에 관계없이 모든 인식에 타

---

6. B83.

당한 것일 것이다. 그러나 이러한 기초에서는 인식의 모든 내용이 사상되는바, 진리는 이 내용에 관계가 있는 것이기 때문에, 인식의 이 내용의 진위여하를 판가름할 징표를 묻는다는 것이 불가능하고 또 불합리하다는 것, 따라서 충분하고 동시에 일반적인 징표를 지적하기가 불가능하다는 것이 명백하다.

우리는 이미 위에서 인식의 내용을 인식의 질료라고 부른 바 있다. 그러므로 인식의 진리의 징표는 질료에서 구할 수 없다. 왜냐하면 그것은 자기모순이다.[7]

모든 개별자를 포괄하는 궁극원리를 추구하는 형이상학자는 반형이상학적인 학자들이 개진한 반격을 줄곧 해명했다. 자신의 주제와 내용이 근본학의 성격을 지닌 것이라는 해명이다. 형이상학의 이론으로부터 논리학, 수학, 자연과학의 사고방식이 가능하다는 사실을 논증했다. 형이상학의 이론체계가 그와 같은 학문의 근본토대임을 명확히 증명했다. 이와 같은 과정에서 전통적 합리론은 포괄적 존재개념으로부터 실체와 속성 및 양상의 개념을 확립하고서 반형이상학의 의문을 해소하려고 했다. 그럼에도 불구하고 독단적 주장으로 평가되는 라이프니치에 이르러서는 전통적 합리론은 더 이상 앞으로 나아가지 못하고 주저앉아 버렸다. 라이프니치가 해명한 단자론을 계승하려는 후진이 더 이상 등장하지 않음으로서 그 맥이 잘린 것이다. 그래서 근대합리론의 이론체계는 합리론의 철학자들이 개진한 이론에서 한 치도 더 나아가지 못하고 기존의 수준에 머무르게 되었다.

효용성의 측면에서 형이상학의 학적 성격은 현대에서 무용지물의 취

---

7. ibid.

급을 받고 있다. 그러면 현대인은 극단적으로 형이상학의 논구를 철학의 탐구영역에서 폐쇄하였을 경우, 문명사회의 도덕적 질서가 어떻게 유지될 것인가의 의문을 논구하고서 해명해야 한다. 극단적으로 신의 용어를 폐기하고 종교를 사회에서 배척하는 경우이다. 그런데 그런 경우가 실제로 공산주의 국가에서 시행되었다. 유물론의 입장에서 전통적 종교를 사회에서 말살한 경우이다.

그렇지만 형이상학의 개념이 인간의 머리에서 사라진다고 하여, 인류가 멸망하는 그런 극단적 경우를 설정할 수 없다. 그러나 인간의 문명사회가 올바르게 유지될 여지가 불투명하게 될 위험에 대한 우려는 충분히 현실화될 수 있다.

현대과학의 토대는 형이상학의 틀

■ 자연과학의 발상과 형이상학

철학의 탐구영역에서 전통적 형이상학의 대상을 배제하려는 입장은 경험론이 철학의 탐구영역을 현상에 국한하면서 확산되었다. 그런 경향은 즉각적으로 합리론의 반격에 부딪칠 수밖에 없었다. 오히려 경험론의 입장이 인식의 본질에 관한 문제를 야기하였다. 그 점은 형이상학의 논구과제가 마치 지구를 벗어나 펼쳐져 있는 행성들의 광대한 우주가 지구에서 세상을 바라보는 좁은 경험적 시선으로 도저히 다가설 수 없는 차원의 세계와 비교될 수 있다. 경험론의 사상가들이 회의론의 관점에서 우주설명을 얼버무린다면, 경험론의 학적 근거부터 논란거리가 된다. 경험론의 입장이 합리론을 비판하고 자신의 주장을 정당화하려고 하면, 자신들의 주장을 확고히 받쳐줄 학적 근거를 명확히 해야 한다. 그런데 관찰에 의해 귀납적으로 확립한 경험론의 개연적 지식은 관찰대상의 원인을 명확히 해명하지 못한 체 지나치면, 언제든지 미처 예측하지 못한 원인에 의해 붕괴될 수밖에 없다. 개연적 지식의 성격은 'if ~ then'의 조건적이므로, 개연적 지식의 성립자체가 명확한 조건이 아닌 불투명한 조건에서 이루어진다. 따라서 개연적 지식은 명확한 판단근거를 먼저 확립하지 못한 상태에서 지식을 주장하는 선결오류의 잘못을 범한 꼴이 된다.

지식의 개연성만을 주장하는 그들은 지구를 벗어나 경험하지 못한 우주를 향해 한 치도 나아갈 수 없다. 지구에서 우주로 결코 나아가 본 적이 없는 입장에서 미지의 우주로 날아가는 방법을 구상하는 것이 반 경험적이기 때문이다. 이에 인간은 합리론의 입장에서 존재의 정체를 밝히려고 시도한다.

실체, 속성, 양상의 개념을 확정하여 진리의 탑을 쌓으려는 합리론자의 연역적 사고방식은 두 가지 점을 간과하여 실패했다. 첫째는 다양한 외부대상의 본질을 무시한 사고방식이다. 둘째는 데카르트가 주장한 본유관념의 정체를 해명하기 위해 정초한 순수의식의 존재가 자신의 인식구조를 명확히 밝히지 못한 약점이다.

현대철학에서 현상학은 무전제성, 판단중지, 환원의 용어를 사용하면서, 칸트의 뒤이어 순수의식의 인식구조를 명확히 밝히려고 시도했다. 무전제성의 기조위에서 철학논구를 시작하겠다는 발상은 데카르트가 방법적 회의의 기조위에서 철학논구를 시작하겠다는 발상과 일맥상통한다.

칸트의 선험적 관념론은 데카르트가 '나는 생각한다, 고로 존재한다'는 명제를 바탕으로 순수의식의 인식기능과 본유관념을 주장한 입장을 비판했다. 칸트가 데카르트의 방식이 인식구조와 본유관념의 정체를 제대로 밝히지 못했다고 비판했다. 칸트는 순수의식의 구조가 자신의 바깥에 외부대상을 전제로 해야만 드러날 수 있다고 판단했다. 의식이 외부대상의 판단을 중단하여 진술을 중지할 수 있어도, 의심을 통해 배제할 수 없는 조건 때문이다. 그래서 칸트는 인식이 경험으로부터 시작하지만, 경험과 다른 순수의식의 표상이 작용한다는 입장을 주장했다. 순수의식이 외부 대상과 완전히 단절된다면, 대상을 인식할 수 있는 수단인 연장속성의 실체개념이 의식의 내부에 존재할 수 없는 모순점 때문이다.

형이상학이 보편학의 지위에 걸맞게 존재원리를 이념의 지식으로 확보하여 현실의 변화를 지도해야 하는 학문의 역할을 수행해야 한다. 그러므로 학문의 영역에서 보편원리를 구축하는 지적활동과 상황논리에 입각하여 시대변천에 적절한 국가정책을 수립하고, 사회질서를 유지할 법률을 제정하는 지적활동이 구분된다.

각 시대마다 여론을 선도하였던 사상들이 어느덧 다음시대에 이르러 새로운 인물의 사상에 의해 교체되는 경우는 다반사였다. 그 점은 마차가 다니던 도로가 자동차가 다니는 도로로 바뀐다면, 도로를 통제하는 법규가 새롭게 달라지는 경우로 비유된다. 그러므로 18세기의 칸트 사상을 비롯하여 19세기에 널리 유행하였던 헤겔사상이 시간이 지남에 따라 그 영향력이 퇴조하였다고 평가하는 철학사의 진단은 한 편으로는 타당하고 또 한편으로는 적절치 않다. 철학은 보편학이므로 언제든지 시대변화를 진단하고 상황논리에 따라 시대에 적합한 이론을 전개해야 한다. 총론의 보편성과 각론의 현실성의 일체감이 학문본질이므로, 철학자들이 이념을 현실에 맞게 수정하고, 노선을 변경하고, 보충해나가는 과정을 성급하게 영향력의 퇴조로 평가해서는 안 된다. 영향력이 퇴조했다는 판정은 사상체계가 시대가 지남에 따라 새로운 이론으로 교체되었을 적에만 가능하다. 그런데 퇴조는 퇴장이 아니다. 언제나 새로운 이론형성에 초석의 역할을 하는 이론을 퇴조라는 용어로 평가하는 것은 적절치 않다. 현실의 역할 때문에 대중의 관심이 줄어둔 상황과 신·구철학의 역할분담을 혼동하는 것은 적절치 않다. 칸트 철학을 비롯한 헤겔철학은 그 역할을 충분히 담당하고 있다.

칸트 철학사상을 계승하려는 입장은 신칸트학파로 태동한 반면, 그의 사상을 비판하고서 새롭게 거듭난 이론이 독일관념론이다. 신칸트학파들이 칸트의 의도를 정확히 파악하고 사상을 계승하였는지의 논구보다, 칸트 사상을 비판하고 거듭난 독일관념론이 칸트 사상을 올바르게 파악했는지의 논구가 훨씬 더 비중이 크다.

독일관념론의 출발이 피히테에게서 비롯되었고, 비판의 주된 동기가 칸트가 설정한 물 자체의 개념에 있다면, 독일관념론이 그 개념을 제대로 파악하고 올바르게 평가했는지의 과제를 논구해야 한다. 피히테, 셸링, 헤겔 3인이 물 자체를 거부한 이유는 인간의 인식기능이 형이상학이 추구하는 궁극원리의 정체를 해명해야 한다는 입장을 가졌기 때문이다. 하지만 3인이 간과한 점은 형이상학의 주제가 인간본성이 결코 거부할 수 없는 선천적 과제이긴 하지만, 선천적 인식기능이 그 작업을 순조롭게 수행할 수 있는지가 미지수인 상황이다.

자연과학의 대상처럼 인식되지 않지만, 인간본성에 의해 자연스럽게 사유되는 형이상학의 대상을 인간의 삶 속에서 제대로 작용할 수 있도록 만드는 역할이 진정한 철학의 본분인 특성이다. 사유되는 형이상학의 표상을 학문에서 배척하는 지적작업이 형이상학의 근본과제가 아닌 사실이다. 마찬가지로 형이상학의 표상을 신비적 영역으로 이끌고 가서 비학문적으로 다루도록 만드는 지적작업이 형이상학의 근본과제가 아닌 사실이다. 형이상학의 표상을 절대적이란 미명하에서 독단적으로 만드는 지적작업이 형이상학의 근본과제가 아닌 사실이다

형이상학의 주제는 자연과학의 지식과 수미일관된 논리체계를 확립하고서 해명해야 한다. 철학의 근본작업은 형이상학의 대상과 자연과학의 대상이 일관된 논리체계 속에서 조화를 이루고 양립할 수 있는 방법을 찾는 과제이다. 그 작업은 형이상학의 근저에 놓인 자연과학의 지식이 기계적 인과율과 수학과 기하학의 원리에 의해 학문의 위상을 안전하게 구축하고 있기 때문에 가능하다.

철학의 사유방식은 자연과학적 사고방식과 형이상학적 사고방식이 서로 논리적으로 상충하지 않는 근거를 논증해야 한다. 인간이 자연 속에서, 자연과 더불어, 자연을 이용하여 생존하는 문명창조자이므로, 자연의 존재방식과 인간의 생존방식이 서로 조화하는 근거를 논증해야 한다. 기계적 인과율이 작용하는 현상계에 목적적 인과율을 적용하더라도, 그 인과율이 서로 상충하지 않아야 한다. 인간이 문명을 창조하는 과정에서 기계적 인과율과 목적적 인과율이 서로 충돌하지 않아야 한다. 목적을 의도하는 사고방식이 작동하는 인간행위와 자연법칙이 작동하는 사물운동이 서로 공존하지 못하는 경우, 문명사회가 자연을 파멸시키거나, 자연이 인간의 문명사회를 파멸시키는 경우가 발생할 수 있다. 형이상학은 두개의 인과율이 상보적으로 조화롭게 공존하고 있음을 수미일관된 이론체계로 구축해야 한다.

인간의 목적의식은 인식기능이 새로운 기술을 개발하여 자연 속에 문명을 건설하는 과정에서 명확히 드러난다. 목적의식이 자연의 본질과 상충하는 것이 아니라 오히려 조화를 이루고 있는 지점에서 의식의 본질이 제대로 작용한다. 인간의 잘못된 목적의식 때문에 문명사회의 파멸뿐만 아니라 자연영역까지도 파멸을 이끄는 경우가 발생한다. 그러

므로 의식에서 작용하는 목적적 인과율과 자연에서 작용하는 기계적 인과율이 서로 상충한다고 주장할 수 있다. 하지만 그런 현상은 인식기능의 오류에 따른 문제일 뿐이지 결코 원리가 상충하는 문제가 아니므로, 목적론의 논점을 오도해서는 안 된다.

■ 목적적 인과율의 발상과 형이상학

자연과학을 이용하여 자연 속에 건설한 문명사회는 자연의 존재법칙과 도덕의 당위법칙으로 유지된다. 인간이 건설한 문명은 인간의 목적의식이 자연의 사물재료를 가공하여 만든 작업의 결실이다. 인간의 목적의식은 지·정·의 곧 진·선·미 3부분으로 이루어져 있다. 그에 맞추어 인식기능도 감성·오성·이성 3부분으로 이루어져 있다. 목적의식을 자연에 적용하는 수단과 방법은 오성기능이 마련한다. 오성이외에 지식을 산출하는 기능이 달리 없는 구조 때문이다. 목적의식이 지향하는 대상은 이념이다. 이념을 수립하는 이성의 기능과 대상을 인식하는 오성의 기능은 서로 다르다. 이성이 오성이 수립한 지식을 통합하여 총체적 존재이념을 수립하는 기능이기 때문이다.

목적론은 존재원리인 이념을 수립되고 작용하는 방법에 대한 해명이다. 목적론은 자연현상뿐만 아니라 문명사회에 작용하는 관념적 목적의식의 해명이다. 총체적 의미에서 바라보면, 자연에 작용하는 기계적 존재방식도 관념적이다. 이성은 존재원리를 구축하여 자연의 관념적 성질을 해명한다. 이성은 자연도 관념적 존재원리에 따라 작동하고, 인간사회의 문명도 관념적 존재원리에 따라 건설된다고 해명한다. 자연에 작용하는 관념적 존재원리와 인간사회에 작용하는 존재원리가 동질적인 사실 때문에, 인간과 자연은 기계론적으로도 수미일관되고, 목적론적으로도 수미일관된다.

자연의 모든 존재가 관념적일 수 있는 이유와 근거는 자연의 구성요소가 불변의 존재원리에 따라 작동해야 하는 특성 때문이다. 자연의 구성요소가 관념적 원리에 부합하는 불변의 개체가 아니면, 자연의 모든 현상을 가능케 하는 사물의 원리와 법칙이 가능할 수 없는 조건 때문이다.

칸트는 이와 같은 관점을 논증하는 과정에서 독특한 방식을 구사했다. 그것은 선험적 변증론의 이율배반이다. 이율배반의 구성은 자연의 기계적 인과율의 소성과 인간의 목적적 인과율의 속성을 양립시킨다. 자연은 인간에 목적적 행위를 하지 않는다. 인간은 자연에 목적적 행위를 한다. 인간과 상관없이 생성소멸의 변화활동을 하는 자연은 직접 목적적 관념에 해당하는 특성을 인간에게 보여주지 않는다. 인간은 그런 조건에서 자연이 인간처럼 관념적일 수 있는 근거를 찾는다. 자연이 관념적 존재가 아니면, 관념적 자연법칙을 갖출 수 없다. 자연법칙이 관념적 존재가 아니면 인간사회의 관념적 법칙과 양립할 수 없다.

칸트는 자연을 직접 관념적이라고 논증하는 대신 간접적으로 논증한다. 먼저 자연에 드러난 현상을 기계적 인과율의 결과로 설명한다. 그 다음으로 자연의 물질로 구성된 육체가 자연을 이용하는 방식도 기계적 인과율에 적용된다고 설명한다. 마지막으로 자연의 물질에 둘러싸인 인간정신이 목적을 추구하는 본성을 자유라고 규정한다.

칸트는 정신활동의 본질이 자유의지에 의한 목적적 행위임을 논증한 후, 비로소 자연의 현상도 목적행위의 산물임을 논증하는 간접방식을 선택했다. 합리론은 자연이 관념적 물질로 이루어진 존재라고 규정하는 주체가 인간의 정신임을 논구의 토대로 삼는다. 유심론은 인간의 정신이 물질의 기계적 성질로부터 생성된 것이 아님을 논구의 토대로 삼는다. 관념론은 인간과 자연의 근원이 관념적 성격을 지닌 존재임을 논구의 토대로 삼는다. 그러나 실체개념으로부터 현상의 해명을 시작하면, 발생론의 문제에 부딪쳐서 영혼, 정신, 의식의 정체성을 해명할 수 없게 된다. 발생론의 장벽을 극복하기 위해, 칸트가 착안한 코페르니쿠스적 전회는 하등 논리적으로 이상할 수 없다.

칸트가 구성한 이율배반의 타당한 근거는 인간이 만든 공학의 기계와 스스로 작동하는 자연의 개체가 같은 성격이 아닌 점에 있다. 그런 차이점이 없으면, 칸트가 이율배반의 형식을 구성할 수 없다. 칸트가 구성한 이율배반은 자연을 인간이 만든 기계적 존재로 단정하지 않았다. 자연현상의 작용방식이 단지 기계적 인과율이라고 규정했다. 자연이 공학의 기계라면 스스로 작용할 수 없다. 그 점이 자연 상태가 목적 관념과 전혀 무관하지 않음을 확인할 수 있는 단초가 된다. 기계가 작동하는 방식은 기계적 인과율에 따르지만, 기계적 인과율을 따르는 기계 자체는 목적을 지닌 관념적 존재이기 때문이다.

자연의 사물이 인간이 만든 기계와 다른 차이점은 자연현상이 스스로 작용하는 움직임을 가지고 있는 특성이다. 그러므로 스스로 작용하는 기계적 움직임도 관념적 목적행위의 일종이라고 규정하는 것은 잘못된 해석일 수 없다. 스스로 움직이는 경우를 기계적으로 움직이는 경우와 목적적으로 움직이는 경우로 구분하는 판단은 하등 잘못된 발상일 수 없다. 목적적으로 움직이는 경우를 바탕으로 하여 정신적 존재가 출현하게 된다는 판단은 잘못된 발상일 수 없다.

스스로 움직이는 사물이 사물법칙에 따라 작용하는 사실은 스스로 움직이지 못하는 기계가 사물법칙에 따라 작용하는 사실과 같을 수 없다. 그 차이점은 다음의 간단한 사실에 의해 명백히 구별된다. 자연과 기계의 움직임이 기계적 인과율 때문에 동질적이더라도, 기계는 자연과 다르게 자발적으로 움직이고 변화하지 않는 사실에서 차별적이다. 기계의 움직임이 관념적 목적의식을 가진 인간에게서 비롯된 것이라면, 자연의 자발적 움직임이 관념적 목적의식을 가진 또 다른 존재자에게서 비롯된 것으로 판단할 수 있다.

기계를 목적의 관념과 분리시킬 수 없는 것처럼 자연도 목적의 관념과 분리시킬 수 없다. 기계가 존재하려면 그 역할에 대한 목적이 존재해야 한다. 기계와 기계의 부속품은 다 함께 관념적 설계도면에 의해 만들어진다. 따라서 기계의 목적적 관념과 기계가 기계적 인과율에 따라 작동하는 것은 구별되어야 한다.

어떤 무엇을 기계적이라고 말할 적에는, 그것의 존재방식이 획일적이고 결정적일 때이다. 그러나 획일적이고 결정적 기계를 조립하는 과정에는 자유의지를 가진 관념적 인간이 있어야 한다. 그러므로 자연과 인간을 곧장 대비시키고, 기계적 인과율과 목적적 인과율의 뿌리가 전혀 다르다고 규정하고, 정신과 물질을 곧바로 이질적 존재로 이원화하고, 두 가지 실체개념을 확고하게 정립하는 판단은 성급할 수 있다. 데카르트의 이원론과 칸트의 이원론의 차이점은 논구방식의 차이점이다.

두 개의 인과율이 인간의식에 의해 편의적으로 구별된 것이라면, 기계적 인과율은 사물에게 주어진 역할을 그런 방식으로 수행할 수 있도록 결정된 목적기능의 일종이라고 규정할 수 있다. 비록 그 역할과 활동이 획일적일지라도, 그 활동이 물리법칙에 의해 규정할 수 있는 사실은 사물이 관념적 존재임을 의미한다. 왜냐하면 사물법칙이 관념적이 아니라면, 모든 존재발생이 우연적이 아닐 수 없는 정황 때문이다. 관념적 법칙이 존재할 수 없으면, 존재원리에서 모순점이 발생한다. 모든 존재를 포괄하는 원리와 법칙이 우연적이게 되고, 인간의 모든 목적적 행위의 원천이 우연적인 것이 되고, 인간의 탄생이 우연적인 것이 되고, 인간이 탐구하는 자연의 실체가 우연적인 것이 되는 논리성 때문이다. 현상의 모든 법칙이 전부 우연적으로 형성되었다는 사실성 때문이다.

그런 관점이 어불성설인 명백한 이유는 엄청난 시간이 소요된 우주의 생성과정에서 시간별로 진행된 각 단계가 모두 우연적 상황에서 발생하였다는 터무니없는 주장이 성립하는 모순점 때문이다. 우연과 우연, 또 우연히 계속되는 생성과정의 순간에 우연히 자연법칙이 형성되었고, 그 우연 속에 결정적이고 획일적인 기계적 인과율이 형성되었고, 의식적 관념의 목적적 인과율이 형성되었다는 주장이 현상계를 설명하는 진리가 되는 모순 때문이다.

그뿐만 아니라 더 근원적 문제가 발생하는데, 사물의 근원인 구성요소가 원리와 법칙에 부합해야 하는 형상을 어떻게 한꺼번에 우연적으로 형성할 수 있는지의 의문점이다. 원자를 구성하는 가장 미시적 불변의 근본요소가 한꺼번에 형성되지 않고, 시간차를 두고 우연한 조건에서 불규칙한 상태로 형성되었다면, 우주는 법칙에 의해 생성된 사물로 이루어질 수 없고, 우주는 불규칙한 혼돈상태이어야 하는 오류 때문이다. 물리법칙에 의해 이루어진 지금의 상황을 형성할 수 없는 오류 때문이다. 지금의 현대인이 천체망원경으로 관측할 수 있는 광대한 우주의 성운을 형성할 수 없는 오류 때문이다.

우주의 출발이 우연적이고 불규칙적으로 보이는 혼란을 벗어나 규칙에 의한 질서를 형성하기 위해서는 구성요소가 동일한 관념적 형상과 성격을 갖추어야 하는 조건을 충족해야 한다. 그 조건이 존재의 제일원리로서 확실해야 한다. 관념적 궁극입자들이 다 함께 공동의 동질성을 공유하고 있지 않고, 우연적이고 불규칙한 개체들이라면, 원리와 법칙에 따른 원자 주기율도표를 결코 구성할 수 없다.

인간이 발생론적 입장에서 생성·소멸의 과정을 설명하려고 하면, 갖가지 물리법칙 때문에 비합리적 난관에 봉착한다. 역발상으로 동일한 방식으로 진행하는 생성·소멸의 진행과정을 거꾸로 현상의 복합체를 단순체로 해체하면서 원인계열을 합리적으로 거슬러 올라가는 방법은 결과적으로 발생론의 방식과 다를 수 없다 그러면 마침내 인간이 우주의 관념적 모습을 확인할 수 있다. 칸트가 말한 코페르니쿠스적 발상대로, 철학은 이성이 형이상학이 추구하는 학적 지식을 체계적으로 구축할 수 있다. 이런 인식전회의 발상을 존재원리의 논구과정에 고스란히 적용하면, 기계론적 인과율과 목적론적 인과율의 원리가 서로 상충하지 않고 현상계에서 공존하고 있음을 확인할 수 있다.

기계적 인과율에 의한 사물 활동과 목적적 인과율에 의한 인간 행위가 이질적인 것이라고 규정하면, 존재론은 존재원리를 합리적으로 설명할 수 없는 모순에 직면한다. 사물의 법칙이 기계적 인과율에 의한 방식이더라도, 사물의 근원이 관념적인 것으로 전제해야만, 비로소 인간과 자연이 공존하는 틀을 설명할 수 있다. 사물을 구성하는 물질이 관념적이어야만, 인간의 관념이 자연의 속성을 이용하여 자신의 관념적 목적을 달성할 수 있는 조건 때문이다. 반대로 물질이 관념적인 존재가 아니라면, 인간의 의식이 물질을 이용하여 관념적 목적을 추구해야 할 방법을 찾을 수 없다. 더 근원적인 단계로 올라가 물질과 정신이 서로 다른 실체로 규정하면, 정신이 성질이 전혀 다른 물질의 내부에 들어가 공존해야 할 이유를 설정할 수 없다. 서로 공통적 요소가 없는데, 정신이 물질에 내재해야 할 이유와 목적을 해명할 수 없는 점 때문이다.

■ 도덕학, 예술학의 발상과 형이상학

실천이성의 정언명법이 선험적 자유와 어떻게 연관되는지의 의문이 논구의 수면위로 급부상하지 않을 수 없다. 인간의 행동방식에는 여러 가지 경우가 있기 마련인데, 인간은 항상 그 중에서 어떤 것을 선택하지 않으면 안 된다. 선택의 경우가 있어야만 인간행동을 목적적이라고 말할 수 있다. 인간이 어떤 조건에 구속되더라도, 인간이 조건과 상관없이 스스로 자기 판단과 의지대로 선택의 결단을 감행할 수 있는 특성 때문이다. 인간이 극단적 경우에 처하면, 삶을 포기하고 죽음을 선택할 수 있는 특성 때문이다.

칸트의 "거짓말을 하지 마라"의 명제는 형식적으로 정언명법이다. 칸트를 거부하는 입장은 정언명제의 경직성을 앞세워 사변이성의 선험적 자유와 실천이성의 실천적 자유의 논증을 비판했다. 하지만 이 명제는 그 자체로 정언명법이라고 말할 수 없는 경우에 해당한다. 왜냐하면 이 명제가 도덕원칙을 규정한 정언명법이 아닌 사실 때문이다. 실천이성과 자유의지가 정립한 도덕원칙은 최고선에 해당하는데, 이 명제는 최고선을 정립한 도덕원칙이 아니기 때문이다. 도덕원칙이외에 다른 것이 최고선 위에 놓일 수 없는 조건 때문이다.

칸트의 『실천이성비판』은 인간의 도덕의식이 최고선의 가치를 추구하는 선천적 기능을 갖추고 있음을 논구하였다. 『실천이성비판』은 구체적 개별규범의 타당성을 논구하는 장소가 아니다. 예컨대 거짓말을 하는 상황은 상대적인 경우에 해당한다. 거짓말이 좋은 것인지 또는 나쁜 것인지는 전체상황을 검토해서 판단해야 할 과제이다. 어떤 경우가 결코 거짓말을 해서는 안 되는 경우이면, 반드시 그렇게 해야 한다. 그리고 그 경우에 거짓말을 하면, 나쁜 경우가 된다. 그와 달리 어떤 경우가 부득이 거짓말을 해야 할 경우이면, 그렇게 해도 무방하다. 그 경우에 거짓말을 하면 좋은 경우가 될 수 있다. 즉 아픈 환자를 두고 곧 나을 수 있다고 거짓말을 하는 경우는 본질적으로 거짓말을 하지 말아야 한다는 정언명법의 의미와 무관하다. 그 경우의 거짓말은 우선적으로 의사가 환자를 위로하는 조건의 정당성을 먼저 판단하는 절차를 거쳐야 하는 당위성 때문이다.

정언명법의 의미를 상황에 따라 상대적으로 달라지는 판단조건을 고려해서 선·악을 결정하는 경우에 곧바로 적용해서는 안 된다. 환자의 상태를 살피는 상황은 거짓말을 따지는 도덕적 상황과 무관한 치료과정인 사실 때문이다. 병자를 위로하는 방법이 치료과정의 행위인 사실 때문이다. 치료과정의 위로가 정언명법의 위반에 해당하지 않는다. 정언명법을 적용하려면, 반드시 도덕적 상황이어야 한다. 예컨대 의사가 환자의 상태를 두고 위로가 필요하지 않다고 판단했음에도 불구하고 거짓말을 했다면, 그것은 정언명법의 위반사례에 해당한다. 진실을 반드시 환자에게 알려야 할 의무를 어긴 경우이다. 그런 경우를 내세워 칸트의 정언명법을 무조건 비판해서는 안 된다.

칸트는 최고선을 추구해야 하는 의무를 인간본성이 타고난 근본과제로 규정하였다. 칸트는 최고선을 규정한 도덕원칙에 조건이 전제될 수 없다고 논구하였다. 칸트는 실천이성의 선의지가 최고선을 추구해야 하는 의무와 목적을 논구하였다. 문명사회의 건설을 위해 자신의 쾌락을 희생하고 지독한 고통을 감내하는 인간성이 선의지를 실현하려는 도덕성에서 비롯된 특성이다. 칸트는 불쾌와 고통을 기피하고 쾌락을 추구하는 것을 행복의 본질이라고 규정하는 쾌락주의의 입장을 비판했다. 실천이성의 선의지가 쾌를 추구하는 가치관에 의해 격하될 수 없는 본질 때문이다.

칸트는 『실천이성비판』에서 '판단력 비판'으로 장소를 옮겨 인간의 심성에 깃든 숭고미를 논구하였다. 최고선을 추구하는 심성에 거룩한 숭고미가 자리 잡고 있어야, 인간은 자신이 형이상학적 존재임을 자각할 수 있기 때문이다.

그럼에도 불구하고 칸트 사상에서 여전히 해소되지 않고 남는 의혹은 3대 비판서의 체계가 왜 모두 선험논리학의 오성개념에 의해 구성되었는가라는 의문이다. 선의 표상과 미의 표상이 순수오성 개념인 범주표상에 의해 왜 통제되는가라는 물음이다. 범주 개념에 의한 통제가 적절한 것인가라는 의문점이기도 하다. 이 의문점은 물 자체 개념을 논구하는 과제와 직결한다. 선과 미의식의 대상이 초월적 물 자체의 영역이더라도, 선과 미의식이 구체적으로 작용하는 행동영역이 오성기능이 작용하는 자연의 현실영역인 사실 때문이다.

의식에 선천적으로 내재한 형이상학의 표상은 인식의 구체적이고 직접적 대상을 제시할 수 없다. 자유의지는 최고선에 해당하는 보편적 도덕규범을 입법할 수 있다. 칸트는 선의지의 자유행위에 대해 두 가지 특성을 논구했다. 하나는 도덕법의 보편성이고, 다른 하나는 선의지의 입법성이다. 보편적 사고방식은 개인이 타인을 포용하고, 더 나아가 자연의 존재를 포용하는 태도와 일맥상통한다. 오성의 인식기능은 존재원리를 수립하고 이념을 구성할 수 없다. 이성은 오성의 한계를 극복하고 이념을 구성할 수 있는 특성에 의해 구별된다. 도덕법규를 수립하는 실천이성의 입법성은 존재원리의 보편성에 부합하는 이성의 활동이다. 도덕규범과 법률을 수립할 수 있는 실천이성의 입법성은 최고선을 추구하는 선의지가 오성의 범주 개념을 활용하여 구성한다.

선의지와 미의식의 표상은 오성의 순수개념인 범주의 자발적 활동의 도움을 받아 자신이 의도하는 목적을 달성한다. 자연에 드러난 사물현상은 선과 미의 표상에 해당하는 형상을 갖추고 있다. 인간의 감성은 자연의 형상을 선과 미의식으로 느낀다. 인간은 그 느낌을 문명사회를 건설하는 과정에 활용한다. 선과 미의식에 의한 창조행위는 오로지 인간의 의식만이 구성할 수 있다. 조화와 균형과 좋음과 아름다움의 표상은 지적 상상력에 의해 탄생한 창조물에 합일되어 있다. 선과 미의식의 표상작용은 오성의 순수개념인 범주개념의 자발적 작용과 더불어 창조활동의 본질을 이룬다.

인간이 건설하는 문명사회의 특성은 선과 미의식의 본질을 통해 드러난다. 선의지의 보편성과 미의식 조화가 이룬 인간사회의 다양성은 목적적 인과율이 작동한 표본적 사례이다. 인간이 만든 노래, 그림, 장신구들이 보여주는 다채로운 다양성은 인간의 주체적 목적의식이 작용한 증거이다. 창조적 결실이 획일적이면, 인간의 창조활동이 자유의지의 목적적 행위라고 규정할 수 없다.

감각은 대상에 의해 의식에 내재한 감성적 표상을 촉발시킨다. 감각의 촉발은 한편으로 의식의 자발적 지향성에 의해 발생할 수 있다(기억에 의해 재생되는 표상도 포함된다). 다른 한편으로 대상의 작용에 의해 수동적으로 발생할 수 있다. 칸트는 어떤 경우이든지 간에, 감각표상은 외부대상 없이 발생하는 것은 불가능하다고 규정했다. 자발적이건 수동적이건 간에 상관없이, 대상이 감각에 접촉할 적에만 발생한다고 규정했다. 감각에 의해 촉발되는 표상은 두 가지로 구분된다. 하나는 뜨겁다 혹은 차다 그리고 딱딱하다 혹은 부드럽다는 인식이다. 다른 하나는 뜨거움이 좋거나, 뜨거움이 싫다는 쾌·불쾌의 느낌이다. 그 느낌은 인식으로 나타난다.

사유기능이 사물을 창조하려면 당연히 감각의 두 가지 표상이 함께 어울려야만 가능하다. 욕구기능은 그런 표상들과 어울려 작용한다. 배가 고프기 때문에 음식을 먹으려는 경우와 먹음직스러워 보이는 모습 및 향기로운 좋은 냄새 때문에 음식을 먹으려는 경우이다.

반성적 판단력의 작용이 어떻게 진행되는 것인가라는 물음은 창조의 본질과 직결된다. 기술적 방법론은 오성이 해결할 수 있는 영역이지만,

목적적 창조론은 이성이 해결할 수 있는 영역이다. 일차적 단계는 인간이 자연을 바라보고 아름다움을 느낀 후, 자신의 느낌대로 그것을 모방하여 작품으로 표현한 상황이다. 그러나 창조과정은 그 단계에 머물지 않고, 의식의 상상력이 스스로 새로운 형상의 작품을 구상할 수 있는 이차적 단계에 이르러서야 비로소 인간은 형이상학의 선천적 표상의 본질을 주목한다. 인식기능이 감성에서 발생한 쾌락과 고통의 느낌을 종합하여 하나의 작품을 구상하지만, 그것에 느낌을 종합시킬 수 있는 목적의식이 작용해야 한다. 반성적 판단력은 형이상학의 표상을 작용하는 능력이며, 목적의식의 발로이다. 인간은 무엇을 어떻게 표현해야 할 것인가의 난점에 봉착하면, 그 점을 자각할 수 있다.

육체적 쾌락을 추구하는 저급한 수준의 목적의식은 형이상학적 표상에 의한 창조행위의 본질을 비난하고 부정할 수 있다. 문명사회를 이끄는 진정한 목적의식은 오로지 형이상학적 의미를 지닌 영혼불멸, 신, 자유의 표상과 연관된 표상들이다. 인간의 정체는 이 점을 논구해야 명확히 드러날 수 있다.

현대사회에서 칸트 철학의 현대성

20세기가 저물어가는 1990년 10월 3일에 자유와 평등 개념이 서로 어그러진 이념의 갈등 때문에 분단된 동독과 서독이 하나의 독일로 다시 통일하였다. 전 세계의 인류는 정치·경제적 이념의 갈등을 해소하여, 더 이상 이념의 분열과 대립으로 인한 비극을 수습할 가능성에 희망찬 기대를 가졌다. 더구나 동구라파 공산진영의 몰락이 그렇게 빨리

다가오리라고 어느 누구도 짐작하지 못했기 때문에 기대감은 배가 되었다. 그런데 현대사회는 이념의 종언을 마주한 것이 아니라, 세계 곳곳에서 발생하는 새로운 양태의 문명의 충돌을 마주하게 되었다. 현대철학은 현대사회가 처한 갈등, 대립, 반목을 해소할 방법으로 의사소통이론을 개진했다. 의사소통이론은 대화하는 당사자들이 대화의 본질을 파악하지 않고서는 그 의도를 성취할 수 없다. 대화의 본질은 의식의 정체, 이념의 정체가 드려나야만 이해할 수 있다.

21세기에 탄생한 인류가 자신이 살아가는 삶의 모습을 21세기 문명의 틀에 의한 삶의 모습이라고 규정하면, 그 규정은 현대문명의 정체가 무엇인가라는 의문을 해명해야 한다. 이 의문은 비단 이 시기의 현대인에게만 해당하는 것이 아니라, 각 시대마다 인간이 끊임없이 봉착한 의문이었다. 이 물음은 인간이 추구하는 바의 삶의 목적, 인간 자신의 정체성, 존재의 정체성에 관한 문제로 나아가지 않을 수 없다.

현대문명은 근대 산업사회의 연장선상에 놓여 있으므로, 그 뿌리는 자연과학의 혁명적 발상에 있다. 비서구인들은 서구인의 혁명적 발상에 기인한 학문의 본질을 파악하고 서구인의 생존방식에 동화했다. 그리고 자신들의 미래에 전개될 사태를 통일적이고 종합적인 관점에서 옳고 그름의 시비를 판정할 철학적 사고방식을 수용했다. 하지만 그런 총체적인 사고방식은 말처럼 쉬운 것이 아니다. 판단기준의 객관성을 확립하지 못하면, 어떤 평가도 자의적이고 상대적이 된다.

세계 곳곳의 현대인이 공유할 객관적 사유방식은 칸트의 형식철학이 적격이다. 하지만 왜 오늘날에도 여전히 칸트여야 하는가의 물음은 칸트의 철학체계를 수용하지 않은 입장에게는 대단히 심한 거부감을 야기할 수 있다. 이 말이 마치 칸트의 철학체계가 근본적이어서 모든 철학이 칸트의 철학체계로부터 벗어날 수가 없는 것처럼 느끼게 할 수 있는 뉘앙스 때문이다. 칸트 철학체계로부터 비롯된 것이 아닌 데도, 자신들의 독특한 사상이 칸트 사상과 전혀 다른 새로운 방식이 아니라는 것을 의미할 수 있는 암시 때문이다. 그런데 이 말은 그런 느낌과 전혀 무관하다. 칸트 철학체계는 인식론이 기반이다. 형이상학의 이념도 인식론의 기반에서 지식의 객관성을 확립한다. 현대철학의 새로운 학풍도 인식론의 기반위에서 평가되어야 한다. 위의 물음은 현대사상이 칸트인식론의 체계를 거부하고 있는지를 묻는 질문이다.

칸트 사상의 학적 의의를 논구하려면 근대철학의 바탕인 인식론의 성격을 미리 정리해야 한다.

첫째, 인간의 삶은 지각을 바탕으로 하여 진행한다. 그러므로 느낌도 지각의 일종으로서 판단형식을 벗어날 수 없다. 만약 느낌이 지각이 아니라면, 인간은 자신을 벗어나 자신을 마주하고 있는 대상에 대해 선택적 목적행위를 할 수 없다. 모든 정신적 행위는 본질적으로 지각작용과 분리된 판단활동을 진행할 수 없다.

둘째, 정신(마음, 사유)의 영역에서 진행하는 지각의 판단작용에는 사태의 인과관계를 형성하는 근본원리가 근저에 놓여 있다. 총체적 지적체계를 조직하는 학문적 인식활동은 뒤에 나타난다. 인식기능이 정신능력에 포함되어 있는 점 때문에 심리기능의 일부로 간주하는 입장은 여타의 심리현상과 동일하게 취급한다. 그 입장이 인식론을 심리학에 예속시켜 분과학문으로 이해하려는 사고방식이다.

셋째, 사유영역과 심리영역에서 인식론이 모든 과학의 기초학문이 되는 이유는 인식구조와 기능의 보편성 때문이다. 인간은 자신의 얼굴을 볼 수 없는 눈의 조건에서 거울을 만들어 자신의 얼굴을 확인하듯이, 외부대상뿐만 아니라 정신영역의 내적구조를 총망라한 존재 자체를 지적대상으로 삼는다. 인식기능은 심리학의 대상인 심리적 성격을 벗어난 최상의 지적기능을 지닌 보편적 사고기능이다. 따라서 인식기능을 따지는 인식론만이 제일철학인 형이상학(존재론) 및 사유법칙을 정립한 논리학의 본질을 논구할 수 있는 유일한 학문이다.

넷째, 인식론만이 인간의 인식기능이 존재를 학문대상을 삼아 다룰 수 있는지를 논구하는 장소이다. 심리학이 인식론을 자신의 분과학문임을 논증하려면, 심리학이 인식의 보편성을 다루어야 할 근거 및 다룰 방법을 밝혀야 한다. 심리학은 인간자신이 인간자신을 벗어나 존재 자체를 다루는 사유기능을 심리기능의 한 종류로 간주하고 인식론을 심리학의 일부라고 주장할 수 있다. 하지만 인식의 보편적 기능을 탐구하는 인식론은 심리적 요인을 전혀 고려하지 않기 때문에 심리학의 방식으로 다룰 수 없다. 그럼에도 불구하고 심리학이 인간자신에게 부여된 인식과제와 목적을 달성하기 위해 필요한 사유구조의 요건으로서 인식기능의 밑바탕에 놓인 지적욕망을 자신들의 학적 대상인 심리적 요소로 내세워 인식론의 성격을 격하면, 역설적으로 심리학이 스스로 자신을 인식론의 대상임을 입증하는 격이다.

예컨대 법 감정에서 확인할 수 있다. 앞의 평등의 의미는 어느 누구도 강제적 법률의 적용에서 차별받지 않음을 의미한다. 그러면 법을 집행하는 국가는 반드시 공정성을 확립해야 한다. 공정성을 확립하기 위해서는 법을 관장하는 인간은 다른 무엇보다도 도덕적 선의지가 확고해야 한다. 도덕적 선의지는 실천적 이성의 자유의지와 수미일관해야 한다. 공정성을 왜곡할 발상을 하지 않겠다는 선의지는 공정성을 저해할 발상을 하지 않겠다는 선택의 자유의지가 확고해야 하는 전제조건 때문이다.

자유의지는 자신을 위해 진정한 진리를 추구하는 욕망을 충동한다. 자신으로 하여금 존재론 곧 형이상학적 원리를 구명하도록 충동한다.

따라서 이 충동은 근본적으로 도대체 인간이 무엇인가? 더 나아가 존재는 무엇인가의 철학적 주제를 추구하는 발상이어서, 심리학은 그런 충동심리를 탐구대상으로 삼는 인식기능을 결코 다룰 수 없다. 다시 말해 심리학이 이 문제를 다루려고 하면, 오로지 그 방법은 심리학이 기존의 심리학의 영역을 벗어나 철학의 영역으로 나가야 한다.

현대철학의 새로운 경향은 자연과학의 기술력을 사회변혁의 도구로 삼았다. 현대철학은 변혁의 전면에 새로운 질서창조의 도덕적 가치관을 전면에 내세우고 현대예술의 전위적 실험을 수용했다. 현대철학은 기성의 사회체제에 대해 혹독한 비판을 가했다. 그러나 현대사회에 적합한 새로운 사회체제의 질서가 무엇인지는 불분명했다. 근대사회의 연장선상에 놓인 자본주의와 사회주의의 갈등을 극복할 방법을 그들은 제시하지 못했다. 그러므로 현대사상의 뿌리인 근대사상에서 현대성을 논구하지 않을 수 없다. 현대사상이 근대사상의 연장선상에 놓여있는 실정 때문이다.

사회구조를 유기적으로 바람직하게 구성하려는 철학이론은 현대사회에 이르러 그 분열양상을 적나라하게 보여준다. 시장경제체제의 자본주의의 문제점을 극복하고자 등장한 마르크스 공산주의 이론, 전통적 자본주의의 이론에 국가개입의 여지를 제공한 케인즈 학파의 거시 자본주의 이론, 각종 복지정책을 앞세운 사회주의이론, 그런 노선을 비판하고서 자본주의체제의 본래의 노선에 충실하고자 한 신자유주의이론, 그것이 주장하는 면전에 현대사회는 자신이 직면한 정치·경제의 문제점을 그대로 노출한다.

정치·경제의 사회질서를 이끌고 가는 사회지도층은 자신들의 의식이 어떤 오류를 범하고 있는지를 통찰해야 한다. 그 점은 자본주의의 바탕인 개인주의가 초래한 사회문제를 해결하기 위해 사회주의자가 사회전면에 내세운 평등이론이 정당한 논리를 갖춘 사고방식인지의 물음이다. 자유행위를 제한하는 방식이 자율성을 바탕으로 한 도덕적이어야 하는가, 아니면 강제성을 바탕으로 한 제도적이어야 하는지의 물음은 극단적 사회주의 이론 때문에 선택의 문제가 되었다.

역사적으로 정치지도자들은 솔선수범하여 도덕적 행동강령을 만들어 대중들의 자발적 복종을 유도하였다. 동시에 대중들이 이를 위반할 적에 강제적 법률로서 형벌로 사회질서를 유지하려고 하였다. 정치지도자들이 이와 같은 통치방법을 이미 오래전에 확립하였기 때문에, 이론상으로는 더 이상 재론할 여지가 없다. 도덕적 사회질서를 실현하려면 자유의사에 근거한 자율성을 근본바탕으로 삼아야 한다. 실현 불가능한 평등이론을 사회의 전면에 내세우고 강제적 법률로 개인의 자유를 억압하려는 발상은 잘못된 것이다. 예컨대 지구의 모든 지면이 평평하면, 지상은 전부 물바다가 된다. 그러면 인류는 지상에서 살아가는 자신과 지상의 모든 동물들이 어떻게 생존할 수 있는지의 의문에 봉착하게 되는 점이다.

법 앞의 평등이념은 인격을 동등하게 대우해야함을 근본취지로 삼는다. 개인의 능력 차이에서 오는 차별성을 긍정하고 개성을 존중한다. 사회주의가 이 점을 왜곡하면, 다양성을 파괴한 잘못된 해석이 된다. 오용의 입장이 개인의 능력 차이를 존중하지 않으면, 그것이 역차별의 불평등을 초래한다. 개인 간의 능력차이점을 인정하는 평가방법은 개인의 성질을 존중하고, 개인의 인격을 존중하는 적절한 발상이다. 개인의 인권을 보장하는 방식은 개인의 자질에 걸 맞는 생존방식을 보장해주는 발상이다. 가령 축구를 잘하는 사람에게 축구를 하게하는 것과 축구를 잘하는 사람에게 농구를 하게하는 것 중, 후자가 인권을 존중하는 방식이 아닌 상황 때문이다.

개성을 존중하고 보호하는 인권문제는 도덕의 문제이다. 법 앞의 평등은 그런 도덕적 가치관을 이탈하는 경우를 법으로 제약하겠다는 이념의 발상이다. 개인 간의 능력 차이를 무시하고 편파적으로 대우하는 방식은 정치·경제의 영역에서 추방되어야 한다. 부당하게 인격을 모독하는 폭행, 욕설, 부당한 노동, 부당한 노임 등은 인간의 존엄을 존중해야 하는 도덕적인 문제이므로, 그런 부당한 행위로 인한 피해와 보상은 형법으로 다스려 해결해야 한다. 그런 문제점들을 해결하기 위해 공산주의의 사회제도를 만들어 해결하려고 사고방식은 본말과 주객이 전도된 잘못된 처방이다. 왜냐하면 그런 사회는 스스로 자가당착의 모순을 일으키는 정황 때문이다.

첫째, 사회지도층이 솔선수범하면, 그 행동양식과 범례는 대중들의 행동양식의 지도노선이 된다. 지도자와 대중이 진정한 의미의 평등이념을 다함께 공유하면, 대중들의 행동양식을 강제적으로 억압할 법규를 굳이 제정할 이유가 없다.

둘째, 도덕적으로 정화되지 않은 사회지도층의 행동양식이 솔선수범의 근본을 보여줄 수 없을 적에는, 대중들이 그들의 지도를 받을 이유가 없다. 오히려 전체주의체제의 대중들은 그들의 이중적 처신에 의해 역으로 착취만 당할 뿐이다. 전체주의식 평등의식에 입각한 강제적 제도는 지속할 수 없다.

셋째, 완전한 실현이 전혀 불가능한 제도를 실현시키겠다는 이상을 위해 대중들의 희생을 강요하는 제도는 누구를 위한 제도인가를 반문케 만든다. 사회주의노선을 채택하지 않은 인간을 사회주의노선에 복속시키는 과정에서 개인의 행복추구를 포기하게 만드는 이론은 어불성설의 논리가 아닐 수 없다. 대중이 사회주의노선을 이탈하는 사태를 막기 위해 끊임없이 강제적으로 사회주의노선을 의식화하는 사상교육은 사회주의가 독재노선임을 확인시켜준다. 사회주의 지도자가 독재자임을 확인시켜 준다. 사회주의이념이 독재자의 권력에 대중들을 복속시키는 도구가 된다면, 대중은 이념을 거부하고 권력에 저항하게 된다. 그런 독재노선은 대중의 저항에 의해 허물어질 수밖에 없다.

 개인의 자질과 능력에 맞추어 사회질서를 구성하려는 인류의 노력이 자연과학에 의한 기술력이 뒷받침되면서 다양성이 보장된 사회생활의 실현가능성을 높였다. 그러나 개인의 도덕적 자질과 학문과 기술력 차이에 의한 사회질서의 형성과정에서 발생한 사회문제점은 여전하다. 그 문제점을 해결하기 위해 사회주의 이론가들이 제시한 해결책은 마치 모든 지면을 평평하게 하면 불균형을 없어진다는 발상과 유사한 급진적이고 과격한 내용이 아닐 수 없다. 따라서 사회주의자들을 포함한 공산주의자들은 우선적으로 그 점부터 반성해야 한다. 평등이론의 사회체제를 혁명이란 미명하에 강제적으로 실현하려는 발상은 인류사회를 불행하게 만드는 입장이다. 그러므로 더 이상 허용되어서는 안 된다. 허구의 이론과 허위의 환상에 매달려 역차별의 불공평을 조장하는 사회주의자의 투쟁은 자신뿐만 아니라 타인의 삶을 피폐하게 만든다. 자유주의자의 입장은 사회주의자의 입장을 언론·표현·집회·결사의 자유권으로 용인하지만, 사회주의자의 입장은 자유주의자의 자유권을 핍박하므로 역차별이 아닐 수 없기 때문이다.

 그 점은 사회구성원들에게 다음의 질문을 던진다. 똑같이 어려운 환경 속에서 자신의 처지를 개선하고자 노력하는 인간에게 어느 쪽이 진정한 평등한 사회인지의 질문이다. 개인의 노력을 도와 성취를 이룩할 수 있도록 지원하는 사회와 전체사회를 평등사회를 만들기 위해 개인이 희생해야 하는 사회 중에서 어느 쪽이 개인에게 바람직한 사회체제인지의 질문이다. 그러므로 현대사회의 모든 문제점은 사회구성원들이 자유의지를 바탕으로 상황을 똑바로 인식하고 해결책을 마련해야 한다는 점에서, 칸트가 논구한 실천적 자유과 선의지의 개념은 여전히 현대적이다.

5. 철학적 물음의 정체는?

진리 탐구의 방향 왜곡

불가지론의 입장은 존재정체에 관한 근본의문에 대해 도저히 해명할 수 없다는 관점을 취한다. 그러므로 이 과제를 제대로 논구하기 위해서는 새로운 차원의 발상이 필요하다.

칸트가 제기한 물 자체의 물음보다도 더 근본적인 물음은 존재 자체의 물음이다. 하나님에게 당신은 어떻게 존재할 수 있었느냐고 질문하면, 답변해야 하는 하나님은 정말 난감해 질 수밖에 없다. 하나님이 자신이 존재하게 된 근거를 설명하려면, 하나님에게는 자신이 존재하게 된 또 다른 이유가 필요하다. 그러면 하나님이 모든 현상의 원천인 궁극원리와 궁극원인이 될 수 없다. 마찬가지로 하나님은 자신이 처음부터 존재한 실체라고 말한다면, 왜 처음부터 존재할 수 있었는지에 대한 의혹은 여전히 풀리지 않고 남는다. 따라서 발생론의 입장에서는 신조차 자신을 해명해야 하는 난관에 부딪친다. 합리론은 처음부터 그에 관한 해명으로 한결같이 제일원인에 해당하는 실체는 존재하는 것으로만 규정한다. 그로부터 속성과 양상을 차례로 규정한다.

중세 서구에서 진행된 신학의 교리연구는 존재론에서 보편논쟁과 유명론의 문제를 야기했다. 이 논쟁은 실체를 규명할 새로운 방법이 필요함을 일깨웠다. 유명론은 불가지론과 직결하기 때문에 형이상학의 의문을 해명할 새로운 방법이 필요했다. 연역적 사고방식이 설정한 합리론의 대전제는 신에 대한 발생론적 의문을 적용하지 않는다. 신에 관한 물음은 대답할 필요가 없는 무의미한 질문이거나 아니면 대답할 수 없는 질문 중 하나이다. 어쨌든 신의 문제는 인식론의 범위를 벗어난 문제이다.

신의 문제는 다음의 질문방식으로 제기된다. 대답할 수 없는 영역이 현존재방식을 무력화시키고, 우주를 사라지게 할 방법, 이유, 근거가 있는가? 우주가 알 수 없는 원인에 의해 갑자기 혼돈과 혼란에 휩싸일 수 있는가? 질문도 해명도 불가능한 신비한 존재가 현상에 영향을 미치는가, 또는 미칠 수 있는가? 현행의 존재원리와 전혀 다른 존재원리로부터 우주를 파멸할 역학적 작용이 가능한가? 또는 가능할 수 있는가? 등의 물음이다. 지금까지 모든 합리론의 인물들은 앞서 제기한 하나님이 어떻게 존재할 수 있었는가? 모든 존재자를 포괄하는 존재가 어떻게 가능할 수 있었겠는가? 등의 발생론적 의문을 합리적으로 극복하려고 시도했다. 그럼에도 불구하고 신과 자연, 자연과 인간, 신과 인간 사이에 여전히 발생론의 의문은 사라지지 않고 남는다. 발생론의 의문이 어느 누구로부터 적절한 해명을 듣거나 또는 어떤 것으로부터 해답을 발견하기가 쉽지 않은 물음이다. 그러나 인간이 인식능력의 한계를 내세워 간단하게 치부하고 제쳐둘 수 없다. 곧바로 인간자신은 불가지론의 장벽에 직면하여 회의론에 봉착하는 위기감 때문이다.

합리론의 입장은 회의론을 극복하고, 동시에 진리의 중심점에 우뚝 설 수 있는 방법을 찾아야만 했다. 존재에 관한 대답할 수 없는 질문의 성격을 밝히고, 합리적으로 수립된 존재원리로서 답변하는 작업이 합리론자의 학적 입장이었다. 만인이 공감하는 진리의 탑을 수립하려는 학적 작업이 합리론이 추구한 학적 목적이었다.

철학의 사고방식이 수립한 존재원리의 속성은 보편성이다. 존재원리가 작용하는 개별대상의 탐구는 과학의 작업이다. 과학에서도 세분화한 응용과학의 작업이다. 철학이 개별과학의 대상에 대한 세세한 지식을 갖추지 못한 점을 철학의 약점으로 몰고 가서는 안 된다. 철학의 역할과 과학의 역할은 구별된다. 그리고 철학이 수립한 존재원리가 과학의 탐구원리와 다를 수 없다. 철학의 존재원리가 과학의 탐구방식에 기초원리가 될 수 없으면, 철학이 학문의 영역에서 추방당해도 이의를 제기할 수 없다.

철학의 존재원리는 개별과학이 부딪치는 탐구의 장애를 극복하기 위한 방법이다. 가령 인간이 세상의 모든 개체들에 관한 지식을 모두 다 알고 있거나 모두 다 알아야 하는 것을 인식의 기준으로 삼아, 인간의 지적능력을 회의론의 입장으로 내몰고 가는 입장을 극복하는 방법이다. 인간이 우주의 끝을 가보지 못했다고 하여 우주를 알 수 없다고 단정하거나, 80억에 가까운 개인의 특성을 모두 모른다고 하여, 인간의 본질을 결코 알 수 없다고 단정하는 그런 경우는 불가지론의 주장에 해당하지 않는다. 그뿐만 아니라 미래와 과거의 시간에 대해 인간이 그때의 사건을 지금의 현상처럼 경험할 수 없는 점을 내세워 불가지론의 입장을 정당화할 수 없다. 이런 종류의 한계상황을 내세워 인간의 지식을 개연적 수준으로 격하하는 태도는 결코 올바른 사유방식일 수 없다.

형이상학에서 발생론의 물음

인류가 동물적 삶의 수준에서 벗어나 문명의 삶의 수준으로 전환한 이래로, 인간은 항상 형이상학의 담론 속에서 살았다. 오늘날의 학적 형식은 아니었지만, 인간의 삶은 한결같이 제일원리 즉 제일원인에 해당하는 존재를 질문하고 답하며 살았다. 고대인이 현상에 대한 원인을 따지는 지적 사고방식은 현대인의 지적 사고방식과 동일하고 동질적이었다. 개별적 지적 수준과 상관없이 형식적으로 선천적 사고 틀이 동일한 점 때문이다. 그러므로 인간은 시 · 공의 제약을 벗어나 언제든지 동질적 질문을 던지고 해명을 추구할 수 있었다.

인식론의 근본작업은 궁극의 존재원리를 추구하는 선천적 표상의 틀을 확인하는 것이다. 현대인은 고대인이 근본원리를 오늘날의 방식으로 따질 지적능력을 향상시키지 못했기 때문에 현대의 수준으로 보면 대단히 초보적이고 원시적이었다고 생각할 수 있다. 그러나 고대인의 지적 사고방식은 오늘날의 문명을 창조시킨 사고방식과 같은 지성의 틀이다.

고대인이 알기를 원했던 물음이 오늘날에도 여전히 미결로 남아 있다면, 현대인이 그 과제를 이어받아 해명해야 한다. 현대인이 해명하지 못한다면 미래의 인류가 해명해야 한다. 미해결의 과제 중에 지성의 영원한 숙제로 남을 과제가 있다면, 그것은 철학이 직면하고 있는 '존재란 무엇인가?'의 물음일 것이다. '존재는 왜 존재하게 되었으며 또 어떻게 존재할 수 있었겠는가?'의 질문이다. 더 나아가 '공간 안에 신이 존재하는가? 아니면 공간 밖에 신이 존재하는가?'의 신학의 의문점이다. 이런 의문점은 철학과 신학의 학적 성격에 정체성의 위기로 내몰았다.

이 위기를 해소하려면, 방법적으로 인간지성의 기능과 능력이 무엇인지에 대한 진단과 해명이 먼저 이루어져야 한다. 인간의 지성이 지적 직관이 아니라 감성적 직관인 사실 때문이다. 그러므로 지성은 진리탐구의 방법론을 확립해야 한다. 그 작업이 인식론의 과제이므로, 인식론이 철학의 중심에 놓인다.

철학사에서 인식론의 과제를 철저히 다룬 철학자가 칸트였다. 현대인도 칸트의 길로 되돌아가 이 과제를 바라보지 않을 수 없다. 칸트는 인식이 감성적 직관에서 출발한다고 설명했다. 칸트는 인간의 지성이 갖추지 못한 지적 직관에 대해 다음과 같이 진술했다.

…만일 주관의 직관이 다만 자발적 활동, 즉 지성적인 것이라면 주관은 제 자신에 대해서 그렇게 판단하지는 않을 것이다. 이 경우에 모든 어려움은 주관이 어떻게 제 자신을 직관할 수 있는가? 하는 점에 있다. 그러나 이 어려움은 모든 이론에 공통하는 것이다.

자기 자신의 의식(통각)은 자아의 단순한 표상이며, 만일 이 표상만으로서 주관에 있어서의 다양한 모든 것이 자동적으로 주어진다면, 내적 직관은 지성적이라고 할 것이다….[1]

칸트는 위의 서술을 통해 지식을 구성하는 자발성의 물음을 제기했다. 의식의 자발성은 의식이 지향하는 의도, 목적을 전제하지 않고서는 결코 성립할 수 없는 개념이기 때문이다. 현상에 관한 모든 지식이 주관에서 절로 이루어진다면, 인간은 자신의식을 구성하는 지성과 심리의 상태를 딱히 검토할 이유가 없게 되는 상황 때문이다. 인식구조의 기능이 자동적으로 진행되는 지적 능력인 특성 때문이다.

---

1. B68.

지성은 지적 직관을 갖추고 있지 않기 때문에, 진리를 탐구하는 인간은 감성적 직관으로부터 전달된 인식재료를 가지고 지식으로 구성해야 한다. 지성은 개념을 형성하는 자신의 논리적 인식구조와 작동방법 및 인식과정을 밝혀야 한다. 이성은 오성의 지식을 총체적으로 체계화하여 존재의 궁극원리를 수립하는 방식을 밝혀야 한다.

지식을 형성하는 인식과정에서 의식의 자발성이 감성적 직관의 촉발작용에 제한된다면, 인간은 자신이 지닌 인식기능 제한을 어떻게 극복하고 진리의 본질에 접근할 수 있는지의 의문점부터 해명해야 한다. 인간은 갖가지 외부대상의 양상을 더 이상 경험에 의존하지 않고, 창조적 발상을 할 수 있는 오성의 상상력을 해명해야 한다. 인간은 자기의지와 상관없이 끊임없이 저절로 기억을 떠 올리고 상상하는 의식의 구조와 기능을 해명해야 한다. 인간은 촉발과 자발성의 기능을 수미일관되게 분석하고 통합할 방법을 해명해야 한다. 최종적으로 인간은 감성과 오성과 이성의 구조와 기능을 밝히는 인식기능이 어디에 있는가의 의문점을 해명해야 한다. 곧 인식기능을 인식하는 기능은 어디에 있는지의 의문점에 대한 해명이다.

칸트의 인식론은 그 점을 다음처럼 정리한다. 지성의 인식기능이 감성과 오성과 이성으로 이루어진 통합기능인 사실이다. 지성의 각 기능이 작동하려면, 의식에 지성을 작동시키는 표상이 내재하고 있어야 하는 사실이다. 그것이 선천적 표상인 사실이다. 그 중에서 최고의 표상이 형이상학의 표상인 사실이다. 의식에서 자발적으로 작동하는 형이상학의 표상이 이념을 수립하는 이성의 원동력인 사실이다. 그 원동력이 인식기능을 해명하는 작업을 추진하는 사실이다. 외적 대상을 이해하려는 지적 표상이 감성과 오성의 인식기능을 해명하는 작업을 추진하는 사실이다.

지성의 표상과 지성의 의욕과 지성의 의지는 심리기능과 구분되는 인간의 본성이다. 존재본질을 파악하려는 형이상학적 표상, 형이상학적 의욕, 형이상학적 의지가 외부대상을 인식하는 작업을 추진케 하고, 자신의 인식기능을 종합적으로 파악하도록 충동하는 의식의 근원이다.

칸트는 형이상학의 표상인 신에 관해 『순수이성비판』의 선험적 감성론'에서 자연신학을 언급하면서 다음과 같이 진술했다.

> …우리에게 대해서는 결코 직관의 대상이 될 수 없을 뿐만 아니라, 그 자체가 전연 감성적 직관의 대상이 될 수 없는 대상이 되고 있으며, 그렇기 때문에 여기서는 대상의 모든 직관에서 공간과 시간이라는 제약을 제거하기에 세심한 고려를 바치고 있다(왜냐하면 이 대상의 모든 인식은 직관이지 결코 언제나 제한을 보여주는 사고가 아니기 때문이다)….[2]

칸트가 해명한 내용은 인간의식이 인식대상으로 삼을 수 있고, 삼고 있는 것은 오로지 감성적 직관의 대상뿐이라는 진상이다. 감성적 직관 이외의 대상은 인식영역으로 들어와 있지 않으므로, 인간은 그에 관해 인식의 의문을 가질 여지와 이유와 필요가 전혀 없는 근거이다. 인간이 탐구하는 인식과제는 단지 현상에 대한 이해와 현상의 존재들이 야기하는 문제점에 대한 해명이다. 그러므로 신의 존재는 현상의 원인자로서의 존재일 뿐이다. 달리 말하면 물 자체 개념을 설명할 수 있는 원인자로서의 존재일 뿐이다. 칸트는 공간의 설명하는 과정에서 그 점을 밝혔다.

> 그러나 만일에 공간과 시간을 미리 물 그 자체의 형식, 더구나 물 그 자

---

2. B71.

체를 제거하였을 경우에도 물의 존재의 선천적 제약으로서 여전히 남아 있는 형식으로 삼는다면, 어떠한 권리를 가지고 그러한 일을 할 수 있을 것인가? 왜냐하면 공간과 시간은 모든 현존재 일반의 제약이기 때문에 또한 신의 현존재의 제약도 되지 않을 수 없기 때문이다.[3]

칸트가 독일관념론을 태동시킨 선각자임이 명백해진다. 첫째, 신이 감성적 직관에 의해 파악될 수 없는 존재인 사실 때문이다. 둘째, 인간에게 지적 직관이 없어 신이 감성적 직관으로 파악할 수 없는 존재자인 조건 때문이다. 셋째 신은 오로지 이성에 의해 개념으로만 파악되는 존재자인 특성 때문이다.

만일에 공간 · 시간을 모든 물의 객관적 형식으로 삼고 싶지 않다면, 이것을 우리의 외적 내지 내적 직관방식의 주관적 형식으로 삼는 이외에 다른 도리가 없다. 이 직관은 그러므로 감성적이라고 불려진다. 왜냐하면 이 직관은 근원적이 아니라, 다시 말하면 그 대상의 현존재가 제 자신을 통하여서 직관에 주어지는 그러한 직관이 아니라(우리가 아는 한, 그러한 직관은 오직 근원적 존재자에게만 속한다), 객관의 현존재에 의존하며, 따라서 주관의 표상능력이 객관에 의하여 촉발됨으로서 가능한 것이기 때문이다.[4]

공간과 시간의 직관형식은 사물의 현상만을 파악할 수 있도록 할 뿐이다. 사물이 활동하는 이유와 목적을 전달하는 기능이 아니다. 따라서 물 자체의 개념은 또 다른 의문점을 발생시킨다. 왜냐하면 사물과 사물

---

3. ibid.
4. B72.

자체의 존재가 분리되어 별도로 존재할 수 없다면, 사물이 존재하는 공간에서 사물의 본질인 물 자체가 존재하지 않는다는 주장은 어불성설이 되기 때문이다.

물 자체의 영역이 현상의 사물과 분리하여 다른 영역을 구성하고 있다면, 그 영역은 현상의 사물이 존재하는 곳이 아니므로, 그 영역이 공간에 존재하는지가 의문대상이 된다. 그러면 그 존재방식이 어떤 것인가의 또 다른 존재론의 의문점을 유발한다. 칸트는 이런 의문점을 감안하고서 존재론과 인식론사이에 수미일관성을 추구하였다.

> …우리는 공간과 시간에 있어서의 직관방식을 인간의 감성에만 제한시킬 필요도 없다. 아마도 모든 유한적 사고의 존재자도 이 점에 있어서는 인간과 필연적으로 일치하지 않을 수 없을 것이다(우리는 물론 이것을 단정적으로 말할 수 없지만), 공간과 시간에 있어서의 직관방식이 이러한 보편타당성을 가졌다고 하여 이 때문에 감성이 아닐 수 없다. 왜냐하면 그것은 파생적 직관이지 결코 근원적 직관 따라서 지성적 직관이 아니기 때문이다.[5]

칸트가 아래에서 진술한 지적 직관은 인간의 감성적 직관과 대비되는 상대적 개념이다. 신의 존재가 인식대상이 아니므로, 지적 직관이 없는 인간의 사유기능은 신의 표상을 해명할 다른 방법을 갖추고 있어야 한다. 사유기능에서 해명할 방법이 없으면, 형이상학의 표상이 의식에서 왜 발생하고, 어떻게 발생하는지를 해명할 수 없다.

---

5. ibid.

상술한 이유에 의하여 지성적 직관이라는 것은 근원적 존재자에게만 속하는 것이지, 그 존재에 있어서나 그 직관에 있어서나(직관은 그 존재를 주어진 객관과의 관계에서 결정하는 것이다) 결코 의존하는 존재자에게 속하는 것이 아니라고 생각한다.[6]

발생론의 질문 때문에 발생할 수 있는 철학의 정체성의 위기에 직면하여, 합리론은 '위기를 극복하기 위한 사유방법론이 어떻게 가능한가?'의 의문에 대해 그 해결방법을 제시해야 한다. 칸트는 합리론의 철학자들이 형이상학적 의문점의 해결을 위해 개척한 전통적 논증방법에 근본적 하자가 있음을 절실히 자각한 철학자였다. 칸트는 과거의 방법론으로는 결코 근본적 문제를 해결할 수 없음을 파악했다. 물론 칸트가 밝힌 진술대로 흄의 경험론 주장을 긍정적으로 주목했기 때문에 해결의 실마리를 풀었다고 말할 수 있다. 칸트가 합리론의 취약점을 제대로 파악할 수 있는 발판을 흄이 마련해 준 셈이다.

칸트가 회의론을 합리론의 발전에 활용하여 새로운 방법론을 구성한 내용은 그의 독창적 발상이었다. 경험론자인 흄이 자각한 결론은 형이상학에 관해 부정적 회의론이었지만, 칸트는 형이상학의 주제를 비판철학의 합리적 사유방식으로 해명하였기 때문이다. 그러므로 비판철학의 사유방법론이 지닌 학적 의의는 다음처럼 요약된다.

첫째, 근대주체철학이 안고 있는 인식론의 취약점을 해결할 수 있는 방법을 올바르게 설정했다.

둘째, 비판철학체계가 현대철학에 이르기까지 새로운 발상의 태동과 이론형성의 근본토양이 되었다.

---

6. ibid.

칸트의 발상은 발생론의 직접논구를 피하면서 발생론의 난제를 해소하는 방법이었다. 그 방식은 현상에 작동하는 존재원리가 물 자체의 존재원리와 동일하고 동질적이라는 점을 간접적으로 논증하는 우회적 해명이다. 그러므로 칸트는 『순수이성비판』에서 특별히 선험적 감성론의 장을 만들어 공간과 시간의 본성을 순수직관형식으로 규정했다. 공간의 사물에 적용하는 수학의 본성이 순수직관형식과 순수오성 개념에서 비롯된 학문임을 논증했다.

칸트가 해명한 공간의 특성은 정신과 물질과 동일한 속성을 공유하고 있지 않으며, 정신과 물질의 속성으로 설명할 수 없는 존재자인 본질이다. 공간은 정신과 물질이 아닌 본질이다. 공간과 시간이 순수직관형식인 이유는 그들이 정신과 물체와 다른 특성을 갖추고 있기 때문이다. 그들이 정신과 물질과 같은 속성의 존재였다면, 순수직관형식이 될 수 없는 조건 때문이다. 공간과 시간은 정신과 물질이 아니므로 정신과 물질의 속성으로 설명할 수 없는 본질 때문이다. 공간과 시간을 설명할 수 있는 유일한 방식이 공간과 시간을 인식하는 주관의 의식에 있기 때문이다.

정신이 물질과 다른 종류의 실체라면, 정신은 물질과 다른 존재방식을 갖추어야 한다. 그리고 다른 존재영역을 확보해야 한다. 정신이 존재하는 영역이 공간인지, 아닌지는 해명해야 한다. 데카르트는 순수공간을 부정하고 제거해 버렸다. 그러나 그 방식은 결코 올바른 해결책이 아니다.

물질로 구성된 육체에 존재하는 정신이 육체를 활용하여 문명과 문화를 창조하는 역할을 하는 이상, 정신과 물질이 서로 동질적 원리를 공유하고 있다는 사실을 거부할 수 없다. 그러나 인간은 여전히 정신의 실체를 객관적으로 경험할 수 없다. 칸트는 그런 한계를 극복하기 위해 물 자체라는 개념을 설정했다. 물 자체의 개념은 인과율에서 원리와 법칙, 원인과 이유, 동기와 목적을 동시에 따질 수 있는 지점에 해당하기 때문에, 칸트는 이성이 그 요소들을 모두 아울러 존재원리로서 형이상학의 이념을 형성할 수 있다고 논증했다.

물 자체 개념은 전략적 개념인가?

칸트의 철학체계는 기독교의 사고방식을 벗어나려고 하는 입장으로부터도 비판당했고, 기독교의 입장으로부터 비판당했다. 더 나아가 자연과학적 실증주의자들에게서 비판받았고, 신비주의적 철학자들에게서 비판받았다. 그러므로 비판철학의 학적 의의는 명확히 해명되어야 한다. 칸트가 물 자체 개념을 미리 설정한 목적은 두 가지 점이었다. 첫째 발생론적 물음에 대한 답변으로서의 역할이고, 둘째 존재원리의 탐구과정에서 모든 것을 총망라한 실체를 대전제로 놓고 형이상학의 물음을 해명한 합리론의 취약점을 극복해야 할 역할이다. 곧 인간이 경험적 현실의 끝자락까지 나아가, 그 지점에서 형이상학의 물음을 규명할 수밖에 없는 자신의 한계를 밝히기 위한 역할이다.

물 자체의 용어는 양면적이다. 현상의 사물에 적용할 수 있고, 현상의 본질에 대해 적용할 수 있다. 역설적으로 '사물 자체Ding an sich'의 용어가 '존재 자체Sein an sich'의 용어와 일맥상통한다.

칸트가 물 자체의 용어를 채택한 명백한 목적은 경험론의 인물들처럼 회의론을 옹호하기 위해서가 아니라 오히려 회의론의 입장이 매우 부적절한 사고방식임을 일깨우기 위해서이다. 물 자체의 용어는 언뜻 보면 회의적 입장을 대변하는 듯이 보이지만, 역으로 물 자체의 용어는 궁극원리가 존재한다는 합리적 입장을 대변한다. 인간의 인식기능이 궁극실체를 감각의 경험대상으로 다룰 수 없고, 또한 경험의 대상으로 묘사할 수 없지만, 현상계의 현존재의 통일성을 통해 물 자체의 존재를 간접적으로 논증할 수 있는 사유방식 때문이다. 물 자체는 경험적으로 알 수 없는 존재이지만, 사유가 생각할 수 없는 불가능한 존재는 아닌 사유조건 때문이다.

칸트가 설정한 물 자체 개념은 공간과 시간의 직관형식과 다툴 여지가 없다. 그 이유는 물 자체는 사물에 관한 원인과 원리에 관계된 개념이지 공간과 시간에 관계하는 개념이 아니기 때문이다. 그럼에도 불구하고 주의해야 할 관점은 공간과 시간이 주관의 순수직관형식이지만, 사물의 모든 점을 포용하는 존재인 특성이다. 물 자체의 용어는 두 가지 측면에서 커다란 의문점을 야기한다.

첫째는 물질의 원자가 불가입성이라면, 인간의 그 내부를 알 수 없다는 불가지론이다. 둘째는 물 자체가 사물의 원인인지가 명백하지 않으면, 자의적이고 임의의 개념이 된다. 사물이 생성될 적에 생성 이전의 원인이 있어야 하는 인과율의 제약이 물 자체에게 적용되어야 하는 의문점 때문이다. 마찬가지로 사물이 소멸될 적에 소멸이전에 원인이 있어야 하는 인과율의 제약이 물 자체에게 적용되어야 하는 의문점 때문이다. 그러므로 물 자체 개념이 현상과 본질을 통일할 고리역할을 하려면, 그 의미가 명확해야 한다.

물 자체 용어는 본질과 현상의 이분법적 사고가 야기하는 문제점을 극복하기 위해 설정한 칸트 용어이다. 인식론에서 물 자체 개념이 야기한 문제점은 전통적 사고방식에 의해 논구될 수 있다. 그것은 플라톤이 해명한 사고방식에 의한 형상이론이다. 플라톤의 형상이론은 대상인식에서 발생하는 몇 가지 의문점을 나열했다. 예컨대 자동차를 설명하는 과정에서 자동차의 실재 모습만으로는 자동차의 본질을 해명하기가 부족한 상황이다. 정지하고 있는 자동차의 모습과 자동차를 구성하는 부속품만으로는 자동차의 존재의의를 이해시킬 수 없는 제약이다. 자동차를 만든 인간과 자동차를 이용하는 인간을 배제하고는 자동차의 존재를 제대로 설명할 수 없는 취약점이다. 자동차의 존재를 설명하는 과정에서 인간의 역할을 배제하면, 자동차의 존재성이 드러날 수 없는 한계이다. 그러므로 플라톤의 형상이론은 칸트의 물 자체 개념의 본질을 해명하는 학적 작업에서 길잡이로서 적격이 아닐 수 없다.

형상이론에 의거해, 인간은 자신이 자연을 이해하는 입장을 두 가지 방식으로 정리할 수 있다. 하나는 자연에 형상의 원인이 내재해 있다는 주장이다. 다른 하나는 자연을 탄생시킨 또 다른 존재에 형상의 원인이 있다는 주장이다.

인간이 생성 · 소멸하는 존재이기 때문에, 불멸의 인간이 생멸의 인간을 스스로 만들었다고 판단할 수 없다. 그러면 후자의 입장이 더 설득력을 갖춘 입장이 된다. 하지만 그 입장이 공인받으려면, 인류의 시조가 지구가 탄생하기 이전부터 존재하고 있어야 하는 대전제를 합리적으로 극복해야 한다. 즉 자동차를 만든 인간과 자동차의 관계처럼 인간을 창조한 신과 인간의 상관관계를 합리적으로 해명해야 한다. 그런데 그 입장은 인식기능의 한계 때문에 타당성을 입증하는 논증과정에서 극심한 논란을 불려 일으킨다. 역사적으로 철학은 후자의 입장에서 전자를 수용하여 절충하는 합리적 방식을 추구하였다. 그 까닭은 인간이 유물론의 입장에서 자신의 정체를 밝히는 과정이 실로 난망한 작업이었기 때문이다.

철학사에서 경험론이 합리론에게 일깨워준 중대한 사안은 보편성을 추구하고 정립하는 지적 작업이 심리적 기능이 아니라는 사실이었다. 경험론이 합리론의 발전에 끼친 영향은 인간의 지적작업이 인식기능에 의한 것이지 결코 심리기능에 의한 것일 수 없는 본질이다. 보편성격의 학문지식은 인식기능이 경험에 의해 촉발된 대상의 인상들을 집합하여 구성한 소극적 작업의 산물이 아닌 사실이다. 선천적으로 타고난 인식능력을 적극적으로 발휘하여 구성한 산물인 결실이다. 인간의 인식기능이 그런 고도의 능력을 갖추고 있지 않다면, 보편적 지식의 구성이 불가능한 상황이다. 인식기능에 수학의 숫자 개념과 논리학의 범주 개념이 없었다면, 고도의 추상개념을 구성할 수 없는 인식조건이다. 심리적 기능만으로는 인식기능의 정체를 학문적으로 탐구할 수 없는 인식구조이다.

인식론이 해명해야 할 의문점은 칸트가 채택한 물 자체 개념이 현존재의 연장속성과 다른 속성의 신의 존재를 전제하고 있는지의 물음이다. 그에 대한 답변은 두말할 나위 없이 물 자체 개념은 연장속성과 전혀 다른 사유속성인 정신의 사유속성을 의미한다. 하지만 칸트의 해명은 물 자체가 의미하는 비물질적 순수정신의 존재영역을 명확히 긍정하지 않은 약점을 지닌다. 정신이 육체에 내재하고 있으므로, 정신존재가 현상계와 함께 더불어 공존할 수 있는 경우와 현상계와 별도로 정신만의 영역이 존재하는 경우로 구분해야 하는 조건 때문이다.

그러면 칸트의 입장은 두 가지 관점을 해명해야 한다. 하나는 물 자체를 순수정신의 존재라고 가정하면, 순수정신의 존재가 하나의 개체로서 존재할 수 있는지를 해명해야 하는 입장이다. 다른 하나는 인간의 인식기능이 그와 같은 성질을 결코 인식대상으로 삼을 수 없는 한계를 해명해야 하는 입장이다. 왜냐하면 인간이 정신의 존재를 인식대상으로 삼을 수 있는 근거가 정신이 물질인 육체에 내재하고, 육체를 조종하고, 기계적 활동의 물질과 달리 목적적 활동하기 때문이다. 더 나아가 인간의 정신이 동일한 성질의 신의 정신적 실체를 왜 인식할 수 없는지의 의문점 때문이다.

칸트는 이 논구과제 뿐만 아니라, 또 다른 논점을 해명해야 한다. 그것은 순수정신의 존재가 무한한 개체들의 관념을 담고 존재하려면, 어떤 방식의 기능을 지니고 있어야 하는지의 의문점이다. 인간의 인식기능이 물 자체 영역을 인식할 수 없기 때문에 이런 의문은 부질없는 것일 수 있다. 그러나 그 의문은 물 자체의 존재가 사유대상인 점 때문에 해명해야 한다. 형상이 없는 존재가 형상을 만드는 목적행위의 존재가될 수 있는지, 또한 그런 존재가 사물의 생성·소멸에 관여하는 사태가 논리적으로 타당한 발상인지의 의문점 때문이다.

그 과제는 정신적 관념의 존재가 물질을 이용하여 자신의 관념을 실현해야 하는 필연성을 해명해야 한다. 정신이 인간육체에 내재해야 하는 필연적 이유와 목적이다. 더 나아가 현상계의 관념을 담고 있는 물 자체의 존재가 현상계에 참여하고 관여하는 필연적 이유와 목적이다. 그런데 순수정신이 자기관념을 실현할 작동방법을 필히 갖추고 있지 않으면, 이원론은 일원론의 반박에 직면한다. 곧 이원론이 그런 순수정신의 존재가 현상계와 별도로 존재할 수 있는 방법을 해명하지 못하면, 범신론의 반박에 직면하게 되는 제약이다. 그 이유는 관념을 작동시킬 수 있는 기능이 전혀 없는 상황에서 관념의 집합만으로 물 자체의 개념을 정당하게 설정할 수 없는 모순점 때문이다. 관념의 개체들은 서로 구별되는 다양한 존재자들인 현상 때문이다. 각 개인은 개성이 서로 구별되는 존재자들인 현실 때문이다.

그러면 인식할 수는 없어도 상상할 수 있다는 물 자체에 관한 칸트의 입장은 몇 가지 의문점으로 요약된다.

1. 현상계에서 진행되는 생성·소멸의 변화과정을 인식하고 수용하지 못하는 영역에서 존재하는 순수관념의 영역이 가능할 수 있을까?

2. 순수관념들이 현상의 영역에 관계하더라도, 관여하고 작동할 수 있는 구조의 방식을 갖추고 있지 않다면, 순수관념의 존재와 영역이 가능할 수 있을까?

3. 순수관념만 존재하는 초월적이고 초경험적 정신영역과 현상의 개체들이 생멸하는 현상계의 영역 사이에 서로를 연결할 수 있는 공통점이 없다면, 두 영역이 공존한다고 말할 수 있을까?

4. 형이상학적 신의 존재가 인간의 사고기능이 작동하는 방식과 같은 작동방식의 구조를 갖추고 있지 않다면, 그가 다채롭게 변화하는 현상계의 근원으로서 형이상학적 신의 존재가 될 수 있을까?

5. 존재에 관한 원천적 관념을 수용하는 정신적 절대자가 사물의 무한한 개별적 관념들을 수용하기 위해서는 사물과 직접적 연관성이 있어야 한다. 그런데 절대자의 속성이 물질의 속성과 전혀 다르다면, 절대자의 어떤 기능이 무한한 관념을 수용하면서 동시에 양 영역을 연결하는 매개자로서 작동할 수 있을까?

인간이성은 이념을 구성하는 본능에 따라 신과 같은 무제약적 존재자가 가능한지를 따지려고 한다. 이성은 논구과정에서 만물의 근원이라고 말할 수 있는 신이 무제약적 절대자인가? 라는 의문점을 제기한다. 그 이유는 형이상학이 전개하는 이론의 첫머리에 무제약자를 인과율의 대전제로서 설정하였던 자연소질의 관습 때문이다.

이성이 무제약자에게 자기원인이외의 다른 제약이 없었다고 설정하면, 무제약자가 스스로 실재한 존재자가 되었는지의 근원적 의문점에 봉착한다. 최고의 궁극원인에 해당하는 신적 존재가 인식되는 존재가 아니라 사고되는 존재라고 규정하는 순간, 무제약자를 논증하는 학적 작업이 발생론의 의문에 고스란히 그대로 직면하는 의문점이다.

합리론은 줄곧 원인의 원인에 해당하는 것이 최고원인이고, 무제약자가 최고원인임을 해명했다. 무제약자를 실체라고 규정했다. 인간은 무제약자에 관해 더 설명해야함을 느끼면서도 그 부족함을 설명할 방법을 찾지 못했다. 합리론은 그 이상의 해명을 추구할 수 없는 지점에서 실체개념을 대전제로 설정했다.

합리적 사고방식은 두 부류로 나누어졌다. 하나는 신을 관념적 정신의 존재로 간주하는 입장이다, 다른 하나는 신을 관념적 물질의 존재로 간주하는 입장이다. 유물론을 반대하는 전자의 입장은 신을 순수한 물질로 규정할 수 없음에도 불구하고, 유물론처럼 신조차 기계적 성질의 물질임을 주장하면, 인간은 자기정체를 도저히 해명할 수 없다는 주장이다. 유심론을 반박하는 후자의 주장은 인간이 물질에서 탄생하였다는 가설을 바탕으로 기계적 인과율과 목적적 인과율이 동질적이라는 입장이다. 목적적 인과율이 기계적 인과율에서 파생한 것으로 간주하는 입장이다.

회의론이 발생론의 관점에서 모든 지식체계를 비판적으로 부정하면, 그 입장은 다음의 문제점을 스스로 해명해야 한다. 그것은 수학에서의 기본수인 1과 기하학에서의 점과 그리고 물리학에서의 기본입자가 지닌 정합성이다. 칸트는『순수이성비판』에서 그 논점을 아래에서 명확히 진술했다.

현대의 사고방식의 천박성과 근원적 학문의 쇠퇴에 관한 탄식을 우리는 가끔 듣는다. 그러나 수학과 자연학처럼 그 기초가 튼튼하게 확립되어 있는 학문이 이러한 비난을 조금이라도 들을 만하다고 보지는 않는다.

이러한 학문들은 도리어 견고하다는 고래의 명성을 유지하는 것을 나는 본다. 자연학에 있어서 이 점은 이전보다도 더구나 더 탁월하다고 본다.[7]

물리학과 기하학과 수학의 출발은 모두다 정합적이다. 곧 관념적이다. 이것으로 유물론은 원자론을 펼치면서 정신의 실체를 부정할 수 있다. 그러나 신에게 신의 정체를 질문하듯이 물리학과 기하학과 수학에게 그들의 정합성은 어떻게 가능했는지를 물을 수 있다. 더 나아가 물질의 역학적 운동에 관한 질문에서는 유물론은 관념적 정합성을 올바르게 설명할 수 없다. 그러므로 칸트가 전략적으로 채택한 물 자체 개념은 그런 정도로 결코 부정될 수 없다. 칸트 방식의 우회적 논증과정에서는 여전히 물 자체 개념은 학적 효용성을 지닌다.

---

7. AXI.

6. 발생론적 질문과 합리론의 방법론

    인간이 존재정체를 규명하는 과정에서 부딪치는 최대난관은 앞 장에서 지적하였던 발생론의 물음이었다. 이 물음은 인간이 갖춘 인식조건으로는 도저히 해명할 수 없는 존재론의 물음이었기 때문에 새로운 시각의 다른 방식으로 해결해야만 했다. 이 물음은 절대적 존재인 신일지라도 자신이 어떻게 존재할 수 있게 되었는지를 스스로 설명할 수 없는 경우에 해당하다. 따라서 인간은 이 물음을 우회적으로 해명해야만 했다. 예컨대 합리론의 철학자 스피노자가 그의 주저 『에티카(Ethica)』에서 규정한 정의가 그 경우이다. 그러나 그 규정은 발생론의 의문을 봉합한 미봉책일 뿐, 의문의 뿌리를 제거하지 못했다.

1. 나는 자기 원인이란 그것의 본질이 존재를 포함하는 것, 또는 그것의 본성이 존재한다 생각할 수밖에 없는 것이라고 이해한다.
3. 나는 실체란 자신 안에 있으며 자신에 의하여 생각되는 것이라고 이해한다. 즉 실체는 그것의 개념을 형성하기 위하여 다른 것의 개념을 필

요로 하지 않기 때문이다.

6. 나는 신을 절대적으로 무한한 존재, 즉 모든 것이 영원하고 무한한 본질을 표현하는 무한한 속성으로 이루어진 실체로 이해한다.[1]

인간은 자신이 이 물음을 회피하면 자기지성이 불가지론에 빠지면서 회의론자가 되는 것이 아닌지의 우려감을 느낄 수 있다. 근원적 물음을 우회하려면, 인식기능을 논구하는 첫머리에 칸트가 설정한 물 자체의 개념이 불가피해진다.

물 자체 개념을 채용한 칸트의 우회적 방법도 근본적 해결책일 수 없지만, 스피노자방식보다는 더 적절하다. 그 이유는 칸트 방식이 당면한 현실과제를 더 타당하게 논리적으로 해명할 수 있기 때문이다. 따라서 칸트 철학체계가 우회적 전략으로 내세운 물 자체 개념이 무엇을 의미하는지가 명백해야 한다. 인식은 주체와 객체가 다 함께 공간에 공존하는 인식조건을 충족해야 한다. 인식은 주체인 의식과 객체인 대상을 포용하는 공간의 존재성을 해명해야 한다. 인식론은 주체와 객체 그리고 공간의 논구를 다 함께 포함해야 한다.

칸트가 순수공간의 개념을 물 자체의 개념이 아니라고 했기 때문에 사물이 아닌 순수공간과 사물이 아닌 물 자체는 서로 충돌하지 않을 수 없다. 물 자체가 아닌 순수공간이 사물은 포용하되, 물 자체의 존재는 포용하지 않는 경우 때문이다. 그러므로 칸트 시대의 철학자들은 물 자체 개념의 의문을 우선적으로 제기하였다.

물 자체 용어는 진리를 탐구하기 위한 방법으로 설정한 개념이므로,

---

1. 스피노자 『에티카』의 1장 '신에 관해서'의 1, 3, 6의 정의이다.

인간이 존재론의 목적과 인식론의 목적을 정확히 구분해야만, 존재자들이 전개하는 존재정체를 올바르게 파악할 수 있다. 왜냐하면 물체가 공간에서 존재한다면, 그 사실은 물체가 스스로 존재하는 방식을 갖추고 있음을 의미하기 때문이다.

인간은 사물의 존재를 감성적 경험을 통해 직관한다. 사물의 구성요소, 구성과정, 구성목적은 직관하지 못한다. 그러므로 칸트는 물 자체 개념을 이런 인간지성의 한계를 극복하려는 전략적 개념으로 인식론의 전면에 내세웠다. 만약 현상계의 개체들이 항상 그 자체로 한 장소에 고정되어 있고 불변하는 존재였다면, 물 자체 개념이 등장할 필요성이 없었다. 갖가지 현상의 사물들은 단순한 구성인자들이 모여 구조적 형상들을 만든 복합체이므로, 모든 물체는 자신의 존재이유 및 목적을 지닌 존재자가 아닐 수 없다. 물체의 생성·소멸이 원인, 목적, 원리, 법칙도 없이 우연적으로 진행한다면, 우주가 원리와 법칙을 갖춘 질서를 형성할 수 없는 문제점 때문이다.

생성·소멸의 과정을 겪으면서 탄생한 모든 현상계의 복합체들은 인간의 인식조건에서 바라보면 두 가지의 형식으로 구분된다. 하나는 감각을 촉발하여 발생한 감각적 직관의 표상이다. 다른 하나는 감각기능을 촉발하지 않고 진행하는 생성·소멸의 모든 과정이다.

칸트가 설정한 물 자체 개념은 후자인 생성·소멸의 모든 과정을 포괄하는 원인과 목적에 해당하는 용어이다. 물 자체 개념은 현상의 사물이 감각을 촉발하는 순간에 자신의 정체를 알려주지 않으므로 설정한 것이다. 물 자체 용어는 인식기능이 사물을 감각적 직관으로만 접촉하는 상황에서 스스로 사물의 원인과 목적을 파악해야 함을 보여주는 개념이다. 그러나 물 자체가 생성·소멸의 궁극원인에 해당하는 초월적 신의 존재를 의미하는지는 그 자체로는 미지수이다.

이 개념은 논구과정에서 기독교의 신을 지칭하는 용어가 될 수 있다. 또는 유물론에서 물질의 기본인자 및 원리를 가리키는 용어가 될 수 있다. 또는 물질에 내재하는 정신적 존재를 의미하는 용어가 될 수 있다. 그러나 현상계의 사물Ding, Thing을 두고 사물 자체Ding an sich, Thing in itself로 지칭한 물 자체의 용어는 일단 사물이 지닌 원인과 목적을 가리키는 개념이다.

그러므로 칸트가 말한 물 자체의 개념은 다음의 두 가지 상식적 경우의 구분을 통해 쉽게 설명되어진다. 하나는 인간자체, 고양이자체, 독수리자체, 장미자체라고 말할 수 있는 경우이다. 다른 하나는 연필자체, 가방자체, 자동차자체, 구두자체, 각종 음식자체라고 말할 수 있는 경우이다. 곧 전자의 존재가 현상의 모습만 감각으로 인식되는 반면에, 후자의 존재가 현상의 모습과 함께 본질까지 의식에서 인식되는 경우가 사물과 사물 자체를 구별해야 하는 이유를 보여준다.

인간은 사물의 창조하는 자신의 인식행위를 통해 현상과 본질의 차이점을 인식할 수 있다. 그러나 인간은 자신이 창조하지 않은 자연에 대해서는 본질을 인식할 수 없다. 인간은 본질이 존재하는 논점을 사유할 수 있어도, 추상적 의미의 본질 그 자체를 인식할 수 없다. 그러나 사유할 수 없다는 의미는 회의론의 입장에서 인간이 이념을 수립할 수 없다거나, 인간에게 필연성을 배제한 개연적 지식만이 가능하다는 관점을 뜻하지 않는다. 인간은 사유와 인식을 통합할 수 있는 방법을 인식기능에서 찾아야 한다.

칸트는 이념을 수립하는 이성이 자연소질의 형이상학의 유혹에 빠져 물 자체의 영역을 침범하는 월권행위를 한다고 보았다. 칸트는 이성이 빠지는 그런 유혹을 선험적 가상으로 해명했다.

(선험적 가상)여기서 우리가 논구할 것은 경험적 가상이(예를 들면 시각적인) 아니다. 이 가상은 본래 정당한 오성규칙을 경험적으로 사용할 때에 발현하는 것이며, 상상의 영향을 받아서 판단력이 이 가상에 유혹되는 것이다. 우리가 여기서 문제 삼는 것은 그러한 경험적 가상이 아니라 다만 선험적 가상이다

그런데 이 선험적 가상이라는 것은 결코 경험에서 사용될 수 없는 원칙에 영향을 주는 것이다. 이런 경우에 우리는 적어도 이 원칙의 정당성을 검증한 표준을 가질 것이다.[2]

칸트가 이성이 월권을 하였다고 말한 의미는 두 가지가 있는데, 첫째는 이성이 오성의 영역을 넘어 물 자체의 영역으로 넘어간 경우이다. 둘째는 이성이 오성의 지식을 통일한 존재원리를 수립한 경우를 넘어서 절대자의 영역을 오성의 지식처럼 객관적으로 규정한 경우이다. 칸트는 물 자체의 존재를 객관적 지식으로 확장한 인식기능의 잘못을 다음처럼 진술했다.

…오성을 위해서 연결하는 주관적 필연성이 물 자체의 규정인 객관적 필연성으로 보이는 점에 있는 것이다. 이런 일은 전혀 불가피한 하나의 환상이다.[3]

칸트의 의도대로 사유와 인식이 통합하여 양립하려면, 선험적 자유의 본질이 자연의 본질과 모순되지 않는다는 사실이 명확해야 한다. 자

---

2. B352
3. B353.

유의 목적적 개념이 사물의 기계적 개념과 상충되지 않고 조화를 이룰 수 있는 근거가 명확해야 한다. 곧 인간의 정신이 육체에 속해 있는 만큼, 육체를 통해 표현되는 모든 자유의지의 활동이 기계적 인과율과 모순적으로 대립해서는 안 되는 조건이다. 그러므로 서로 이질적으로 보이는 두 개의 인과율이 서로 조화를 이루는 원리가 어떻게 가능한지의 의문점이 완벽히 해소되지 않으면, 칸트의 의도는 달성될 수 없다.

목적적 인과율은 기계적 인과율과 충돌하는 것이 아니다. 목적적 인과율은 인간이 기계적 인과율이 작동하는 현상계의 사물을 이용하여 목적을 달성하려는 사유방법이다. 즉 시간과 공간을 자유롭게 이동할 수 있는 상상력을 가진 인간이 자연의 공간에서 자유의지에 의해 실제로 이동하거나, 설계도면에 공간의 구성과 시간의 경과를 계획적으로 설정하여 실험하는 행동이 목적적 인과율의 객관적 범례이다. 인간의 인식기능은 정신영역과 물질영역의 조화를 고찰할 수 있다. 인간은 이 경우를 근거로 삼아 현상의 영역과 본질의 영역을 별개로 구분한다.

칸트는 인과율이 적용되는 현상계에서 인간의 정신적 자유와 물질적 사물이 서로 다른 속성을 지니고 있기 때문에, 연장속성의 사물영역에서는 사유속성의 정신적 기능인 자유의 논구가 불가능하다고 판단했다. 자유의 정신적 속성이 정적인 수학적 개념의 대상이 아니기 때문이다. 자유의 정신적 속성은 인간의 실천적 활동에 작용하는 것이므로, 역학적 개념의 범주영역에서만 다룰 수 있는 인식대상이기 때문이다. 그러므로 정신적 자유 개념의 목적적 인과율은 물질적 자연개념의 기계적 인과율을 근본적으로 변화시킬 수 없으므로, 칸트는 자유행위가 자연의 근본법칙을 바꾸는 일이 결코 있을 수 없다고 판단했다.

자유행위의 근본목적은 인간중심의 가치관에 따라 이미 주어진 자연의 사물을 활용하여 문화와 문명을 창조하려는 것이며, 창조적 활동은 자연생태계와 문명사회의 조화를 추구하는 작업행위를 의미한다. 다시 말해 자유행위는 자연을 이용하여, 즉 자연을 이루는 구성체를 작업의 소재로 활용하여, 문명을 창조하고 자연과 문명이 서로 조화롭게 공존하는 방식을 수행하는 활동 및 작업을 의미한다. 즉 인간의 자유는 기계적 원리와 법칙을 이용하여 물질에게 정신적 관념을 적용하여 새로운 모습의 존재자를 탄생시키는 사고방식과 행동양식을 의미한다. 그러므로 자유의식이 활동한 결과는 공간과 시간에서 이동이 가능한 육체를 바탕으로 하여 자연의 물질에게 새로운 개체의 형상을 부여하는 지적 작업의 결실을 의미한다.

따라서 기계적 인과율의 대상인 물질로 구성된 육체는 그 자체로는 기계적 구조일지라도, 그러나 자유로운 의식이 작동해야만 활동할 수 있으므로 정신과 물질이 서로 충돌한다고 판단할 수 없다. 하지만 현실에서는 정신과 물질의 속성이 서로 충동하여 모순적 상황을 유발하는 경우가 빈번이 발생하는데, 여러 방면의 현대과학은 그 경우를 해명하려고 노력 중이다. 만약 이 과제를 제대로 해소하지 못하면, 이원론적 인과율에 바탕을 둔 칸트의 방법론은 현대사회에서 부정적 비판과 더불어 배척당할 수 있다. 역으로 칸트의 이원론적 입장은 더욱 더 설득력을 갖춘 이론으로 각인될 수 있다.

발생론적 의문을 간접적으로 해소하려면, 그 요건은 이념적 측면에서 도덕법칙에 의한 사회현상과 자연법칙에 의한 자연현상이 일관성을 갖추고 서로 조화롭게 공존해야 한다. 칸트의 선험철학의 체계가 바로 이런 의도에 맞추어 구성되었다. 칸트는 『순수이성비판』, 『실천이성비판』, 『판단력비판』에서 인식기능의 구조와 역할 및 조화를 논구하여, 자신의 의도를 달성하려고 했다. 이 관점에서 칸트 철학의 현대성을 검토해야 한다.

7. 칸트의 형이상학 체계

선천적 종합판단과 형이상학

칸트는 형이상학을 근본학[1]이라고 칭했다. 그는 존재론과 인식론을 구분하는 기준으로 물(사물)과 물(사물) 자체의 용어를 제시했다. 칸트가 이렇게 표현할 수 있는 근거는 이미 고대의 철학자들이 인간의 지성을 감상과 오성과 이성으로 구분한 점에서 명백해진다. 이성이 오성의 지식을 통일하는 존재의 원리와 이념을 수립하기 때문이다. 만약 지성의 인식기능에서 이성이 오성의 지식들을 체계적으로 통합하여 이념을 수립하지 않는다면, 당연히 오성에 대한 이성의 역할이 없게 되어 곧바로 다음의 두 가지 결론에 도달한다. 첫째는 오성과 이성의 구분이 없게 되어, 이 두 가지 용어를 오성으로 또는 이성으로 통합해야 하는 경우이다. 둘째는 이성의 지식과 오성의 지식이 서로 다른 성질의 지식

---

1. B V V Ⅳ.

이어서 서로 연관성이 없는 지식으로 독립시키고 각각 공존케 하는 경우이다. 그런데 이성이 오성의 지식을 총체적으로 통합하여 학문의 체계성을 밑받침하는 이념을 구축하기 때문에 오성과 이성은 상보적으로 결합된 지성의 인식구조가 아닐 수 없다.

제일철학의 다른 명칭으로 정착된 형이상학의 용어는 제일원인 또는 제일원리를 수립하는 학문임을 의미한다. 현상의 모습으로 새롭게 변한 모든 구성체들이 인과법칙에 의해 서로 내적·외적 관계를 형성한다. 따라서 최고원인의 개념은 명확히 규정되어야 한다. 그 점은 의식이 현상의 사물을 인식하는 과정을 거친 후에 비로소 명확해진다.

칸트는 사물의 현상이 없으면, 인간이 공간과 시간의 존재도 의식할 수 없다고 파악했다. 공간과 시간은 그 자체로 체험되는 것이 아니기 때문이다. 반드시 사물과 더불어 체험되는 것이다. 칸트는 모든 인식은 사물이 감각을 촉발해야 시작함을 전제했다. 사물이 감각을 촉발하는 순간, 인간의 순수직관형식이 모든 현상을 혼란스럽지 않게 만드는 기능을 작동한다는 파악했다. 의식에서 정적인 존재인 공간이 모든 현상을 수용하는 동적인 직관형식의 역할을 수행하는 점을 파악했다. 그러므로 선험철학에서는 외부대상의 수용하고 있는 공간과 의식에서 사물의 표상을 수용하는 공간이 서로 차별된다.

칸트는 모든 인식이 감성적 촉발에서부터 시작하는 점을 아래의 문장으로 명확히 천명했다.

우리는 공간과 시간이 감성적 직관의 형식에 불과하고 따라서 물(사물)이 현상으로서 존재하게 되는 제약에 불과하다는 것, 그리고 그뿐만 아니라 우리는 오물(사물) 그 자체로서의 대상을 인식할 수 없고 오직 감성적 직관의 객관, 즉 현상으로서의 대상만을 인식할 수 있다는 것을 비판의 분

석적 부분에서 논증하였다.[2]

칸트는 물 자체의 개념을 바탕으로 하여 인식과 사유의 접점을 다음의 문장으로 명확히 해명했다. 칸트는 형이상학의 대상이 인식행위도 사유행위도 불가능한 상황에서 발생하는 모순을 극복하기 위해, 물 자체의 존재가 사유 가능함을 분명히 했다.

여기서 이성의 가능한 모든 사변적 인식이 다만 경험의 대상에만 제한된다는 귀결이 나오게 될 것은 물론이다. 그러나 우리는 바로 이 대상을 물 자체로서 인식할 수는 없어도 적어도 사고할 수 있다는 것이 유보되어 있다는 점에 유의하지 않으면 안 된다. 왜냐하면 그렇지 않으면 아무것도 없는 현상이 거기에 나타난다는 부조리한 명제가 따라 나오기 때문이다.[3]

칸트는 기계적 인과율과 다른 종류의 인과율이 작용하고 있음을 밝히기 위해 물 자체 개념을 거론하였다. 그 이유는 물 자체 개념을 내세우지 않고서는 인간영혼의 자유성을 달리 설명할 방법이 없는 한계 때문이다. 물 자체의 개념이 없으면, 인간은 자신의 자유성을 규정하기 위해 신의 존재로부터 직접 논증하든지, 아니면 스스로 자기의지를 자유롭다고 규정하든지, 아니면 아예 자신의 자유를 부정해야 하는 조건 때문이다.

이제 우리가 우리의 비판을 통하여 필연적으로 설정한 경험의 대상으로서의 물과 물 자체로서의 물을 전연 구별하지 않았다고 가정하여 보자.

---

2. B ⅩⅩⅤ.

3. ⅩⅩⅥ~Ⅶ.

그렇게 되면 인과성의 원칙이 따라서 이 원칙에 의해 규정된 자연기계론 Naturmechanismus이 보편적으로 모든 물 일반에 대하여 작용인으로 타당하지 않을 수 없게 될 것이다.[4]

칸트는 두 개의 인과율이 존재해야만 인간의 본성을 설명할 수 있음을 설명했다. 그 이유는 인간에게 자연기계론만을 오로지 적용하면, 자유의지에 의한 인간행위를 인정할 수 없는 점 때문이다. 칸트는 그 점을 다음의 문장으로 표명했다.

따라서 나는 분명히 동일한 존재자, 예를 들면 인간의 영혼에 대하여 명약관화한 모순에 빠지지 않고서 "그의 의지는 자유다. 그러나 동시에 자연 필연성에 복종한다. 즉 부자유하다"고 말할 수 없게 될 것이다. 왜냐하면 나는 영혼을 두 개의 명제 중에서 바로 동일한 의미, 즉 물 일반(물 자체)으로만 생각하였기 때문이다.[5]

칸트가 인식론에서 보여주는 이와 같은 입장이 새로운 형이상학의 정립하는 비판철학의 구성에서 특히 주목되는데, 그 이유는 사물을 총괄하는 추상적 관념이 과연 사물이 다채롭게 존재하는 현상계와 무관하게 존재할 수 있는가의 의문점 때문이다. 물 자체의 개념이 단지 개체의 개별성질에 불과하면, 존재의 궁극원인을 지칭하는 개념이 될 수 없는 조건 때문이다. 물 자체의 개념이 사물의 목적을 모두 총괄할 수 있는 궁극원인을 의미하는 것이 아니라면, 물 자체 개념이 무의미한 용어

---

4. ibid.

5. ibid.

가 되는 상황 때문이다.

진리를 추구하는 인간에게는 인식대상을 이해하기 전에 먼저 대상을 인식하는 자기인식능력부터 파악하는 작업은 당연한 것이다. 그런데 당연한 이 일의 근원적 곳에는 두 가지 전제조건이 선행되어 있다. 하나는 대상을 목전에 두고서 자신의 인식능력을 먼저 문제시하는 반성적 판단능력이 객체의 대상을 인식하는 능력의 근원인 사실과 그리고 다른 하나는 인간의 인식기능으로 내재된 그 능력이 형이상학적 기능인 사실이다.

인식론은 지식론을 포괄한다. 지식론은 객관적 지식의 본질을 탐구하는 작업인데 비해 인식론은 객관적 지식뿐만 아니라 주관적 인식구조, 기능을 포함하여 탐구하는 작업인 특성 때문이다. 인식론은 인간이 탐구하려는 대상 속에 자신을 포함할 뿐만 아니라 존재 그 자체까지도 아예 포함하여 모든 것을 파악하려는 지적탐구 작업이다. 그러므로 인간은 자신이 전체를 통일적으로 파악하려는 목적을 위해 인식작업을 진행한다는 점을 근거로 하여 자신을 형이상학적 존재로 이해한다.

인간은 남을 바라보는 시선을 자신에게 돌려 자신의 모습을 보여주는 거울을 만든 행위를 비교대상으로 삼아 자신이 형이상학적 존재임을 확증할 수 있다. 그로부터 반성개념을 정립하였다. 인간은 그런 사실을 본보기로 삼아 자신이 모든 현상을 총괄하는 존재 그 자체를 근원적으로 파악하고 존재원리를 수립하는 제작자임을 스스로 깨닫는다.

칸트는 그런 혼란스러운 상황에서 진정한 학문으로서의 형이상학, 진리의 확고한 기반을 갖춘 형이상학의 정체를 확립하려고 하였다. 그 목적을 실현시킬 방법론을 인간자신의 인식기능 속에 내재해 있는 선천적 종합판단의 능력으로 해명했다.

형이상학은 종래에 헛되게 기도하였으나, 그럼에도 인간이성의 본성에 의해서 불가결의 학문이라고 보아진다면 이런 형이상학에 있어서도 선천적 종합판단이 포함되어 있어야 할 것이다. 이런 형이상학에 있어서도 선천적 종합판단이 포함되어 있어야 할 것이다.

형이상학이 다룰 문제는 우리가 사물에 관해서 형성하는 개념을 분석하기만 하고, 그로 인해서 분석적으로 설명하는 일이 아니다.[6]

분석판단이 아닌 종합판단은 경험적이다. 종합판단은 경험적 종합판단을 일컫는다. 지식이 확장하려면 경험대상의 외연을 확장해야 한다. 물 자체의 영역은 경험적 영역이 아니다. 궁극원리는 경험적 표상으로 구성할 수 없다. 게다가 전통적 합리론처럼 실체개념을 연역적 추론의 대전제로 삼아 궁극원리로 확정할 수 없다. 모든 경험을 포괄하기 위해서는 판단은 종합적이어야 한다. 형이상학은 의식의 이성이 구축한다. 형이상학을 학문으로 구축하기 위해서는 선천적 종합판단이 가능해야 한다.

선천적 종합판단은 두 가지 조건을 충족해야 한다. 첫째는 선험논리학은 형식논리학과 달리 내용을 다루어야하기 때문에 분석판단이 될 수 없다. 종합판단이어야 한다. 둘째는 목적적 인과율은 실천이성에서만 가능하기 때문에 경험적일 수 없다. 선천적이어야 한다.

경험은 현상계의 개별사물에만 적용되기 때문에 목적적 인과율과 연결되지 않는다. 목적적 인과율의 물 자체와 기계적 인과율의 현상계를 연결하려면 선천적이고 종합적이어야 한다. 목적적 인과율의 적용대상은 자유의지의 행위이다. 자유의지는 실천적 자유이다. 실천적 자유의

---

6. 재판 서언 18.

본질은 실천이성의 선의지이다. 선천적 종합판단은 실천이성의 실천적 자유와 경험적 종합판단이 하나로 통합해야 성립한다.

칸트는 이 두 가지 점을 『순수이성비판』과 『실천이성비판』에서 논증하였으므로, 선천적 종합판단은 형이상학을 수립할 수 있다. 『순수이성비판』이 해명한 선천적 종합판단의 성격은 그런 요건 때문에 여전히 현대적이다.

새로운 형이상학의 학적 정초의 타당성

제일철학으로서의 형이상학의 주제인 신의 존재성을 규명하는 작업에서 칸트는 신의 존재를 인식대상은 아니지만 사유대상으로 간주하였다. 칸트의 형이상학을 올바르게 파악하려면, 다른 무엇보다도 요청으로서의 신의 존재를 논구한 그의 발상을 검토해야 한다. 그리고 원리로서의 형이상학의 이념을 구성적 이념 대신에 통제적 이념으로 대체한 그의 발상을 검토해야 한다.

칸트가 이념을 구분한 constitutive(구성적)와 regulartive(통제적)의 용어에 대한 정확한 이해가 필요해진다. 왜냐하면 이 용어는 물 자체의 개념과 더불어 칸트를 반형이상학자로 오해받을 수 있게 하거나, 그의 주장이 반쪽자리 불충분한 형이상학의 이론을 펼치고 있다는 오해를 불려 일으키는 특성 때문이다. 그 오해는 절대적 완전성을 갖추어야할 형이상학의 이념인 존재원리가 이성에 의해 구축되었다면, 역설적으로 사유구조에 내재한 이성의 원리가 절대적이고 완전한 것이어야 하는 조건 때문이다.

이와 같은 문제점은 이미 칸트가 선험적 논리학의 범주개념을 정립하는 과정에서 논구하였다. 그 점은 기계적 인과율이 현상의 물질계에 완전하게 작용하는 사실성이다. 만약 이 원칙을 부정하려면, 물질의 기본 구성요소가 기계적 인과율에 의해 작용하지 않고 기계적 인과율이 아닌 목적적 인과율에 의해 작용하는 경우가 가능해야 한다. 가령 야구투수가 던진 공이 스스로 판단하고 자신이 날라 가는 방향을 바꾸는 경우이다. 비록 투수가 공이 던진 운동의 원인일지라도, 날라 가는 공이 투수의 손을 벗어나자마자 곧장 자신이 마주하는 타자의 모습 앞에서 자신의 방향을 자유로운 입장에서 능동적이고 자발적으로 바꾸는 경우이다. 자유의지에 의한 판단작용이 허공에 날라 가는 공에 발동하여 목적행위가 발생하게 되는 경우이다. 하지만 허공의 공에게는 그런 작용을 할 수 있는 판단기능이 없을 뿐만 아니라 그런 조짐도 전혀 없다.

이와 같은 이치를 물질의 기본입자가 갖추고 있는 근본구조에 고스란히 그대로 적용할 수 있다. 물질의 기본입자가 그런 목적적 판단행위를 하는 사유구조를 처음부터 갖추고 있지 않으면 지금의 기계적 인과율을 결코 거부할 수 없다. 그럼에도 불구하고 기계적 인과율 대신 목적적 인과율을 주장하려면, 그 입장은 물질의 기본입자가 사유판단을 할 수 있는 구조를 갖추고 있음을 증명해야 한다. 그러면 기계적 인과율과 목적적 인과율이 하나의 통합원리에서 양립할 수 있는 방법이 무엇인지의 의문점을 해명해야 한다. 이 의문점에서 선험철학의 칸트가 합리론의 데카르트, 스피노자, 라이프니츠와 경험론의 록크, 흄과 만나게 된다. 그리고 칸트가 전략적으로 구상한 우회적 방식인 선험논리학의 인식방법이 등장한다. 지식을 학문으로 체계화하기 위해서는 논리학의 원리가 필수불가결하다. 논리학의 원리를 타당한 지식으로 확립하는 작업이 선행해야 한다.

경험의 사실이 타당한 지식으로 인정받기 위해서는 실증성corrob-orative evidence을 갖추어야 한다. 논리학은 일찍이 두 가지 방향에서 그 작업을 구축하였다. 하나는 경험적 확인과 실험 등을 거쳐 지식을 구축하는 절차를 귀납적 사유방식으로 정립한 발상이다. 다른 하나는 인과율의 원리에 근거하여 이론적 가설을 만들고, 그것을 객관적 실험을 거쳐 확증하는 연역적 사유방식으로 정립한 발상이다. 따라서 과학적 지식은 반드시 실증적이고 논리적이어야 한다.

인식기능이 논리적이어야만 비로소 시간과 공간의 한 점에 불과한 육체의 제한된 약점을 극복하고 모든 존재영역을 총체적이고 종합적이고 통일적으로 포괄할 수 있다. 칸트의 선험철학은 그런 인식기능을 선험적 감성론과 선험적 논리학에서 각각 나누어 설명한다.

의식의 인식기능은 지식을 체계화한 학문을 진리로 규정하는 논리성을 선천적으로 갖추고 있다. 논리적 타당성이 개별지식의 근저에 놓여 있어야만 학문의 체계성이 수립된다. 논리적 규범이 진리이어야만 논리적 사고방식은 과학이 자신의 기초 원리를 수립하는 작업을 도와줄 수 있다. 논리학은 과학뿐만 아니라 철학지식에도 작용해야 한다. 그런 선결조건 때문에 존재론과 인식론과 논리학이 수미일관된 체계로 통합하여 철학의 이론체계를 구성해야 한다.

전통적 형식논리학은 모든 현상을 아우르는 제일원리 내지 제일원인을 포함한 형이상학의 지식을 진리로 판단할 수 있는 정당하고 올바른 자격을 갖추고 있는지의 정체성시비에 휘말리지 않을 수 없다. 이 시비에서 비롯된 철학의 정체성의 위기가 곧바로 형이상학의 위기가 되고, 연쇄적으로 형이상학의 위기가 인식론의 위기가 되고, 인식론의 위기가 논리학의 위기가 된다. 형이상학의 지식이 논리학의 규범에 기반을 둔 학문으로서 정립할 수 없다면, 곧바로 형이상학의 학적 기반이 허물어지는 위기이다. 어떻게 순수형이상학이 가능한가라는 질문은 인간에게 어떻게 자연소질로서의 형이상학이 가능한가라는 물음에 대한 작업이다. 그 해명은 선험논리학의 범주개념이 자연형이상학의 이념과 원리를 정립함으로서의 가능했다.

선험논리학의 철학적 의의를 제대로 파악하려면, 감성과 오성 그리고 이성에 대한 구분과 그 역할에 대한 올바른 이해가 선행해야 한다. 칸트의『순수이성비판』을 구성하는 선험논리학의 모든 체계가 순수오성 개념을 바탕을 한 이론인 사실을 각별히 주목해야 한다. 칸트가『순수이성비판』에서 논구한 인간이성은 나 홀로 독립적이고 독자적 이성이 아니라, 오성의 지식을 총괄하는 특성이 이성이기 때문이다. 인간지성이 대상의 존재를 감지하는 감성, 감지된 인식재료를 지식으로 수립하는 오성, 오성의 지식들을 통일하여 형이상학적 원리로 수립하는 이성으로 구성된 구조 때문이다.

새로운 형이상학으로 도덕형이상학

칸트가 전통적 이념을 constitutive idea(구성적 이념)으로 명칭하고, 그에 반해 자신이 새롭게 규정한 이념을 regulartive idea(통제적 이념)으로 명명했다. 이 구별은 칸트가 반형이상학자로서 오인될 여지를 스스로 제공했다. 왜냐하면 헌법의 의미를 지닌 constitutive 용어 대신에 규칙적 의미를 지닌 regulartive 용어가 이념의 성격을 한 단계 격하시키는 꼴이 되었고, 종국적으로 인간이성이 정립한 이념을 진정한 의미의 이념이 아닌 것으로 오해받을 수 있도록 만들었기 때문이다.

이념은 인간이 형이상학의 대상으로부터 직접 전수받는 것이 아니고, 인간이 형이상학의 대상을 바라보고 작성하는 것이다. 이념은 인간이 스스로 구성할 수 있는 작업의 과제가 아니다. 곧 모세의 율법과 같은 성격이 아닌 성격이다. 그럼에도 불구하고 인간은 모든 현상을 총괄하여 통일적 원리를 수립하는 작업을 헌법적 성격을 지닌 constitutive의 의미에 해당하는 것으로 오인할 수 있다. 그와 반대로 현상계의 지식들을 총괄하여 구성한 이념은 자의적인 것이 되고, 개연적 관념으로 전락할 장애에 부딪친다. 그래서 칸트는 『순수이성비판』에서 인식과 사유를 통합할 학적 방법을 논증하였던 것이다.

칸트가 전통적 의미에서의 순수이성을 사변이성과 실천이성으로 구분한 이유는 인간의 정체성을 확실하게 정립하려는 목적 때문이었다. 자연은 이미 형성된 자연법칙의 구조에 따라 되풀이하는 과정이고, 자연의 진화가 주어진 환경의 변화에 따른 적응일 뿐인 사실성 때문이다. 자연의 변화과정에서 인간의 삶을 자연의 일부로 간주하면, 인간의 창조적 삶의 의미가 존재할 이유가 없어지는 모순점 때문이다. 즉 인간의 존재성을 특징짓는 영혼의 성격이 물질의 속성에 기인한 것이 되어, 물질의 개체가 소멸될 적에 구성인자가 분해되듯이 영혼도 육체가 구성인자로 분해함과 동시에 소멸한다고 하는 유물론의 입장에 도달하는 취약점 때문이다.

유물론은 두 가지의 의문점을 해소해야만 타당성을 갖출 수 있다. 하나는 물질이 근원적으로 진·선·미眞善美의 가치를 함유하고 있는가이고, 다른 하나는 물질이 영혼불멸설의 원천을 원초적으로 내포하고 있는지의 의문이다. 더욱이 이 의문점은 또 다른 의문점을 낳는데, 하나는 물질이 정신적 속성을 지닌 물질인지의 의문점이다. 다른 하나는 물질의 속성이 이 특성을 해명할 근거를 가지고 있지 않다면, 영혼을 설명할 수 있는 방법으로 정신적 실체를 인정해야 하는지의 의문점이다. 그런데 전자는 합리론에서 스피노자와 라이프니츠가 나아간 방향이고 후자는 데카르트가 나아간 방향이다.

합리론과 대척점에 서게 된 경험론은 이 의문점에 직면해서 이러지도 저러지도 못하는 입장이 되었다. 경험론 자들은 자신의 논리를 전개하는 과정에서 지적기능의 활동범위를 협소하게 육체가 감각적으로 경험할 수 있는 현상계에 한정했다. 그들의 주장은 개연적 지식에 머물게 되고, 그들의 입장은 회의론이 되었다. 하지만 그들은 유물론자가 아니었다. 그들이 내세운 경험론의 내용은 유물론의 내용이 아니었다. 그러나 인간의 지적활동의 범위를 현상에만 제한함으로서, 자연스럽게 유물론의 주장과 겹치게 되었다. 합리론의 입장을 수용하지 못하는 경험론은 필연적으로 영혼의 존재를 해명하는 정신적 실체에 관해 불가지론을 내세우는 회의론에 도달하지 않을 수 없었다.

칸트는 그 점을 역이용하여 형이상학을 정초하는 도구로 활용했다. 『순수이성비판』에서 의식기능을 사유기능과 인식기능으로 구분한 칸트의 발상은 회의론의 입장으로 오인될 수 있었다. 그러나 칸트의 의도는 역발상으로 반전을 감추고 있었다. 칸트가 경험론의 회의적 결론에 거꾸로 형이상학의 근거가 함께 있음을 파악한 발상이다. 회의론에 전혀 생각할 수 없었던 이율배반의 방식이 숨겨져 있는 역설이다. 칸트의 반전은 신과 영혼불멸이 인식대상이 아님을 논증하여 회의론의 공격을 원초적으로 봉쇄하고, 이율배반에서 선험적 자유를 논증하여 새로운 형이상학을 정초한 사고방식이다.

칸트는 『순수이성비판』에서 신과 영혼불멸은 인식대상이 될 수 없다고 논증했다. 직접 논증은 불가능하다고 판단했다. 형이상학을 구성할 방법이 아예 불가능해진다. 형이상학의 정초가 불가능하면, 회의론에

도달한다.

칸트는 인식기능이 직접적으로 논증할 수 없는 형이상학의 대상을 간접적 방법으로 확증할 수 있음을 파악했다. 『순수이성비판』의 특성인 간접적 논증이다. 자연과학의 지식이 진리임을 정초하여, 간접적으로 인간의 사유기능이 목적적 인과율에 의한 자유행위를 할 수 있음을 논증하는 방법이다. 칸트는 자유의지에 의한 행위를 직접 논증할 수 없으므로, 『순수이성비판』에서 간접적으로 자유의지가 존재함을 선험적 변증론의 이율배반에서 논증했다. 칸트는 그곳에서 자유를 '선험적 자유'의 용어로 서술했다. 칸트가 자유에 '선험적' 용어를 붙인 까닭은 인간 본성이 형이상학적임을 논증하기 위함이다. 칸트는 선천적으로 내재한 형이상학의 자연소질이 선험적 자유임을 논증하여, 인간이 형이상학을 정초하고 학으로 구축할 수 있음을 명백히 규명했다.

칸트는 『순수이성비판』에서 논증한 사변이성의 선험적 자유를 『실천이성비판』에서 실천이성의 실천적 자유로 전환하여 도덕학을 도덕형이상학으로 격상했다. 이로써 존재의 변화를 형이상학적으로 논구할 수 있게 되었다. 곧 인간의 본질이 문명을 창조하는 미래지향적 존재임을 논증할 수 있는 지적 근거이다. 인간의 실천행위가 도덕행위에 머물지 않고, 문화를 창조하는 예술행위까지 포함하고 있음을 논증할 수 있는 지적 바탕이다.

현대인의 입장이 형이상학의 대상을 부정하고, 형이상학을 거부하고 배척하는 것이 아니라면, 칸트가 정초한 새로운 형이상학의 모습은 여전히 현대적이다.

8. 보편이론과 상황논리의 상관관계

인간이 지닌 모든 철학적 의문의 근저에는 '자신이 알고 싶어 하는 문제를 자신의 지성이 완전히 파악할 수 있겠는가?'의 인식론의 의문이 선결문제로 놓여 있다. 그 의문의 해명은 줄곧 합리론과 경험론의 입장 차이에 의해 서로 충돌하였고, 그 입장의 차이는 현대에 이르러서도 여전히 지속하고 있다. 따라서 현대인과 현대철학이 겪는 자기정체성의 위기도 이와 같은 근본과제를 바탕으로 하여 논구해야 한다.

합리론과 경험론이 충돌하는 논쟁점은 인간에게 본유관념이 존재하는가, 아니면 존재하지 않는가의 관점이다. 왜냐하면 선천적 인식기능의 논리적 구조와 체계가 관념적 표상이 작용하는데 필요한 도구이기 때문이다. 육체의 모든 기능을 작동시키기 위해서는 육체에게 명령할 수 있는 관념적 표상이 정신적 사유기능 속에 논리적 표상과 심리적 표상으로 동시에 존재해야하기 때문이다. 그런데 심리기능이 자연과학의 논구방식에 의존하는 심리학에서 다루는 그런 의식의 기능인지 아니면 전통적 형이상학에서 다루는 그런 영혼의 기능인지는 확연히 구별해야 한다. 그리고 형이상학의 사유기능과 심리학의 심리기능을 별도로 구분해야 할 이유가 무엇이며 또한 그렇게 구분해야 할 객관적 근거가 무엇인지를 명확히 밝혀야한다.

경험론이 인식대상인 사물의 속성을 제일성질과 제이성질로 구분하고, 그것이 의식에 단순 관념과 복합 관념으로 등장한다고 규정하였다. 이와 같은 경험론의 구분은 근대철학이 본격적으로 인식구조를 논구하도록 촉발한 탐구의 시발점이 되었다. 경험론은 인간의 의식이 어떻게 단순 관념과 복합 관념을 발생할 수 있는지의 의문점을 해명해야 했다. 의식이 대상을 판단할 수 있는 표상을 선천적으로 갖추고 있지 않다면 불가능한 조건 때문이다. 그것은 카메라가 사물을 촬영하여 갖가지 대상의 모습을 저장해 두어도 결코 그 대상이 무엇인지를 표상하고 인식하지 못하는 경우에서 확인된다. 카메라의 기능이 대상을 인식하고 무엇이라고 판정하려면, 카메라기능에 인식기능이 부착된 고성능 기구가 별도로 존재해야 함을 의미한다.

경험론은 인간이 태어날 적에 의식이 외부대상에 대한 인상을 가지고 있지 않다는 관점을 주장했다. 경험론은 의식의 바탕이 백지white paper, tabla rasa로 규정했다. 경험론이 의식이 대상과 접촉하는 순간에 단순 관념과 복합 관념을 발생한다고 주장했다. 그러나 그 주장은 역설적으로 그 주장은 대상을 인식할 수 있는 표상이 의식 속에 선천적으로 존재한다는 사실을 스스로 자인한 꼴이었다.

결국 합리론과 경험론의 대립은 인간의 의식 속에 선천적으로 형이상학적 표상이 자리 잡고 있는가라는 물음에 대한 입장차이로 요약된다. 더 나아가 그 입장은 합리론처럼 형이상학적 신의 관념이 선천적으로 자리 잡고 있다는 주장과 유물론처럼 신의 관념이 경험에서 발생한 외부관념이 발전하는 과정에서 후천적으로 형성된 추상적 관념에 불과하다는 주장의 대립으로 치닫게 된다. 근대철학은 인간이 태어날 적에 본유관념, 곧 생득관념을 이미 가지고 있다는 입장과 오성의 인식기능이 그런 관념을 후천적으로 생성한다는 차이점을 해소하고 통합이론을 구축해야만 했다.

칸트의 비판철학이 통합작업은 수행하였다. 칸트는 비판철학이 지향하는 목적을 달성하기 위해 합리론의 길과 경험론의 길을 똑같이 막아버린 인식론의 한계점을 일단 먼저 정리해야 했다. 그 논구는 '인간이 무엇인가?'라는 근본주제와 직결한다. 인식기능을 논구하는 과정에서 합리론은 자기주장의 논증방식을 정당화하는 근거로 수학 및 기하학의 학적 체계를 경험론의 전면에 내세웠다.

수의 체계를 구성하는 근본요소는 수 개념이다. 수학의 근본요소인 수는 인간의식이 감성적 직관형식에 의거해 공간에 존재하는 사물들을 논리적으로 기수와 서수로 정형화한 양적 개념이다. 수의 그런 성격은 현상계의 모든 사물들이 스스로의 운동력으로 변화하는 상황에서 발생하는 생성·소멸의 과정을 전부 설명할 수 있는 인식수단이 될 수 없다. 그럼에도 합리론이 구축한 형이상학의 연역체계는 운동과 변화의 과정에서 발생하는 현상계의 다양성, 목적원인에 따라 활동하는 인간의 행위, 자연과 문명이 어울린 미래사회의 모습을 오로지 수학과 기하학적 사고방식으로 설명하려고 시도하였다. 그들은 마침내 그 방식으로 현상의 변화과정을 도저히 설명할 수 없는 한계에 직면하였다.

근대철학의 특성은 데카르트의 주체철학의 방법적 회의론에서 압축되어 있는데, 합리론과 경험론의 논쟁은 다함께 데카르트가 개척한 인식론의 영역에서 발생한 사건이었다. 근대철학의 흐름은 합리론과 경험론. 칸트의 비판론이 데카르트의 길을 따라간 것으로 판단할 수 있다. 합리론뿐만 아니라 경험론, 비판철학이 모두 'cogito ergo sum(나는 생각한다. 고로 존재한다)'의 명제가 표방하는 대로 자아의 의식을 진리탐구의 출발점으로 삼고서 진리의 본성을 파악하려고 시도한 착상이다.

하지만 칸트의 통합방식은 한 편으로는 데카르트의 '나는 생각한다 cogito'의 명제에 따른 의식의 현존재를 바탕으로 하여, 합리론이 실패한 형이상학의 학적 정초를 완성하려는 방식이었다. 다른 한편으로는 데카르트의 길을 따라가면서 인간의 인식기능을 구체적으로 밝혀 경험론이 실패한 철학의 학적 정체성을 명확히 하려는 방식이었다. 칸트의 방법은 양자를 모두 아울린 통합론이었다. 칸트가 지향한 비판철학은 경험론의 시각에서 합리론을 비판하면서, 그 논구과정은 경험론의 회의적 입장을 극복하는 합리론의 길을 걸어간 사유방식이었다.

그런 길을 걸어간 칸트의 입장은 『순수이성비판』의 서언에서 서술한 아래의 글 속에 함축되어 있다.

"비판은 학으로서의 순수인식에 있어서의 독단적 방법에 반대하는 것이 아니라(왜냐하면 학적 인식이라는 것은 언제든지 독단적인, 즉 확실한 선천적 원리에 의해서 엄밀하게 증명된 인식이 아니면 안 되기 때문이다), 독단론 즉 이성이 어떠한 방법과 권리를 가지고 거기까지 도달하였는지를 심구함이 없이, 오랫동안 사용하여 온 원리에 따라 성립하는 순수한(철학적) 개념적 인식만을 가지고 해 나간다고 자부하는 것을 반대하는 것이다. 그러므로 독단론이라는 것은 순수이성이 제 자신의 능력을 무비판적으로 신뢰하는 독단적 방법이다. 그렇기 때문에 이 반대는 통속성이라는 명칭을 도용하는 천박한 수단이나 또는 모든 형이상학을 간단히 해치우는 회의론을 변위한 것이어서는 안 된다.[1]

---

1. B X X X Ⅵ.

그는 자신의 입장이 반형이상학적 경향에 대해 형이상학을 굳건한 반석위에 올려놓으려는 합리론자임을 스스로 명백히 천명했다.

오히려 비판은 필연적으로 독단적이고 가장 엄격한 요구에 따라서 체계적이고 학적(비통속적)으로 완성되지 않으면 안 되는 학으로서의 근본적 형이상학을 촉진하기 위하여 필연적으로 선행되지 않으면 안 될 준비 작업이다.

왜냐하면 형이상학에 대한 이 요구는 형이상학이 오로지 선천적으로, 따라서 사변적 이성이 완전히 만족할 수 있도록 그 임무를 완수할 책임을 지고 있는 만큼 소홀히 여길 수 없기 때문이다.[2]

칸트의 철학체계가 현시대에도 여전히 현대인들에게 공감을 얻어 그들의 사고방식을 지도하려면, 칸트가 이처럼 논구한 과제들이 현대성을 지녀야 한다. 비판철학의 논구주제가 현대사회가 직면한 각종 문제점과 연결되어 있다는 판단은 첫째, 그 논구과제가 현대철학이 당면한 과제와 연결되어야 한다. 둘째, 칸트의 사고방식과 현대인의 사고방식이 공통성을 공유해야 한다. 그리고 그 진단은 아래에 나열한 진술로서 예측할 수 있다.

1. 인간은 자신의 팔·다리를 대신할 수 있는 수단 및 도구로 발을 대신 할 수 있는 자동차와 손을 대신할 수 있는 옷감을 짜는 직물기계를 만들었다. 그런 경우처럼, 지성은 자신의 역할을 대신할 학문을 구성했다. 그러므로 지성이 이룬 학문의 역사에서 학문의 발전과정을 주도한 지성의 근본구조를 명확히 밝혀야 한다.

---

2. ibid.

『순수이성비판』의 구성을 올바르게 파악하려면, 칸트가 인간지성을 감성과 오성과 이성으로 구분한 의도를 철저히 파악해야 한다. 이성의 인식기능이 형이상학을 학문으로 정초한 발상을 주목해야 한다.

2. 물질은 정신을 매개로 하여 다채로운 현상계를 구성한다. 그리고 물질의 근본단위인 개체는 현상의 구성원들을 형성하는 근본요소이기 때문에, 그 자체만으로 스스로 미래의 현상계를 미리 총체적으로 인식하고서 현재의 상태로부터 미래의 새로운 개체를 구상하고 만들어 가는 생성의 주체가 될 수 없다. 그러므로 물질로 구성된 사물의 형상을 의식하는 정신이 물질의 개체를 재료로 삼아 새로운 형상을 구성하는 활동이 논구대상이다. 그러면 정신과 물질이 서로 하나로 통합될 수 있는 근거가 도대체 무엇인가? 하는 의문은 해명해야 한다.

3. 독립된 근본인자인 개체들은 서로가 독립적이기 때문에 그들을 연결한 관념을 소유한 개체가 되려면 자신 속에 관념을 지니고 있어야 한다.

4. 개별적 개체는 전체를 표상할 수 있는 기능을 지니고 있지 않다. 구체적 개체는 단지 존재하는 개체일 뿐이다. 그러므로 개별적 개체는 그 속에 전체를 표상할 수 있는 기능을 갖추고 있지 않다. 따라서 전체를 인식하고 새로운 복합체를 구상할 수 있는 관념적 인식기능을 지닌 기능을 별도로 갖추어야 한다.

5. 칸트는 본질과 현상을 구분하는 이원론자이다. 그런데 칸트는 이원론자이긴 하지만, 다른 한 쪽만 논증하지 않는다. 그는 발생론적으로 문제를 논증하지 않고, 정신과 물질이 하나로 결합된 조건에서 문제를 논증하였다. 그것이 이질적이라는 점을 논증하는 방식을 채택했다. 이 둘을 하나로 아우르는 존재의 보편이념을 논증하여 형이상학체계를 구성하려고 했다. 그리고 발생론적 약점을 극복하려고 했다.

6. 지성에서 오성과 이성의 역할을 명확히 하지 않으면 형이상학의 분야에서 혼동과 혼란이 발생한다.

7. 지식을 구성하는 인식기능의 근본은 감성의 순수직관형식과 오성의 순수오성 개념이다. 이성은 지식을 구성하는 기능이 아니다.

8. 인식구조에는 이성을 위한 판단구조가 별도로 존재하지 않는다.

9. 이성이 구성하는 형이상학의 학문은 탐구대상이 현상의 구체적 개체가 아니므로, 오성의 탐구대상이 될 수 없다.

10. 오성의 판단기능은 현상계의 경험을 총괄하여 대상의 개념으로 지식을 구성한다. 오성의 지식들을 하나로 통합하여 체계적 학문으로 구성하려면, 학문의 원리가 필요하다. 이 원리는 이성이 구성한다. 그 점은 물리학의 본 모습이 자연철학인 점에서 확인된다. 자연철학이 물리법칙을 수립한 점이다. 자연철학이 해체하여 오늘날의 물리, 화학, 생물의 이름으로 자연과학이 되었지만, 그들의 학적 토대는 과거의 자연철학이 수립한 자연법칙이다. 오늘날의 과학은 자연철학이 수립한 사물의 원리를 계승, 수정하여 현재의 원리를 확정했다.

11. 오성의 인식기능은 이성의 인식기능을 대신하여 개별지식들을 총체적으로 통일한 이념을 구축할 사유방법을 갖추고 있지 않다.

12. 감각적 감성에 의해 촉발한 대상의 표상들을 종합하여 지식을 형성하는 오성의 인식기능은 사물의 본질을 탐구할 방법과 수단을 단독으로 고안할 수 없다.

13. 경험론 자들은 원자론에 근거하여 미시영역을 탐구하거나, 지동설에 근거하여 거시영역의 우주의 실상을 탐구할 방법과 수단을 경험에 앞서 갖출 수 없다. 그 이유는 그들이 합리론의 사유방식을 거부하였기 때문이다.

14. 형이상학의 탐구대상은 사유에서 이성이 현상계의 존재원리로서

구성한 이념이다.

　15. 이성은 개념에 의한 사고방식이므로, 형이상학의 구성은 변증적 사유방식을 활용해야 한다.

　16. 반성적 판단력의 미적 판단이 사변이성과 실천이성을 연결한 요인을 명백히 해명해야 한다.

　17. 존재에 대한 원인은 존재가 아닌 것인가? 또는 존재인 것인가? 그런데 존재에 대한 원인이 존재가 아니라면, 존재는 존재가 될 수 없다. 역으로 존재에 대한 원인이 존재라면, 존재 자신이 자기원인이거나 아니면 존재를 구성하는 근본인자일 것이다.

　18. 선험적 논리학의 순수오성 개념의 판단표가 자연형이상학의 근본원리의 토대가 되는데, 인식론은 순수오성 개념의 판단표의 역할을 해명해야 한다.

　19. 물질이 질량불변이면, 물질은 유한한 것이 된다. 물질은 공간이 아니므로 공간의 무한성이 물질의 무한성이 될 수 없다. 물질이 무한하다는 의미는 무한한 공간에 물질이 산재하고 있음을 가리킨다. 물질과 공간의 대비하면, 언제나 공간은 무한하고, 물질은 유한하다.

　20. 칸트는 이성이 다룰 수 있는 자유 개념을 형이상학의 주제로 삼아 새로운 형이상학을 구축하는 길을 열었다.

　21. 합리론이 활용한 수학과 기하학의 학적 체계는 형이상학의 대상을 해명하는 근본방식이 결코 될 수 없다.

　22. 공간은 사물의 성질에 기인하는 것이 아니므로, 사물에 의한 인과율에 의해 설명되지 않는다. 그에 반해 시간은 사물의 운동성과 직접 연관되어 있으므로, 인간은 사물의 근본구조와 사물 간의 관계 및 인과율을 근거로 하여 시간의 객관적 도구를 만들 수 있다.

　23. 칸트는 합리론과 경험론을 절충하는 사유방식을 위해 물 자체 개

념을 설정하였다.

24. 순수공간은 사물과 동일한 속성의 존재가 아니다. 마찬가지로 영혼과 동일한 속성의 존재가 아니다. 그럼에도 불구하고 전통적 형이상학은 순수공간의 특성을 별도로 주목하지 않았다. 영혼의 정신영역이 공간과 별도로 존재하는지를 명백히 규정하지 않았다. 스스로 논리적 모순을 초래하였다. 순수공간의 정체성은 신이 공간을 창조했는지의 문제뿐만 아니라 신이 존재하는 영역조차 순수공간이내에 존재하는지의 문제와 직결한다.

25. 순수공간이 물질이 아닌 한, 영혼의 정신적 존재는 기계적 인과율의 사물과 다른 방식으로 순수공간에 존재할 여지는 논리적으로 가능하다. 그러므로 그 점을 부정할 수 없는 한에서는 칸트가 설정한 물자체의 설정은 결코 불합리하지 않다.

26. 이성은 오성이 확정한 지식들을 총체적으로 체계화하여 전체를 수미일관되게 아우르는 통합원리를 수립한다. 존재원리를 가능케 한 최고원인에 대한 경험의 부재와 정신적 영혼이 존재하는 영역에 대한 경험의 불가능성 때문에, 이성이 수립하는 진리체계가 개연적 성격의 학문이 되지 않는다.

27. 감성적 경험에 의해 진술될 수 없는 사태 때문에, 감성적 경험을 바탕으로 한 진술이 거짓인 것이 될 수 없다. 그러므로 감각에 의한 경험의 한계를 물 자체의 개념으로 아우르는 방법은 회의적 사고방식의 태도가 아니다. 물 자체 개념을 비난하는 입장은 마치 존재의 바깥에 존재가 아닌 것이 존재한다는 주장을 하는 꼴이 된다.

28. 물 자체 개념은 인간의 추구하는 진리의 근본 틀 곧 기본형식을 회의적 방향으로 내몰지 않는다. 오히려 물 자체가 설정된 그 정점에서 자연형이상학과 도덕형이상학이 통합할 수 있는 지평이 열린다.

29. 인간은 통합지점에서 도덕적 실천행동과 미적 창작활동을 통해 자신이 지닌 삶의 의의를 올바르게 파악할 수 있고, 자신에게 부여된 소명의식을 실행할 수 있다. 진·선·미의 본질이 삼위일체로 통합한 존재본질을 파악할 수 있다.

30. 칸트의 물 자체 개념에는 인식의 중대한 조건을 전제한다. 첫째, 공간은 사물이 아니기 때문에 결코 물 자체가 될 수 없는 정황이다. 둘째, 현상계의 존재자인 인간이 공간에서 경험할 수 없는 영혼세계에 대해 물 자체 개념을 적용할 수 있는 상황이다. 셋째는 인간의 영혼이 물질처럼 소멸되어 해체되는 것이 아니라면, 영혼의 존재는 부정할 수 없는 사실이다. 넷째는 영혼의 세계가 인식될 수 없지만 사유될 수 있는 지적 근거는 인간자신의 순수영혼이 사물과 다른 속성을 지니고 있는 특성이다.

현대성의 의미에 걸맞은 현대사회의 문제점은 여전히 형식적으로 두 부분으로 구분된다. 하나는 인간상호 간의 문제이고, 다른 하나는 개인 자신의 개성의 문제이다. 즉 문제점의 형식은 달라지지 않았지만, 사회환경이 변화함으로서 문제의 양상이 달라졌다. 역시 해결방법에 있어서도 공적인 측면에서 국가를 비롯한 사회의 각 기관이 공적으로 해결해야 하는 입장과 사적인 측면에서 개인이 스스로 해결해야 하는 입장으로 구분된다.

국가를 비롯한 공적기관은 공공정책, 복지정책, 교육정책을 통해 사회구조와 질서를 형성하여 문제를 해결한다. 사회구성원인 개인은 자기능력을 개발하면서, 자기성격을 교정하면서, 문제를 해결한다. 사회 각 조직을 대표하는 지도층은 사회구성원들이 서로 조화를 이루어 공생공영을 함께 도모하도록 여건을 마련해야 한다. 그러면 그들은 이 작업을 추진하기 위해 존재이념에 대한 이해를 갖추어야 한다. 칸트가 논구한 이념은 이성의 인식작업에 의한 결과이므로, 보편성을 확보하고 있다. 그리고 이념은 오성의 지식을 바탕으로 구성되었으므로, 시간과 공간의 상황에 대응하는 상황논리도 갖추고 있다. 그럼에도 불구하고 사회구성원들이 반목하고, 질시하고, 대립하는 현상은 지도층이 솔선수범하는 도덕성을 상실했기 때문이다. 그러므로 칸트 철학의 최대 난점은 사회지도층이 도덕이념을 왜곡하는 인격의 이중성이다. 그리고 현대인들이 도덕철학의 본질을 외면하는 발상의 편의성이다.

현대인의 해결책은 도덕형이상학의 본질을 되돌아보고 도덕의식을 회복하는 일이다. 현대인이 당면한 문제점을 해결하기 위해서는 우선적으로 사회구성원들이 도덕성을 회복해야 하므로, 그런 점에서 칸트 철학은 여전히 현대적이다.

2장

칸트 선험철학체계의
총체적 이해

1. 초월철학이 아닌 선험철학

인식기능이 인식기능을 파악하는 방법

세상이 인간보다 먼저 존재하였기 때문에, 인간이 세상에 등장할 수 있었다. 세상이 먼저이지만, 세상을 파악해야 하는 임무는 인간지성이 감당해야 한다. 인식론의 인식기능이 존재론을 구축한다. 인간의 인식기능은 존재를 탐구한다. 인식론은 인식기능을 설명하는 장소이다. 인식론은 인식기능이 자기 자신을 스스로 파악하는 방법을 해명해야 한다.

의식내부를 탐구하는 작업은 심히 어렵다. 의식내부는 사유구조이다. 그래서 의식의 사유구조와 사유기능을 탐구하는 작업은 심히 어렵다. 의식내부를 탐구하려면 탐구방법이 필요하다. 탐구방법은 인식기능이 작용하는 방법이다. 인식기능이 인식기능을 파악하는 경우는 탐구방법이 탐구방법을 파악하는 경우와 같은 맥락이다. 그러므로 얼굴을 보려면, 거울이 필요하듯이 인식구조와 인식기능을 탐구하려면 거울과 같은 수단이 필요하다. 거울과 같은 탐구도구는 인식기능이 인식한 외부대상의 경험이다. 인식기능은 외부대상의 경험과 더불어 외부에 객관적 대상이 되었다. 인간은 객관적 외부대상인 경험에서 자신의 순수인식요소를 분리한다. 분리한 인식요소를 바탕으로 하여 인식기능이 인식구조를 파악한다. 그것이 인식기능이 경험의 거울을 보고 자신의 모습인 인식기능을 바라보는 방법이다.

순수인식기능을 분리하는 탐구방법

근대철학은 존재론과 인식론을 구별한 연후에 다시 통합하는 과정을 거쳐 난국을 극복하였다. 그 과정은 다음과 같이 요약된다.

첫째, 데카르트의 방법론적 회의는 존재하는 세계를 올바르게 인식하기 위한 작업일 뿐, 결코 존재하는 세상을 부정하고 거부하는 회의적 입장이 아니다. 만약 바깥세상이 존재하지 않는다면, 인간의 의심하는 행위조차 불가능하게 되어 철학의 탐구방식이 성립할 수 없다. 존재의 근본원리와 원인은 경험의 직접대상이 될 수 없다. 마찬가지로 인간의 인식조건은 존재의 근본원리와 원인을 직접 파악할 수 없다. 데카르트는 존재원리를 확실히 파악할 방법으로 방법적 회의를 제시하였다. 방법적 회의는 주관에서 객관으로 회귀하여 존재론에서 신과 자연과 인간을 차례로 논구하였다.

둘째, 의식의 내적 인식과정은 대상을 경험하는 표상을 근거로 하여 드려난다. 그 과정을 파악하는 의식은 심리적 감성이 아니라 인식적 순수의식이다. 그러므로 심리적 감성조차 순수의식의 대상이다. 그로부터 순수의식이 어떻게 파악되는지의 의문이 성립한다. 그 해명작업은 칸트에 이르러 제대로 착수되었다. 순수의식은 감각에 의한 경험적 지각으로부터 스스로 경험적 대상의 요소를 제거한다. 순수의식의 눈앞에 남는 인식의 형식적 틀이 순수의식 자신의 인식구조이다. 인식의 근본 틀은 후대에 이르러 어떤 비판과정을 거치더라도 변함없이 수용되었다. 순수의식의 인식기능이 지적탐구대상을 현상계에서 경험하는 사물에만 국한하면, 형이상학의 주제조차 경험의 한계에 구속될 수밖에 없다. 그러면서 형이상학을 거부하는 반형이상학적 입장이 그 구속을 기반으로 출현할 수 있다. 철학은 형이상학의 정체성 논란에 휩싸이면서 제일철학인 형이상학이 기피대상이 된다. 그리고 논리학, 윤리학의 분야가 개별과학의 수준으로 전락하는 위기에 처한다.

철학은 순수의식의 영역으로 되돌아가 인식론에서 형이상학의 탐구방식과 경험과학의 탐구방식의 동질성을 확보하여 보편학문의 위상을 되찾아야만 했다. 선험철학은 존재론, 인식론 논리학의 통합을 추구하였고, 선험철학의 인식론은 경험의 추상적 일반성이 아닌 존재의 보편성을 확보하여 현상의 배후에 존재하는 존재원리를 규명하려고 했다. 선험철학이 내세운 객관적 방법과 도구가 선험논리학이었다. 따라서 현대인이 선험철학을 제대로 파악하려면, 선험성의 개념부터 올바르게 이해해야 한다.

선험철학의 학적 의의에 따르면, 추상개념 곧 일반개념은 시·공의 제약을 받지 않는다는 점에서 보편적이다. 그러므로 자연과학의 법칙과 원리가 보편적 성격을 지닌다는 사실은 두말할 나위 없다. 칸트가 선천적 인식능력을 해명하는 과정에서 외부공간에 존재하는 경험의 현실적 대상과 경험할 수 없는 초월적 대상과 구별하기 위해 transzendental의 용어를 사용했다. transzendental의 용어를 '선험적'으로 번역한 것은 칸트의 사상을 올바르게 이해하기 위한 매우 중요한 과제이다.

선험철학체계를 구성한 『순수이성비판』은 자연과학지식의 토대인 존재원리를 정립한 인식기능의 정체를 밝히는 인식론의 출발이다. 인식론과 존재론은 동전의 앞면과 뒷면의 관계처럼 불가분의 관계이다. 인식론의 진술은 존재론의 기초 진술이 되어 존재론을 정초한다.

인식기능을 탐구하는 과정은 심리적 요소를 철저히 배제해야 한다. 자연스럽게 작용하는 심리의 다양한 감정반응으로부터 의식의 인식방식을 명확히 구분해야 한다. 지성의 인식작용과 감정의 심리작용을 구별해야 한다. 더 나아가 욕망을 추구하는 의식의 목적적 활동에서도, 심리적 욕망의 근원인 감정의 작용과 인식적 욕망의 근원인 지성의 작용을 철저히 구별해야 한다. 이 구분을 철저히 실행하지 않으면, 철학의 비판적 사고방식에 근거한 형이상학의 본질을 깨우치기 심히 어렵게 된다.

그와 더불어 각별히 유념해야 할 또 다른 관점은 '선험적' 용어가 '선천적' 용어와 불가분의 관계를 맺고 있는 점이다. '선천적' 용어의 근본적 의미가 본유관념에서 비롯된 점이다. 록크가 백지tabla rasa, white paper의 용어로서 선천적 생득관념을 부정함으로서, 합리론과 경험론의 입장이 극명하게 대립하게 된 지적 풍토이다.

독일어를 우리글로 번역하는 작업에서 야기된 난점의 대표적 사례가 바로 transzendental의 용어이다. 이 용어가 transzendent의 용어에서 비롯된 것으로서 '초월적'으로 번역하는 것이 '선험적'으로 번역하는 것보다 더 명료한 것인지의 문제점이다. 그리고 'a priori'의 용어를 선천적 의미로 번역하는 것보다 선험적 의미로 번역하는 입장이 더 명료한 입장인지의 문제점이다. 게다가 형이상학의 문제와 달리 인식론의 문제에서 transzendental의 용어를 선험적으로 번역하더라도, 사용되는 문맥에 따라 초월적 형이상학의 의미로 오인하게 만드는 혼동의 문제이다.

칸트가 transzendent의 용어를 대신하여 transzendental을 채택해야 했다면, 그 선택은 철학의 중대한 의도를 담고 있다. 그 용어를 초월적으로 혹은 선험적으로 구분하는 번역작업은 실로 중대한 해석문제가 아닐 수 없다. 이 용어를 초월적이 아니라 선험적이라고 번역해야 하는 이유는 이 주제가 존재론의 과제보다 인식론의 과제이기 때문이다. 존재론과 인식론은 불가분의 학문영역이지만, 논구의 순서와 절차에서는 존재론은 인식론을 바탕으로 하여 구성하는 논리적 순서가 있다. 먼저 인식론을 논구한 후에 존재론을 검토하는 방법과, 먼저 존재론을 검토한 후에 인식론을 검토하는 방법에는 그 차이점이 너무도 명백한 특성 때문이다. 인식론에서 인식의 초월적 측면과 존재론에서 존재의 초월적 측면이 명백히 서로 구별되는 차이가 있다. 인식론에서 보편성과 섞어 사용한 초월성의 개념은 인간을 초월적 존재로 만드는 의미가 아니고, 신학에서 신을 초월적 존재로 규정한 개념과 전혀 다른 의미의 개념이다. 삶과 죽음의 기간이 한정되어 있는 인간이 결코 초월적 존재가 될 수 없는 한계 때문이다.

인식기능이 지닌 초월성의 의미는 인식론의 범위에서 해석해야 한다. 그러면 인식기능이 지닌 초월성은 신의 존재의 초월성과 구분할 수 있는 적절한 용어로 대체해야 한다. 그 과제는 인식기능이 지닌 초월적 성격을 제대로 파악해야 가능하다. 인식의 초월성은 시간과 공간의 제약을 벗어나, 경험의 영역을 제한 없이 이동할 수 있는 기능을 의미한다. 더 나아가 시간과 공간의 제약을 넘어서 어느 때, 어느 곳으로 이동할 수 있는 인식의 초월성은 인식의 대상을 전체로 묶어 총체적으로 파악하는 지적기능일 뿐만 아니라, 그 지식들을 하나의 근본원리에 의해 통일적으로 체계화하는 지적 기능을 의미한다. 그러므로 인식의 초월성을 근본실체로서의 초월적 존재자 및 그 존재자가 지닌 절대적 창조기능과 구별하고, 그 의미를 적합하게 가리킬 수 있는 '선험적'의 용어로 대체하는 선택은 타당한 것이다. 존재의 용어가 모든 존재자를 총괄하는 의미이고 또한 자연이 모든 현상을 총괄하는 의미이므로, 오성의 상상력이 지닌 사유의 자유성을 선험적으로 번역한 작업은 당연한 선택이 아닐 수 없다.

번역을 함에 있어서 심히 어려운 경우에 직면하더라도, 그 번역은 칸트의 의도에 맞춘 용어를 채택해야 한다. 따라서 선험적이건 또는 초월적이건 간에 용어를 선택해야 하는 입장은 그 용어가 칸트가 인식론적 입장에서 전통적 형이상학을 비판하기 위한 목적과 부합하는지를 따져보고 판단해야 한다. 그러므로 번역의 판단기준은 칸트가 왜 자신의 철학을 비판철학이라고 명명했는가의 의문점에서 찾아야 한다. 그 논구과정은 칸트의 인식론이 곧 바로 존재론의 이면이라는 점부터 전제해야 한다.

앞서 지적한 바대로 존재론을 탐구하려면 인식론이 존재론의 근저에 놓여 있어야 한다. 인식론의 종착점이 존재론인 점이다. 왜냐하면 인식론의 최종단계가 인식기능과 인식능력이 진리의 정점인 형이상학적 원리를 수립할 수 있는지의 의문점을 해명하는 것이었기 때문이다. 존재론을 계통적으로 다루는 논구과정은 인식론의 논구과정을 반드시 거쳐야만 하는 전제성 때문이다. 마찬가지로 인식론을 계통적으로 다루는 논구과정은 존재론과 무관하게 진행할 수 없는 조건 때문이다.

『순수이성비판』의 서론에서 칸트가 진술한 다음의 명제들이 그런 번역상의 곤란한 점을 해소할 역할을 한다. 그것은 칸트가 차례로 나열한 다음의 의문점들이다.

- 순수수학은 어떻게 가능한가?
- 순수자연과학은 어떻게 가능한가?
- 새로운 형이상학은 어떻게 가능한가?

칸트가 이 물음을 통해 독자에게 밝히고자 한 의도는 철학의 정체성에 관한 명백한 견해이다. 철학의 궁극과제가 형이상학의 기초를 수립하는 것임을 명백히 밝힌 것이다. 흄과 같은 경험론의 철학자에 의해 결코 형이상학이 부정될 수 없다는 확고한 합리론자로서의 그의 입장이다. 여타의 개별과학은 전체를 조망할 수 있는 총체적이고, 보편적이고, 통합적 지식을 추구할 수 없는 조건 때문이다. 개별과학들끼리는 서로 상대적일 수밖에 없지만, 오로지 형이상학만이 어떤 개별과학도 추구할 수 없는 진리의 보편성을 추구하는 것이다. 그러므로 형이상학에 대해 회의적이고 부정적인 반 형이상학적 입장은 진리의 본질을 확립하려는 철학의 근본목적을 거부하는 입장과 동질적이게 된다. 따라서 경험론이 취하는 입장은 합리론을 거부하는 입장이 아닐 수 없다.

근대에 이르러 눈부신 발전을 거듭한 자연과학의 지식들은 전래의 형이상학의 지식들을 반박하고 수정하지 않을 수 없었다. 칸트는 반박의 상황에 처한 형이상학의 난국을 극복하기 위해 transzendent의 용어에 접미사 ~al을 붙인 형용사 격인 transzendental의 단어를 형이상학의 성격을 새롭게 규정하는 도구로 채택했다. 그런 의도를 함축한 용어는 당대의 철학자들에게 내용을 이해하는 어려움을 야기했고, 국외에서는 번역상의 어려움을 초래했다.

전통의 형이상학이 부정적 요소를 갖추고 있더라도, 형이상학의 본질은 과학적 지식의 근거를 전체적 입장에서 바라볼 수 있도록 인도하는 보편학문이다. 형이상학은 진리의 본질을 논구하는 유일한 학문의 장소이다. Transzendental의 용어는 그 점을 고려하고서 이해하면, 선험적으로 번역하는 이해는 무난할 수 있다. 그 용어선택은 전래의 형이상학이 지닌 약점을 정확히 번역한 학적 작업으로 간주할 수 있다.

형이상학을 반대하는 반형이상학의 입장이 취할 형태는 크게 두 가지 경우이다. 하나는 진정으로 형이상학을 거부하고 기존의 철학을 자연과학적 사고방식에 근거한 과학철학으로 변경하는 경우이다. 다른 하나는 전통적 형이상학을 새로운 형이상학으로 경신하는 경우이다. 전자의 경우에서, 칸트는 먼저 순수수학과 순수자연과학의 학적 근거가 선험철학의 이론에 있음을 논구하는 과정에서 반형이상학의 입장을 반박했다. 후자의 경우에서, 칸트는 이성이 정립하는 이념을 구성적 이념과 통제적 이념으로 구분한 후, 통제적 이념을 이성이 달성할 수 있는 진정한 이념이라고 규정하여 새로운 형이상학의 길을 개척하였다.

칸트 철학체계를 새로운 발상의 합리론으로 바라보려면, 반 형이상학적 입장을 견지한 경험론의 주장을 합리론의 영역으로 끌고 들어와 차근차근 논증한 측면을 주목해야 한다. 전통적 합리론의 논구방법에서 경험론의 입장을 반박한 방식이 아니라 그들의 입장에서 그들의 문제점을 극복한 새로운 방법이다. 그런 방식이 아니면, 합리론의 입장이 경험론의 입장에 대한 정당성을 확립할 수 없었다.

칸트는 주체철학의 의미에서 반 형이상학자가 아니라 진정한 형이상학자이다. 칸트는 자연과학의 인식토대 위에서 형이상학을 부정하는 반형이상학의 주장을 비판한 형이상학자이다. 칸트는 자연과학의 지식인들에게 그들의 지식원천이 철학의 사고방식에 있고, 더 나아가 실천행위의 측면에서 자연형이상학과 도덕형이상학이 서로 불가분의 통일성을 지니고 있음을 증명한 철학자이다.

인식용어로서 '선험적'의 학적 의의

Transzendent의 용어와 구별되는 transzendental의 용어를 번역함에 있어서, 논구의 핵심쟁점은 의식이 경험에 앞서 있다는 의미가 무엇인지의 의문점이다. 왜냐하면 칸트가 이 용어를 인식기능의 의미로 충분히 해명했음에도 불구하고 여전히 이 용어는 논구대상이기 때문이다.

형이상학의 학문은 보편성에 입각한 존재의 근본이념을 학적 내용으로 구성한다. 형이상학의 용어사용은 초월적 상황을 근저에 둔다. 초월적 용어와 선험적 용어가 의미의 차이가 없다면 동의어가 된다. 초월의 용어를 선택하는 입장은 선험의 용어를 선택하는 입장과 차별한다. Transzendent의 근거를 앞세워 비판적으로 거부한다.

칸트의 발상이 근대의 자연과학의 발전을 바탕으로 한 반형이상학적 경험론의 비판을 극복하려는 것이기 때문에, 칸트 철학체계를 해석하는 입장은 Transzendent의 용어와 transzendental의 용어의 차이점을 명백히 구별해야 한다.

이 과제는 오로지 어원적으로 해석할 문제가 아니라, 변화한 학문상황을 고려하고 해석해야 하는 문제이다. 선험의 용어가 초월의 용어가 지닌 의미와 다르다는 점은 명확히 논구해야 한다. 그 논증은 칸트의 의도를 정확히 파악하는 해석과제와 상통한다. 그 의도의 해명은 '초월적' 용어가 '선험적' 의미를 내포하고 있는지의 의문을 밝히는 작업이다. 초월의 용어선택이 선험의 용어선택보다 적절치 않다는 점을 올바르게 논증하여, 선험의 용어가 칸트의 의도를 올바르게 전달하는 것임을 해명해야 하는 작업이기 때문이다.

'선험적'의 반대되는 '후험적'의 말뜻은 '경험적'의 말뜻과 상통한다. '후험적'의 말이 '경험적'의 말과 다른 의미를 가지면, 경험 이전과 경험이후의 구별 사이에 놓여 있는 경험이 존재함을 뜻하게 된다. 그러나 '후험적'의 의미는 그런 의미가 아니다. 그러므로 '선험적'의 의미는 '경험적'의 말과 '후험적'의 말이 동의적일 때에 명백해진다.

경험이전의 인식상태가 무엇인지가 인식론에서 심대한 문제가 아닐 수 없다. 그 의문은 경험이전의 상태가 인간이 존재하기 이전의 자연상태를 의미하는 것인지, 인간이 본격적으로 경험하기 이전의 인식상태를 의미하는 것인지를 구별해야 하는 문제점이다. 전자는 순수하게 존재론의 문제이고, 후자는 인식론의 문제이다. 논구과제가 이 둘을 통합해서 진행해야 한다면, 그 과제는 칸트가 논구하려는 인식작업과 동일해진다. 따라서 이런 관점을 참조하면, 그가 사용한 용어의미를 제대로 가늠할 수 있다.

전자의 문제를 다룰 적에는, 그 논구방법은 인식기능이 존재를 전적으로 탐구하고 진술할 능력을 갖추고 있음을 논증해야 한다. 인간이 자연을 기술한 내용이 인간을 벗어나 모든 존재자에 모두 적용하는 보편성을 갖추고 있어야 하는 조건이다. 그 보편성은 인간이 진술한 학적 발상이 외부세계에서 실제로 그렇게 실현됨을 입증해야 한다. 의식에서 외부대상에 부여한 언어와 숫자가 외부대상에 실제로 적용될 적에 반드시 실현됨을 입증해야 한다. 그래야만 인식기능의 본질과 외부대상의 본질이 서로 일치하는 점이 명료해진다.

인간의 언어는 고양이와 개 등의 소리와 다르다. 형이상학의 언어가 지시하는 의미, 지시를 함축한 기호, 숫자의 의미가 인간의 생활영역을 벗어나 모든 존재자를 포괄하는 존재본질을 가리키는 특성 때문이다. 그러면 인간의 의식이 어떻게 보편적 인식기능을 갖추었는지를 해명해야 한다. 왜냐하면 인간에게 없는 기능이 인간이 생존하는 동안에 저절로 발생할 수 없는 제약 때문이다. 예컨대 날개가 없으면 날 수 없는 인간에게 나중에 저절로 어깨에 날개가 생겨서 하늘을 날 수 있게 되는 경우를 의미한다. 인간의 DNA 구조에 없는 날개가 후천적으로 탄생하여, 인간의 어깨에 저절로 발생하는 경우를 의미한다. 따라서 선험적 용어와 선천적 용어는 동전의 앞면과 뒷면처럼 서로 분리될 수 없고 하나로 결합되어 있다.

Transzendental의 용어를 선험적인 용어이외의 다른 용어로 번역하더라도 반드시 해명해야 할 과제는 경험이전의 상황을 상상하는 인식기능의 본성이다. 인간의 탄생이전의 존재모습은 인간이 존재하지 않는 상태이므로, 지금의 인간이 인간의 삶의 의미를 부여할 수 없는 한계 때문이다. 인간이 존재하지 않았던 상태의 존재모습을 인간이 진술한다는 사실은 어불성설일 수 있는 모순 때문이다. 인간이 세상에 등장하였지만, 인식기능이 지금처럼 작동하지 않았다면 세상을 파악할 수 없었을 존재본질 때문이다. 또한 인간의 인식기능이 작동해도 존재본질을 제대로 파악할 수 없었을 취약점 때문이다. 이와 같은 가정이 지닌 의미는 인간의 인식기능과 다른 동물의 인식기능을 비교하면 단번에 파악된다.

인식기능의 작용은 오작동에 의한 오판을 할 수 있다. 과학의 분야에서는 그런 문제점을 제기하고 인식론의 학설을 비판할 수 있다. 그러나 오작동의 문제점은 인식기능의 근본 틀이 변형된 변태일 뿐이다. 그런 문제점 때문에 인식기능의 본질이 어그러지고 무력화하지 않는다. 더 나아가 유심론의 유신론주장이건 유물론의 무신론주장이건 상관없이, 어떤 경우도 인식기능이 자기인식기능의 본질을 이해하는 인식작업에 하등의 영향을 줄 수 없다. 인간이 거울을 통해 자기 자신의 모습을 파악하듯이, 인간이 인식과제에서 거울과 같은 방법을 개발하여 자기정체를 파악할 수 있음을 의미한다. 인식기능이 자기능력을 최대한 발휘하여 그 작업을 수행함을 의미한다. 그 작업은 인식기능이 보편적 존재 본질을 추구할 능력을 갖추고 있는지를 해명해야 한다.

칸트가 사용한 용어의 진의를 명확히 요약하면, 첫째는 선험적 의미에 해당하는 인식상황은 인간이 그 곳에 존재하지 않은 상황이거나 아니면 선천적으로 타고난 인식기능을 의미한다. 따라서 선험적 경우는 인간이 세상의 근본원리를 선천적으로 미리 가지고 있으면서 상기하는 그런 상황이 아니다. 지적 직관intellektuelle Intuition의 용어에 걸 맞는 인식능력만이 경험하지 않은 상태에서 경험의 진원지를 곧바로 파악할 수 있다. 그러나 인간에게는 그런 기능이 없다. 초원에서 갓 태어난 초식동물의 새끼들이 걷는 것처럼, 태어나자마자 기존의 언어를 능란하게 구사하면서 자신이 처한 현실상황의 원인을 파악하고 대응하며, 더 나아가 모든 현상의 근원적 근본원인을 진술하는 기능이 인간에게는 없다.

둘째는 선험적 의미를 경험적 인식상황에 적용하면, 그 사실은 인간의 인식기능이 경험의 제약을 넘어 더 근원적 상황으로 나아가는 상상력의 발동을 의미한다. 경험과정에서 획득한 사실을 논리적으로 합쳐 가설을 수립하고, 실험을 수행하고, 이론을 확립하는 과정에서 현상의 이면에서 작용하는 원인을 밝히려는 상상력의 발동을 의미한다. 그 상상력은 인식과정에서 전통적 경험론자들이 주장한 추상적 인식기능과 다른 별도의 기능이다. 그러므로 오성의 인식기능으로 밝혀진 상상력이 대상의 경험적 인상들을 통합하여 일반개념으로 생성하는 추상기능과 다른 기능인지는 분명히 밝혀져야 한다. 상상력이 현상영역에서 발생한 경험적 인상들에게 원인 개념을 투입하여 보편적 존재원리를 밝히는 인식기능인지는 분명히 밝혀져야 한다. 그 해명과정에서 정립된 원인과 원리 및 보편성의 개념을 모두다 경험의 인상들을 추상해서 만든 개념이라고 반박하는 경험론은 일찍이 등장했다.

원인과 원리의 개념이 경험으로부터 발생했다는 경험론의 입장은 원인·원리의 개념을 명확히 해명해야 한다. 인식대상들이 제공한 오감의 인상이 동일한 대상으로부터 발생한 것인지의 의문을 명확히 해명해야 한다. 하지만 현상계 대상들은 감각에 포착되는 그 정도의 현상일 뿐이므로, 현상의 개체들은 결코 생성·소멸하는 인과관계의 모습을 동시에 보여주지 않는다. 개체에 발생한 변화의 진행과정은 인과율에 따라, 시간에 따라, 순서대로 설명할 수 있다. 그러나 미시적 존재영역과 거시적 존재영역은 감각에 의한 관찰수준을 넘어서 있는 점 때문에 결코 경험으로 다가갈 수 없다. 그 경우에는 인식능력이 자발적이고 능동적이고 적극적으로 원인과 원리의 개념을 경험에 투입시켜야만 한다.

합리론이 의미하는 원인과 원리 개념은 경험론이 경험을 바탕으로 하여 형성한 심리의 연상법칙인 원인과 원리 개념과 철저히 구별된다. 인간사고의 추상기능을 오로지 경험에만 제한하면, 인간은 근본원리에 관한 가설을 구상하여 제시할 수 없다.

심리기능을 인식기능으로 파악하는 경험론은 합리론이 체계적으로 구성한 원리형성의 인식기능을 제대로 해명해야 한다. 그렇게 하려면 상상력에 의해 구상된 모든 학적 가설의 본질을 해명해야 한다. 자연현상의 분석과 종합을 위해 작용하는 수학적 사고방법의 정체를 밝혀야 한다. 수학과 논리학의 지식이 경험적 사고방식의 산물인지에 대한 의문이다. 더 나아가 이 지식들이 선천적 종합판단의 산물인지의 의문점이다. 왜냐하면 수학의 기호들이 대상에 속해 있는 성질이 아니기 때문이다. 인간의 감성을 촉발하여 제공한 감각자료들에 속해 있는 성질이 아니다. 수학의 숫자는 인간자신이 사물을 제대로 파악하기 위해 스스로 만들어 사물의 대상에 투입시켜 적용한 것이기 때문이다. 수학의 숫자는 무한대와 무한소의 성격을 지니고 있어서 인간이 다른 동물과 달리 문명사회를 구축할 수 있게 한 사유의 수단이기 때문이다.

경험론은 수학에서의 숫자가 탄생한 원천이 경험을 통해 형성된 여러 지식들처럼 경험을 통해 등장한 추상개념에 근거하고 있는지를 반드시 해명해야 한다. 숫자도 여타의 개념들처럼 의식에서 탄생하였기 때문에, 숫자도 인간이 원천적으로 느끼는 양의 개념에 근거한다. 숫자가 가리키는 양의 표상은 크다, 작다, 길다, 짧다, 무겁다, 가볍다, 둥글다, 각지다 등의 사물에 관한 감각적 직관이다. 이런 감각적 직관의 표상들이 숫자로 발전하였다면, 이 숫자는 주관적 의식이 인위적으로 만든 것이다. 더 나아가 그것은 대상인 사물을 파악하기 위해 인간이 고안한 것이다. 대상의 객관과 인식의 주관은 일치해야 하는 조건 때문에, 사물의 세계는 의식에서 관념의 대상이 되고, 그리고 의식에서 관념의 존재로 거듭난다.

칸트는 이와 같은 기능을 선험적 인식기능으로 설명했다. 칸트가 선천적 종합판단으로 규정한 인식기능이다. 칸트는 인간이 감성적 직관을 기반으로 하는 사고방식을 자발적, 능동적, 적극적으로 발휘하여 존재의 근본원리를 추구한다고 설명했다. 한편으로는 지적본능을 경험적 의미와 차별하여 선험적이고, 다른 한편으로는 후천적 의미와 차별하여 선천적이라고 설명했다. 칸트는 설명과정에서 철저히 초월적 내지 초험적이라고 번역할 수 있는 Transzendent의 개념을 선험적으로 번역해야 하는 transzendental의 개념과 구별했다. 그리고 인식월권을 방지하기 위해 내재적 개념의 immanent의 용어를 사용하여 인식기능의 본질을 해명했다.

…선험적 가상은 비판의 모든 경고에도 불구하고 우리 자신을 유혹하여 범주의 경험적 사용을 떠나서 순수오성의 확장이라는 환상에 사로잡히게 하는 것이다.

우리는 오로지 가능한 경험의 한계 내에만 적용되는 원칙을 내재적 immanent 원칙이라고 부르고, 경험의 한계를 뛰어 넘으려고 하는 원칙을 초험적transzendent 원칙이라고 부른다.

그러나 나는 초험적 원칙을 범주의 선험적transzendental 사용이나 오용으로 이해하지 않는다.[1]

이 진술의 마지막 구절인 초험적 원칙을 선험적 사용 및 오용과 명백히 구분하고 있는 표현은 칸트가 구상하고 지향하는 선험철학의 본질과 목적을 확연히 보여준다. 그러므로 transzendental 용어는 초월적으로 해석할 수 없다. 선험철학의 역할이 경험할 수 없는 영역과 경험할 수 있는 영역의 경계선에서 양자를 연결하는 기능 때문이다. 인간지성이 경험할 수 없는 것을 방자하게 진술하는 것을 미연에 방지하는 지적 기능을 의미하는 조건 때문이다.

칸트의 이 구분 때문에 선험적 철학의 효용성과 그 역할에 대해 혼동이 생길 수 있다. 그것은 순수오성의 원칙이 선험적으로 사용될 수 없다면, 형이상학을 구축할 수 있는 근본토대는 도대체 무엇인가? 라는 의문점이다.

…선험적transzendental과 초험적transzendent은 동일한 것이 아니다. 우리가 위에서 말한 순수오성의 원칙은 다만 경험적으로만 사용되어야 할 것

1. B352.

이지, 결코 선험적으로 다시 말해서 경험적 한계를 초월해서 사용될 수 없는 것이다.

그러나 이 한계를 철폐하는 아니 그뿐만 아니라 이 한계를 초월하기를 명령하는 원칙을 초험적이라고 부른다.[2]

칸트가 순수오성의 내재적 원칙을 전면에 내세우게 되면, 인간은 형이상학의 지닌 제일철학으로서의 본질을 구성할 수 없는 존재자로 내몰릴 수 있다. 그러면 칸트는 자신을 반 형이상학자일 수 있게 만드는 난국에 스스로 함몰할 수 있다. 물 자체 개념에 해당하는 사물본질을 인식할 수 없는 인간지성이 경험영역인 현상에 머물면, 형이상학의 본질에 도달할 수 없는 인간지성은 형이상학을 구축할 수 없는 상황이다.

만일 우리의 판단이 이러한 월권적인 원칙의 가상을 폭로하는 데까지 도달한다면, 다만 경험적 사용의 원칙을 초험적 원칙과는 반대로 순수오성의 내재적 원칙이라고 부를 수 있으리라.[3]

칸트는 『순수이성비판』에서의 글에서 자신의 철학을 초월철학이라고 번역하지 않고 선험철학이라고 번역해야 하는 이유를 명백히 밝혔다. 그리고 범주개념을 선의지의 실천영역과 미의식의 반성적 판단력의 영역까지 확장했다. 더 나아가 그 바탕위에서 도덕철학과 종교철학의 학적 토대까지 제공했다.

이 용어는 초월적으로 오해할 수 있는 측면을 벗어나야, 칸트의 철학

---

2. B353.

3. B353.

체계에서 제 기능을 발휘할 수 있다. 그 이유는 인간이 전체성의 분량 개념이 지시하는 대상을 인식해야 하는 당위성 때문이다. 전체성의 범주개념은 인간이 전체대상을 마주하고 있는 상황을 가리킨다. 인간이 전체대상과 무관하다는 사실을 의미하지 않는다. 대상을 인식할 수 없는 물 자체 영역에 적용할 수 없다. 그러므로 그 용어를 초월성으로 이해하면, 칸트의 의도를 제대로 파악할 수 없다. 더 나아가 칸트 철학이 지닌 선험적 성격을 처음부터 철저히 직시하지 않으면, 헤겔철학까지 전개된 독일관념론의 특성을 제대로 파악할 수 없다. 인간 정신이 현상계에서 변증적 사고방식을 통해 구체적으로 실현하는 문명사회의 존재의의를 이해할 수 없다.

의식의 인식기능은 자신의 내부에서 치솟는 욕구를 희망하거나, 그 성취를 상상하는 수준의 사고방식이 아니다. 그 상상을 객관적으로 실현하는 행동의 사고방식이다. 칸트가 해명하려는 지적 본질은 인간행위가 문학과 예술분야에서 표현되는 그런 정도에 머무르는 것이 아니다. 진정한 지적본질은 그런 단계의 수준을 포함한 문명사회를 건설하려고 노력하는 당위적 실천성이다. 넓은 범위에서는 문학을 포함하여 예술의 표현행위는 문화와 동질적 성격의 의식적 활동이지만, 그 행위는 문명사회를 직접 건설하는 기능이 아니다. 그 활동은 문명세계를 건설하는 학문의 지적활동이 아니다. 학문영역에서 보편학의 성격을 지닌 철학은 개별과학과 구별된다.

인식기능의 실천적 성격을 파악하면, 칸트 사상이 의도한 선험철학의 학적 의의 및 본질을 똑바로 직시할 수 있다. 사변이성의 기능만 고려하면 transzendental의 용어를 초월적으로 번역해도 무방할 수 있겠으나, 실천이성의 기능까지 고려하면 선험적이라고 번역해야 칸트의 의도가 명확해진다. 예컨대 빛보다 빠른 물체가 존재한다면 빛보다 앞서 가서 그 빛 속에 담겨 있는 과거모습을 바라 볼 수 있을 것이라는 가설대로, 현상계의 경험사실보다 앞서 가려면 당연히 그 경험을 앞질러 가는 사고방식이 필요한 조건 때문이다. 그러면 transzendental의 번역은 초월보다 선험의 용어가 적절할 것이다.

2. 인식론에서 논리주의와 심리주의의 논쟁

인식의 논리법칙과 심리의 심리법칙

물질의 본질을 다루는 자연과학의 물리학은 인간이 지향하는 삶의 근본적 목적을 다룰 수 없기 때문에, 현상과 본질은 구분된다. 그와 같은 구분은 물질이 전개하는 현상이 정신의 존재를 해명할 수 없기 때문이다. 칸트는 그 점을 해명하기 위해 전략적이고 독특하게 현상계 사물의 본질에 해당하는 물 자체 개념을 먼저 설정했다. 칸트가 설정한 물 자체의 용어는 물질에서 정신이 발생하는 방법을 해명하는 개념이 아니었다. 그러나 물 자체의 개념은 물질이 정신에 내재할 수 있는 방법의 실마리를 마련하거나, 물질과 정신이 공존할 수 있는 방법을 논증해야 했다. 그 경우에 물 자체 개념은 자신의 의미하는 개념의 정체를 분명히 해명할 수 있다.

물 자체의 용어는 형이상학의 논구에 있어서 가장 중요한 역할을 지닌 개념이다. 이 개념이 가리키는 대상을 해명해야 하는 것이 심리기능과 구별되는 인식기능이기 때문이다. 심리학이 형이상학의 대상을 탐구하는 인식론의 작업을 심리구조의 기능이 진행하는 것으로 오인하게 만들 수 있기 때문이다. 인간이 신을 상상하고 신의 개념을 형성하는 심리요소의 발동하는 방식으로 종교현상을 설명하는 경우이다. 그러나 심리구조에는 감성의 순수직관형식, 오성의 순수오성 개념, 이성의 이념이 작용하는 인식기능의 구조를 갖추고 있지 않다. 그러므로 심리기능과 인식기능의 작용을 구분하는 지적 작업은 철학의 주된 과제에 속한다.

이 과제는 인간의 의식에서 학문적 믿음에 앞서 종교적 믿음이 더 강한 위력을 발휘하였던 과거의 사고방식을 면밀히 검토해야 한다. 심리구조 속에 인식구조가 속한 것으로 착각에 빠졌던 경향을 바로 잡아야 한다. 더 나아가 의식의 내부에 선과 악의 의식이 처음부터 선천적으로 공존한 것이 아닐까의 의구심도 해명해야 한다.

인간은 자기의식이 객관적 지식을 무시하고 주관적 신념을 고수하는 상대주의에 빠지는 상황에 직면하여, 지적 정체성에 대한 회의를 품게 된다. 악마와 같은 악을 서슴없이 저지르는 악행에 직면하여 자신의 인격이 선한지의 도덕적 정체성에 대한 회의를 품게 된다. 주관적 심리상태인 이와 같은 회의감의 근원을 밝히려면, 인식구조의 보편적 사고방식을 검토해야 한다.

인간의 본질을 규명하는 과제는 상호주관성의 본질을 규명하는 과제와 상통한다. 인간이 자신을 보지 못하고 타자들만 바라보기 때문에 자신과 타자를 통일하는 공감대의 근거를 밝혀야 하는 작업이다. 자신이 타자에 대해 일방적으로 느낀 감정대로 판단하는 태도와 달리 타자와 공존하려는 심리상태의 의식구조를 밝혀야 하는 작업이다. 그러므로 자신의 판단에 타자와 더불어 자신의 모습이 함께 포함되어 있지 않으면, 지성이 보편적 지식을 구축할 수 없다.

대상을 바라보는 의식에 자신의 모습을 바라보는 기능이 결핍되면 전혀 객관적일 수 없고 철저히 주관적일 수밖에 없다. 지성이 구성한 지식이 객관적이려면 반드시 인간의 의식구조가 보편적 탐구기능을 갖추어야 한다. 진정으로 객관적 판단을 하려면 자신을 포함한 대상전체를 바라보고 판단할 수 있는 방법과 판단기준을 확립해야 한다. 인식은 이러한 단계를 거치면서 직관적 지각과 심리적 감정을 명확히 구별한다.

인간이 자기 자신을 인식대상으로 삼아 규정하는 자신의 인식기능을 무엇이라고 명명해야 하는지의 의문은 결코 어리석은 의문이 아니다. 그 의문점은 인간이 인식기능을 오성이라고 해야 하는지 아니면 이성이라고 해야 하는지의 의문점과 직결하는 공통성 때문이다. 만약 그 인식기능을 이성이라고 규정하면, 이성이 자신의 인식기능을 사변이성과 실천이성으로 나누어야 하는 이유를 어떻게 파악할 수 있었는지의 의문점을 재차 거론해야 한다. 마찬가지로 그 기능이 오성이라고 규정하면, 오성이 이성의 인식기능을 어떻게 파악할 수 있었는지의 의문점을 재차 거론해야 한다.

오성과 이성이 자신을 스스로 규정할 수 있는 기능을 갖춘 점을 논증하기 위해서는 인간이 거울을 만들어 자신의 모습을 바라보면서 평가하는 방식처럼, 오성과 이성은 자기 자신을 비추어 볼 수 있도록 하는 거울과 같은 존재가 무엇인지를 해명해야 한다. 그 존재가 자기 안에 존재하는지, 아니면 자신의 존재와 다른 곳에 존재하는지를 해명해야 한다. 그 방식은 인간이 에베레스트 산을 등정하기 위해 여러 가지 도구를 만든 것처럼 오성과 이성이 자신들이 거울과 같은 존재를 스스로 만들어 그 작업을 하는 것으로 비유할 수 있다. 그러나 그렇게 주장하려면, 인간이 그런 도구를 설계하는 인식기능뿐만 아니라 손과 발과 같은 수단을 갖추고 있듯이, 오성과 이성의 기능도 자신 속에 그와 같은 기능을 갖추고 있어야 한다.

칸트는 그런 도구역할을 할 수 있는 것이 순수오성 개념인 범주로 간주했다. 그 입장이 인식론적으로 타당한지는 철저히 검토해야 한다. 왜냐하면 순수오성 개념인 범주가 그와 같은 역할을 다하려면, 창조적 역할의 근거인 창조적 동기 내지 목적에 해당하는 표상이 순수오성 개념인 범주의 근저에 놓여 있어야 하는 제약 때문이다. 데카르트가 논증하였듯이, 인간의 인식기능에 선천적으로 본유관념이 내재해야 하는 조건이다.

심리기능과 인식기능의 차별과 상관관계

신이 세상을 만들 적에는 자신의 감정에 따라 만든 것이 아니라 원리에 맞추어 만들고, 그 속에 만듦의 동기로서 자연과 자유의 속성을 내재시켰을 것이라는 유추를 인간은 할 수 있다. 인간이 자신을 이해하는 지적 작업을 시도하면서 심리적 입장과 인식적 입장을 구분하지 못하면, 모든 작업이 꼬인다. 더 나아가 자신의 인식기능을 이해하는데 있어서 초월성과 선험성의 양면성을 구분하지 못하면, 이성의 양 측면인 사변이성과 실천이성의 본질을 이해할 수 없다.

지적 직관능력을 지닌 완전하고 절대적 존재인 신에게는 신의 이성은 이와 같이 구분될 이유가 없다. 존재원리를 파악하면서 동시에 문명을 창조해야 하는 인간은 이성의 기능을 이와 같이 구분해야 이유를 정확히 직시해야 한다. 인간이 그렇게 하지 못하면, 자신의 정체를 밝히려는 작업의 터전인 철학의 영역에서 자신의 정체를 결코 파악할 수 없다.

인식론의 논구가 전제해야 하는 조건은 인지기능이 인간이 성장하는 과정에서 향상된다는 사실이다. 그에 반해 심리학에서 다루는 심리반응은 감성의 성질이므로, 향상되는 성질의 작용이 아닌 사실이다. 심리작용이 인식작용처럼 향상되는 것처럼 판단하는 것은 심리기능을 인식기능과 혼용하는 데에서 발생한 착각일 뿐이다. 그 착각은 쾌와 불쾌의 느낌과 더불어 작용하는 심리기능이 인식기능의 올바른 지도에 의해 조절하고 조정하는 점을 파악하지 못한 취약점 때문이다. 이 과정에서 감성이 이성에 의해 억압되고 구속되는 것처럼 느끼면서, 이성과 감성이 반목하는 것으로 오인할 수 있지만, 그 점도 그와 같은 착각에서 비롯된 것일 뿐이다. 인간은 그런 경향의 발생을 자신의 내부갈등이라고 여기고 도덕적 수양으로 극복하려고 하였다.

인식작용과 심리작용은 감각이 대상과 접촉할 적에 발생하는 감성적 직관과 더불어 동시에 개시한다. 초기시점은 서로간의 구분이 불필요한 단계이므로, 심리적 문제와 인식적 문제가 서로 분리하여 충돌하는 문제들이 발생하지 않는다. 심리갈등을 극복하려면, 그 치유방법을 인식기능이 찾아서 지도해야 하는 당위성 때문이다. 역으로 인식기능이 심리작용에 함몰되거나 잘못된 목적의식에 의해 악용되면, 걷잡을 수 없는 결과를 초래한다. 인간이 심리적 관점에서 비난될 수 있는 음모, 모략 등의 비인격적 방식을 개발하고, 그것을 전략이라는 좋은 의미로 미화하여 자신의 도덕적 의식을 마비시킬 수 있는 결점이다.

인간행위에서 발생하는 모든 문제점의 시비판단은 심리작용이 인식작용을 이용하는지 아니면 인식작용이 심리작용을 통제하는지에 달려 있다. 이 구분은 인간 삶의 기본적 동기가 감각에 의한 쾌와 불쾌의 감정에 의해 진행되는 점을 전제한다. 인간의 기본적 동작이 일반적으로 고통을 피하고 즐거움을 추구하려는 심리에 좌우되는 본성이다. 평범한 일상인들은 자기가 바라는 욕망을 달성하여 즐거움을 충족하고 만족감을 느끼게 되면 행복하다고 생각한다.

인간의 본질을 이해하려는 철학의 지적 작업이 심리학에 얽매이게 되면, 심리학이 이성에 의한 철학의 이론을 심리현상의 결과로 주장할 수 있다. 하지만 역설적으로 어떤 학문도 그런 방향으로 나가면 쾌의 감정을 실현하려는 구체적 방법을 제시해야 하는 상황에 말려 자기모순을 드러낸다. 심리의 모든 현상이 지적 판단기능에 의해 올바르게 인도되어야 하는 논리성 때문이다.

문명을 창조하는 인간성의 본질은 감각적 욕구를 추구하는 심리적 표상을 갖춘 감성기능과 학문의 지식을 추구하는 논리적 표상을 갖춘 인식기능으로 구성되어 있다. 양자의 기능은 상보적으로 작용해야 한다. 행복을 추구하려는 욕구와 그 욕구를 올바르게 실현하려는 의지가 감성과 이성의 관계처럼 상보적 관계로 이루어져야 한다.

지적 판단과 행동은 육체를 구성하는 각각의 기관이 지닌 욕망을 바탕으로 하여 발생하는 쾌·불쾌의 반응을 바탕으로 한다. 그 욕망을 달성할 합리적 수단을 배제하고 그 욕망을 충족할 수단만 추구하면, 지적 판단기능이 심리적 요인의 작용에 의해 저급한 수준에 머물게 된다. 저급한 수준의 사고방식은 반사회적이고 비도덕적인 행동양식이 될 여지가 갈수록 점점 더 높아진다. 인간의 행동에는 욕망에 의한 쾌·불쾌의 감정이 선의 심리적 감정으로 나아가 도덕적 의지와 지적 의지에 의해 인도되는 경우가 있다. 그와 반대로 수단과 방법을 가리지 않고 욕구를 만족시키려는 심리적 이기심에 의해 인도되는 경우가 있다. 그러므로 개인의 삶의 방식과 공동체의 사회질서의 양태는 극히 다르게 이루어진다.

인간의 삶의 동기와 목적이 문명사회를 창조적으로 건설하고 쾌적한 환경에서 살아가는 것이라면, 감성적 판단이 이성에 의해 지도되어야 한다. 이성이 감성보다 우위에 놓여야 한다. 칸트는 감성적 판단을 규정적 판단과 달리 반성적 판단으로 구분하였다. 실천이성의 선의지는 쾌락을 추구하는 감성을 통제하는 기능을 지니고 있다. 그런데 실제로 그런 감성을 이끄는 직접통로는 선의지의 실천이성이 아니라, 감성의 기능과 직결된 반성적 판단이다. 따라서 반성적 판단력과 미의식의 역할이 해명되어야 한다.

쾌과 불쾌의 감각이 심리적 요소에 휩싸이면, 인간은 이성이 인도하는 도덕의 길을 거부하고 비도덕의 길로 나아간다. 이런 사실은 쾌락주의에 의해 확인된다. 쾌락주의가 육체적 쾌락에서 정신적 쾌락으로 나아간 역사적 사실은 인간의 심리기능이 인식기능에 의해 올바르게 인도되어야 하는 마땅한 이유를 잘 보여 준다. 자연적 인간이 도덕적 인간이 되는 상태는 심리기능의 인간이 선의지의 실천이성에 의해 통제될 적에 가능해진다. 따라서 이성의 기능이 심리의 기능보다 높은 차원의 정신적 기능이 아닐 수 없다. 선천적으로 그런 도덕적 판단기능이 잘 작용하는 성품을 타고난 인물뿐만 아니라 모든 인간이 그런 도덕행위의 원칙을 벗어나서는 인간다운 인간이 될 수 없다.

칸트는 오성의 기능을 이성의 기능과 구별하였고, 인간의 지성과 여타의 동물들이 지닌 지각의 기능과 차별했다. 칸트의 관점은 육체적 쾌락에 의한 도덕의 문란을 극복하기 위해 인간이 만든 갖가지 주옥같은 문학, 음악, 그림, 연극 등의 창작물이 이성적 산물인 점에서 증명된다. 이런 예술이 쾌락의 도구나 정치적 도구로 전락하면, 이성은 바람직하지 않는 현상을 방지하기 위해 법률에 의해 강제적으로 통제하게 된다. 실천이성은 비도덕적이고 반사회적인 창작물이 요구하는 표현의 자유를 올바르게 규제할 원칙을 마련해야 한다. 그러면 도덕적이고 사회적 창작과 비도덕적이고 반사회적 창작을 구분할 경계선을 어떻게 설정할 것인지의 문제점이 실천이성의 논란거리가 된다.

환경에 따라 음악을 선택하는 인간의 감각은 상대적으로 시시각각 달라지지만, 음악의 악보는 어떤 환경에서도 어느 누구에게도 동일하다. 작품을 만드는 주체인 예술가의 창작목적과 작품을 감상하는 대중의 느낌은 동일하지 않다. 각각의 작품이 대중에게 미치는 영향력과 파급력이 상황에 따라 다르게 나타난다. 그 작품의 파장인 도덕적 결과도 다르게 나타난다. 그러면 주관적인 예술의 취미를 보편적 시각에서 통제한다는 것이 가능한지의 의문이 실천이성의 논란거리가 된다.

철학은 인식기능이 심리기능과 본질적으로 다른 성격의 정신기능으로 구분하였다. 다양한 사태에서 발생하는 갖가지 부도덕한 모습을 극복하는 유일한 방법이 보편적 본질에 입각한 이성이기 때문이다. 이성이 각 사태에 알맞게 구체적으로 상황논리를 구사하는 능력을 갖추고 있기 때문이다. 칸트는 오성의 판단이 감성에 의해 잘못될 수 있다고 해명했다. 그러므로 오성의 잘못을 바로잡을 지성의 기능은 이성이외의 다른 기능이 있을 수 없다. 칸트는 오성의 그런 문제점을 다음처럼 서술했다.

…우리는 이 두 가지 인식원천 이외에 다른 어떠한 원천도 가지고 있지 않다. 그러므로 오성에 대한 감성의 부지불식적인 영향에 의하여서 판단의 주관적인 이유가 객관적인 이유와 합류하여 객관적 이유로 하여금 그 규정과 어그러지게 하는 결과가 발생하게 된다.[1]

---

1. B350~351.

인간의 인식기능이 심리기능에 의해 왜곡될 수 있는 진원지는 감성이 오성을 왜곡시키는 경우이다. 칸트는 그 점을 아래 글에서 서술했다. 즉 감성이 오성에 영향을 주어 판단의 오류가 발생하게 되는 경우이다. 그 점은 우선적으로 두 가지 입장이 구분되어 고찰되어야 한다. 그 구분은 외부대상이 감각의 판단기능을 왜곡시키는 경우와 심리적 표상이 오성의 판단기능을 왜곡시키는 경우이다.

감성이 오성의 밑에 놓이게 되면 감성은 오성이 제 기능을 적용할 수 있는 객관으로서 실제적 인식의 원천이 된다. 그러나 바로 이 감성이 오성의 활동 그 자체에 영향을 주어서 오성의 판단을 규정하면 감성의 오류의 근거가 된다.[2]

그 구분에서 전자는 오아시스를 보여주는 아지랑이와 같은 경우이고, 후자는 욕심과 욕망 의 심리에 의해 그르치는 감성적 판단의 경우이다. 그러면 이 경우에는 순수직관형식과 감성의 오류의 근저에 놓인 상관관계를 해명해야 한다.

---

2. ibid 351.

3. 비판철학과 선험철학의 상관관계

순수이성비판 이론체계의 철학적 의의

칸트는 순수이성비판의 체계를 크게 선험적 원리론과 방법론으로 구분하였다. 그 다음으로 선험적 원리론을 선험적 감성론과 선험적 논리학으로 나누었다. 그 다음으로 선험적 논리학을 선험적 분석론과 선험적 변증론으로 나누었다. 세부적으로 선험적 분석론은 개념의 분석론과 원칙의 분석론으로 나누었다.

전체적 구성에서 주목해야 할 유의점은 일차적으로 칸트가 원리론과 방법론을 선험성을 덧붙여 별개로 구분한 점이다. 그러므로 선험적 원리론이란 명칭이 지닌 철학적 의미와 의의가 형이상학적 목적을 염두에 둔 것인지를 해명해야 한다. 곧 형이상학적 원리론의 맥락에서 선험적 원리론을 이해해야 할 이유가 무엇인지의 칸트의 의도이다. 왜냐하면 선험적 원리론은 존재론과 인식론을 다함께 아우르고 있는 공동영역인데, 칸트가 인식론에 해당하는 인식의 사고기능을 먼저 개념의 분석론에서 확립하고, 그 다음으로 자연형이상학에 해당하는 존재론의 원리를 원칙의 분석론에서 개진하였기 때문이다. 이 영역에서는 전통적 형이상학의 과제를 완전하게 해결할 방법이 전혀 없었다.

칸트는 이 불충분성의 문제를 해소하기 위해 원리를 추구하는 이성의 기능을 사변적 기능과 실천적 기능으로 구분하였다. 칸트는 의식에 내재한 이성의 기능이 그렇게 구분되어 있는 점을 간파하였기 때문이다. 사변이성과 실천이성의 상보성이 인간이 진정한 새로운 형이상학을 구축할 수 있는 점을 간파하였기 때문이다. 그러면 이성을 사변이성과 실천이성으로 왜 구분되어 있는지의 의문점이 인식론과 존재론의 전면에 급부상한다. 이 의문점은 이성을 위와 같이 구분하면, 존재의 궁극원리와 이성의 구조와 기능과 서로 수미일관되어 있는지의 의문점을 내포하고 있다. 왜냐하면 이성의 기능이 단지 인간의 사고기능에 지니지 않는 것이라면, 이성이 정립하는 원리가 불완전하고 불충분한 것이 아닐 수 없는 조건 때문이다. 즉 무한하게 생성·소멸하면서 변화하는 자연의 존재원리가 인간이 창조하는 문명과 문화의 존재원리와 수미일관되어야 하는 조건 때문이다.

칸트가 순수이성비판의 분석론에서 선험적 감성론과 선험적 논리학을 서로 분리한 방식은 우선적으로 주목해야할 항목이다. 그 다음으로 선험적 논리학을 선험적 분석론과 선험적 변증론으로 나눈 방식이다. 아래와 같이 두 가지로 정리할 수 있다.

첫째, 칸트가 선험적 감성론에서 감성적 직관의 두 가지 순수형식인 공간과 시간의 존재를 논구한 방식에서, 그가 각 개념에 대한 논구과정을 형이상학적 해명과 선험적 해명의 명칭으로 구분한 의도이다.

둘째, 선험적 변증론이 선험적 논리학의 항목인 특성이다. 칸트가 말하는 변증적 논리학의 논리성은 무엇인지의 의문점이 수면으로 부상하고, 더 나아가 이 논리학의 성격이 훗날 독일 관념론의 특성인 변증적 논리성의 학문성을 형성하도록 한 계기가 무엇인지의 의문점도 수면으로 부상한다.

비판체계를 이룬 구성의 올바른 순서는 역설적으로 경험론의 입장에서 합리론의 입장을 분석한 작업이라고 평가할 수 있다. 칸트의 근본입장이 합리론이므로, 순수이성의 비판이 합리론의 입장에서 합리론을 비판하는 형식일 수 없는 논리성 때문이다. 마찬가지로 합리론의 입장에서 경험론을 비판하는 형식도 될 수 없는 사실성 때문이다. 그러므로 합리론의 주장을 비판한 경험론의 입장을 비판적 입장이라고 여긴다면, 합리론의 입장에서 경험론을 비판하고 그로부터 새로운 방식의 합리론의 길을 개척한 것이라고 판단할 수 있다.

칸트는 합리론자들이 정립한 인과율을 부정한 경험론자인 흄의 경험론의 입장을 순수이성비판의 후반부인 선험적 방법론의 「자기모순에 빠진 순수이성의 회의적 해결의 불가능성」에서 다음과 같이 서술하였다.

…유명한 데이비드 흄은 인간이성의 이러한 지리학자의 한 사람이었는데, 그는 이상에서 언급한 여러 가지 문제를 모조리 그가 규정할 수 없었던 이성의 지평선 밖으로 몰아냄으로서 충분히 해결하였다고 잘못 믿었던 것이다. 그는 그 중에서도 특히 인과성의 원칙을 물고 늘어져서 결국 (작용인 일반이라는 개념의 객관적 타당성이 아니라) 인과성의 진리가 어떤 식견, 즉 선천적 인식에 기초를 갖고 있는 것이 아니며, 그러므로 인과성이 지닌 모든 신망의 근거는 인과법칙의 필연성에 있는 것이 아니라, 다만 경험의 진행과정에 있어서의 그 일반적 유용성과 또 거기서 발현하는 그가 습관이라고 부르는 주관적 필연성에 있다는 아주 정당한 견해를

진술하였다.[1]

칸트는 「자기모순에 빠진 순수이성의 회의적 해결의 불가능성」의 글에서 합리론의 독단론과 경험론의 회의론에 대한 자신의 비판적 입장을 명확히 했다. 그 점은 아래의 글의 첫 번째 경우와 두 번째 경우의 글에서 뚜렷이 드러나 있다. 진리탐구의 전망, 방향, 방법이 형이상학의 주제인 존재의 근본원리에 대한 논구에 의해서만 확립된다는 입장이다. 칸트는 진리의 탑이 인간이 타고난 인식기능의 능력 및 성격에 맞추어 이루어진다는 점을 주장하였다. 칸트가 해명한 선천적 인식기능은 인간이 태어날 적에 형이상학의 주제를 탐구하도록 갖추어진 의식의 기능이다. 인간은 그 기능을 갖추고 있지 않으면, 형이상학의 주제를 탐구할 수 없다. 형이상학은 인간이 타고난 인식기능과 능력에 맞추어 구축되고, 또한 그렇게 된다.

　…무지의 지라는 것은 (만일 이것이 동시에 필연적이라고 인정되지 않는다면) 나의 연구를 종지시키기는 고사하고, 오히려 연구를 환기하는 본래의 원인이 되는 것이다. 모든 무지는 사실에 대한 무지이거나 아니면 나의 인식의 한정과 한계에 대한 무지이다. 그런데 만일에 이 무지가 우연적인 것이라면, 그 무지는 첫 번째 경우에는 사실(대상)을 독단적으로 탐구하도록 나를 자극할 것이며, 두 번째 경우에는 나의 가능한 인식의 한계를 비판적으로 탐구하도록 자극할 것이다.
　그러나 나의 무지가 절대 필연적이고, 그러기에 그 이상의 모든 연구가 면제된다는 것은 관찰에 의하여 경험적으로 결정될 수 있는 것이 아니라,

---

1. B788.

오직 우리 인식의 제일원천의 철저한 탐구에 의하여서 비판적으로만 결정될 수 있는 것이다. 그러므로 우리이성의 한계결정은 오직 선천적으로만 이루어 질 수 있는 것이다.[2]

이 서술로부터 칸트 철학은 다음의 의문점을 해명했다. 인간에게 형이상학적 대상을 탐구할 인식기능과 능력이 제한되면, 진리탐구가 불완전한 것이 되고 인간이 수립한 진리가 개연적일 수밖에 없게 되는 당위성이다. 그리고 인간의 학문이 불가지론에 입각한 회의론에 봉착하는 취약점이다. 그러면 비판철학은 인간이 반형이상학적 입장에 처하게 되는지를 해명했다.

비판철학을 개척한 합리적 결론은 정신속성과 사물속성을 양립한 존재원리가 고스란히 물 자체의 영역까지 일관되는 논리성이었다. 선험철학이 현상과 물 자체영역의 단절을 극복할 수 있는 방법론인 점이었다. 물 자체 영역의 논리가 현상계의 논리와 서로 다르다면, 물 자체가 사물의 본질이 결코 될 수 없기 때문이다. 칸트가 「실천이성비판」에서 신을 요청한 방식이 그 관점을 확인시켜 준다.

이와 같은 칸트의 입장은 또 다른 의혹에 부딪친다. 그것은 비판철학이 그런 논리체계를 구성하였다면, 범신론의 입장이 타당한 것인지의 의문점이다. 하지만 분명한 점은 물 자체영역과 현상영역이 수밀일관성을 갖춘 논리로 연결되어도, 범신론이 물 자체영역을 부정할 수 없는 사실이다. 물 자체 개념이 범신론을 부정할 수 있는지 아니면 범신론이 물 자체개념을 부정할 수 있는지는 엄격히 논구해야 한다.

---

2. A758, B786.

선험철학, 비판철학, 형식철학

인식론의 기본형식은 인식주체와 인식객체의 대립성이다. 인식론은 인간의식이 인식하는 주체적 입장이고 외부대상은 인식되는 객체적 입장으로 규정했다.

인간이 대상을 인식하려면, 자신의 인식기능을 작동해야한다. 그러면 역발상적으로 인식대상도 자기 자신을 인간의식에 알리기 위해 자발적이고, 능동적이고, 자발적으로 활동하는 존재자로 간주되어야 한다. 인식객체인 대상이 감각을 촉발하는 접점에서 인식주체인 의식과 인식객체인 대상이 서로 균형을 이룰 수 있다.

위의 입장은 범신론의 입장과 유사하다. 비판철학과 범신론의 입장의 공통점과 차이점은 명확해야 한다. 양자의 입장은 전통적 합리론의 입장과 다를 바 없다. 존재본질의 보편성을 모든 주장의 근거로 삼아, 그 토대위에서 주체와 객체, 인간과 사물, 의식과 대상의 통합하려는 발상이다. 통합방식은 주체와 객체 간에 동질성과 일관성을 확립하려는 방식이다. 하지만 존재의 실상이 그런 성격의 구조로 구성되었더라도, 그 증명은 경험적 인식이 진행된 이후에 밝혀질 인식기능의 문제이다. 따라서 모든 인식론의 출발점은 대상이 인간의식을 촉발시키는 또는 대상이 인간의식에 촉발되는 지점에서 인식기능이 자발적으로, 적극적으로, 능동적으로 작동하는 방식이어야 한다.

인식론의 논구는 논증을 전개하는 시작부터 서로 다른 입장으로 나누어졌다. 그러나 해명의 실마리는 하나의 원형의 끈을 어디에서 잘라 일직선을 만드는가의 착상의 발단에 달려 있다. 그러므로 원형의 끈을 잘라 직선으로 만들어 설명하는 방식을 칸트의 발상에 적용해 봄직도 하다.

칸트의 입장을 비판하는 입장도 그런 방식으로 논구를 시작할 수 있다. 칸트의 비판철학이 진리를 파악하려는 방식으로 적절한 것인지를 객관적 시선으로 따져볼 수 있다. 칸트 이후의 독일관념론이 피히테의 주관적 관념론, 셸링의 객관적 관념론, 헤겔의 절대적 관념론으로 나아간 역사적 사실대로, 한편으로는 그들의 종착역이 기독교 또는 범신론의 계열을 크게 벗어나지 않은 합리론의 지점으로 귀착하였기 때문이다. 다른 한편으로는 이 귀결이 칸트가 그들에 앞서 근대합리론의 선구자들인 데카르트, 스피노자, 라이프니츠가 주장하여 독단적 합리론을 비판한 인식론의 취지와 일맥상통하였기 때문이다.

칸트의 철학체계는 다음의 비유로서 간략히 요약할 수 있다. 예컨대 영혼의 용어와 구별한 좁은 의미에서 의식으로 지칭할 수 있는 인식기능은 전체를 이루는 각각의 기능이 통일적으로 작동하는 체제로서 마치 공장에서 하나의 제품을 생산하는 과정이 하나로 연결되어 있는 방식과 비견될 수 있는 공통성이다. 곧 인식기능 중 어떤 요소도 통일된 과정을 이탈하여 작동하지 않으면 제품이 그 공장으로부터 생산되지 않은 사실과 같게 되는 특성이다. 제품을 생산한 결과를 고려하면 당연히 공장의 생산구조는 전체로서 통일된 하나이지만, 제품을 생산한 과정을 고려하면 각각의 부분들이 지닌 개별적 기능은 서로 구별되어야 한다. 전체와 부분을 그 기능의 목적에 맞추어 통일적이고 또한 체계적으로 파악해야만 제대로 된 설명이 된다.

인식기능을 이런 비유로 살피면, 곧바로 부딪치는 문제점은 감성과 오성과 이성의 기능이 어떻게 구별되는지의 의문점이다. 즉 생산노선을 따라가는 완제품의 재료는 동질적이지만 그것의 형질을 변경하는 조립방식이 각자 독립적으로 구성되어 있듯이, 마찬가지로 감성과 오성과 이성의 기능 및 역할이 어떻게 별개로 작동하여야만 지식과 학문이라는 진리의 완제품이 제대로 탄생될 수 있는가이다. 이 비유에서 고려되어야할 주된 사항은 물질로 만들어진 생산물의 공장에서는 생산의 공정에 들어간 재료만으로 이루어진 제품만 생산하지만, 사유구조의 인식기능에서는 처음 들어간 인식재료와 다른 제품을 생산하는 사실이다. 즉 대상에 관한 지식이외에 대상전체를 포괄하는 형이상학적 이념의 지식이 그곳에서 탄생하는 사실이다.

현대철학에서도 여전히 존재론적 인식기능의 해명을 위해 전체와 부분의 논점을 제기하였고, 이런 흐름 속에서 현상학을 비롯한 여러 유파들이 사물이 아닌 사태자체의 개념을 존재와 존재자를 파악하는 인식과정에 적용하였다. 그와 아울러 고려해야 할 사항은 일상인들이 일상생활에서 형식이 내용과 대립하는 용어로서 매우 경직된 부자유스러운 느낌을 주는 성격을 지녔다고 언뜻 여길 수 있는 태도이다. 「형식적이다」의 말은 정해진 바대로 판단하고 행동하는 획일적 동작의 모습을 연상하도록 만들기 때문이다.

칸트 철학에서 인식론적으로 사용한 형식의 용어는 그런 느낌을 주는 일상적 의미를 전혀 담고 있지 않다. 오히려 그 용어는 모든 가능한 경우의 내용을 모두 총망라하는 의미로 사용한 용어이다. 그 용어는 부분과 전체의 관계에서 전체와 직결된 용어이다. 다시 말해 그 용어는 구체적이고 개별적 경우를 모두 아우르는 용어이다. 형식의 용어를 내용과 연동하여 파악하면, 모든 내용은 형식의 범주에 속하는 각각의 사례에 해당하는 점 때문에, 당연히 사태를 형식적으로 파악한다는 의미는 전체의 시각으로 개별적 사태가 지닌 성격을 파악한다는 인식적 태도와 동일한 취지를 공유하게 된다.

하나의 사태를 이해함에 있어서 부딪치는 난점은 그 경우이외의 다른 경우가 존재할 적에 두 경우의 성격을 명확하게 구분하여 이해해야 하는 일이다. 가령 눈앞의 산을 바라볼 적에 경험해 보지 않은 산의 뒷면을 염두에 두고서 바라보는 경우이다. 즉 산이라는 전체를 전제하고서 산의 옆면과 뒷면과 그리고 직접 바라보고 산의 전면을 고려하는 경우이다.

형식의 용어는 산의 전면, 후면, 측면 그리고 윗면을 구분해서 산의 전체를 아우르는 인식의 틀을 의미한다. 하나의 내용만을 두고서 산이라고 하지 않고 드러나지 않은 다른 쪽의 내용을 합쳐 산을 파악하려는 인식작업은 진리를 파악하려는 지적 작업에서 경험에 앞서 경험을 선도하는 태도로서, 진리탐구에 있어서 선행적 역할을 담당하는 인식기능이다. 그러므로 인식하는 주체의 입장에서 대상에 적용한 형식과 내용의 용어는 실제로 인식이 구체적으로 진행한 상황에서는 주체가 인식하려는 대상의 성격에 따라 다양한 모습으로 존재한다.

그런 성격을 지닌 형식의 의미가 대상을 불문하고 모든 인식에 무차별적으로 통용되는 보편성임을 규명하려면, 그 작업은 보편성을 논구하는 존재론에서 따져야 한다. 그 작업은 철학의 으뜸과제가 아닐 수 없다. 그 작업은 경험대상인 현상계의 개체들이 인간의 면전에서 전개한 사태를 지식으로 구성하는 지성을 규명하는 과제이다. 인식기능이 인식대상을 지식으로 구성하기 위해서는 인식기능과 인식대상 간의 공통성을 확보해야 한다. 곧 대상을 분석하고 종합하는 사고방식의 틀이 인간과 상관없이 실재하는 사물의 존재방식의 틀과 동질의 원리를 공유하고 있는지를 해명하는 작업이다. 그 의문점은 존재의 틀이 이미 그렇게 결정되어있고, 차후에 인간의 사유구조가 그와 같은 존재의 근본틀을 선천적으로 공유함으로서 인간이 진리를 파악할 수 있게 되었는지의 물음이다. 그 논구는 칸트 철학체계에서 선천성과 선험성의 용어가 지닌 성격을 제대로 파악해야만 진행할 수 있다.

칸트의 철학체계를 형식철학이라고 부르는 이유는 칸트가 선험논리학에서 범주의 도표를 확립했기 때문이다. 현상계에 존재하는 모든 존재자들이 범주에 해당하는 성질을 공유하고 있다. 범주개념은 합리론의 인물들이 현상의 본질을 설명하기 위해 존재론의 전면에 내세운 실체개념과 속성개념과 양상개념의 보편성을 뒷받침한다. 그러므로 인식대상인 외부존재자와 외부존재자를 인식하는 인식기능을 수미일관되게 통일하여 신과 인간과 자연이 삼위일체가 되어 존재를 구성하고 있음을 객관적으로 논증해야 한다.

4. 선험철학의 학적 의의

존재론, 인식론 논리학의 삼위일체

칸트가 비판철학의 명칭 하에서 철저히 논구한 철학과제는 전통적 형이상학이 추구한 근본과제에서 한치도 벗어나 있지 않다. 그 과제가 인류가 풀어야 하는 근본과제로서 학적 보편성을 지니고 있기 때문이다. 시간과 공간의 제약과 상관없이 항상 현대적이다. 그 과제의 궁극목적은 제일철학으로, 형이상학으로 불리는 존재론과 인식론과 논리학을 삼위일체로 통일시키는 것이다.

비판철학은 인류와 자연이 현상계에서 무한하게 거듭하는 실존의 성격을 인식하기 위한 방법론을 구성한다. 비판의 첫단계는 인간의 인식능력이 대상을 어떻게 탐구할 수 있는지를 검토하는 학적 작업이다. 인식구조와 기능의 논구가 논리학과 존재론의 학적 근거를 논구하는 작업을 함께 수행한 점 때문이다. 칸트는 『순수이성비판』, 『실천이성비판』, 『판단력비판』을 통해 진리의 본질을 추구하는 철학의 궁극목적을 완수하려고 시도했다.

인간은 객관적으로 존재하는 자기 자신과 자기바깥의 외적 사물을 의식하는 자신의 인식기능을 파악하여 학문을 구성하려고 했다. 자신의 인식기능이 객관적이더라도, 자신이 제대로 알지 못하면 오류를 범하는 결점 때문이다. 그뿐만 아니라 자신이 알고 있는 것이 보편타당하지 않으면, 그 앎이 주관적이고 개연적 성격을 벗어날 수 없는 약점 때문이다.

인간의 선천적 인식기능은 인간에게만 주어진 지적 능력으로서 다른 동물과 구별된다. 그러나 인식기능이 보편적 지식을 추구하지 않는 한, 그 기능은 인간에게 국한된 심리적 특징으로 오인될 수 있다. 인식기능이 다른 동물들보다 탁월하더라도, 인간은 존재의 진리를 탐구하고 그 결과를 학문으로 구성하고 문명사회를 구성하는 작업을 추구하는 존재가 될 수 없는 제약 때문이다.

인간은 보편적 진리를 추구하는 학문의 과정에서 합리론과 경험론의 입장으로 나누어졌다. 합리론과 달리 경험론은 인간의 지적 능력이 존재의 본질을 탐구할 수 없는 한계를 지니고 있다는 회의론에 봉착하였다. 경험론은 인간의 지적기능의 수준이 현상의 인식을 취합하여 추상적 지식을 구성하는 정도라고 주장하였다. 추상적 지식의 개연성은 인간의 인식기능이 지닌 독자성을 무시하고 지식을 심리적 기능의 산물로 오판하도록 이끌었다.

합리론은 경험론의 입장을 반박하고 인간이 보편적 지식을 확립하는 형이상학적 존재임을 논증하는 지적작업을 수행했다. 그 작업은 두 가지 장애를 해결해야 했다.

하나는 지적 작업을 추구할 방법이다. 다른 하나는 이 방법이 지닌 학적 타당성이다. 전자는 방법이 없이는 작업을 추진할 수 없는 조건 때문이다. 후자는 설사 추구할 방법이 있다고 하더라도 그 방법이 올바르고 적법한 것이 아니면 그 결과가 올바르고 적합한 것이 될 수 없는 논리성 때문이다. 따라서 탐구의 방법과 타당성을 아울러 확보해야 했다.

합리론의 계열에 속하는 칸트는 이 조건을 충족시키기 위해 『순수이성비판』이라는 명칭으로 타당한 방법론을 수립했다. 대상을 인식하고 보편적 지식을 수립하기 위해, 먼저 전략적으로 자신이 경험한 외부대상의 인식을 바탕으로 하여 자신의 내적 인식구조를 드려다 보는 방식이다. 그 다음으로 외부대상의 인식과 내적기관의 인식을 아울려 전체를 조망하는 방식이다. 예컨대 이 방식은 세상을 바라보는 자신의 모습을 바라보기 위해 거울을 만들어 바라보는 방식과 비슷하다.

모든 인간이 직면한 인식의 난점은 일차적으로 인식의 상대주의이다. 세상을 인식하는 주관적 인식기능은 인간이 하나의 외부대상처럼 객관적으로 바라볼 수 없다. 주관적 인식기능을 다른 외적 인식대상처럼 객관화시키는 작업이 급선무가 아닐 수 없다. 인식의 주관성을 객관적 학적 대상으로 전환하는 작업이다.

칸트는 이 작업에서 '인간의 모든 인식은 경험에서 시작되지만, 그러나 경험에서 오는 것은 아니다'라고 하였다. 그리고 칸트가 보여준 방법은 우선적으로 인간이 외적 대상을 경험하고, 그 다음 모든 지각판단의 지식들을 나열하고, 마지막으로 외부대상에 속하는 표상을 제외한 나머지 표상을 가지고 내부인식구조로 확립하는 것이었다. 그 작업과정은 이전에 대부분 확립되어 있었지만, 칸트의 방법론은 독특한 그의 발상이었다.

칸트는 전략적으로 두 가지 고리를 마련했다. 하나는 주관과 객관을 일체화시키는 일이었다. 주관의 인식기능을 외부대상처럼 객관화하기 위해서는 외부대상의 근본속성을 인식기능 안에 내재시켜 선천적 순수기능으로 확립하는 것이었다. 마치 제품을 만드는 기계에서 제품을 구성하는 재료를 배제하고 오로지 순수기계만을 고스란히 보여주는 방식이다.

다른 하나는 형이상학을 진정한 학문으로 정립하기 위한 구체적 방법을 주관의 객관성을 바탕으로 하여 확립하는 일이었다. 형이상학의 근본이론을 보편타당한 성격의 지식으로 만드는 구체적 방법이다. 하지만 두 번째 작업은 심히 어려운 작업이었다.

칸트의 이론체계를 종합적으로 파악해야 하는 이유는 존재를 파악하려는 이론적 본성이 문명을 창조하려는 실천적 본성과 일체가 되지 않으면, 지성이 불완전해지는 토대 때문이다. 마찬가지로 실천적 본성이 이론적 본성과 일체가 되지 않으면 제대로 작동할 수 없는 조건 때문이다. 그러므로 사유구조에 내재한 문명창조기능의 실천적 본성을 제대로 파악하여 올바르게 활용하려면, 칸트가 Transzendent의 명사로부터 굳이 transzendentant의 형용사 대신에 transzendental의 형용사를 채용한 철학적 의의를 되돌아보아야 한다.

칸트의 선험철학을 이해하려는 입장은 이 용어를 '초월적'의 용어대신에 '선험적'의 용어로 번역해야 하는 당위성을 이해해야 한다. 물 자체 개념을 설정한 칸트 철학의 transzendental의 용어를 번역하는 작업은 논란거리이다. 칸트의 의도를 전달한 적절한 용어를 찾는 일이 쉽지 않았기 때문에, 부득불 칸트 의도를 대변할 용어로 '선험적' 용어를 선택하지 않을 수 없었는데, 그 채용이 타당했다. 그 용어가 경험론이 주장하려는 바의 목적을 충분히 수용하면서 동시에 합리론이 직면하고 있는 난점을 극복하려는 비판철학의 의도에 걸맞은 단어였기 때문이다. 인식론이 형이상학의 정체성을 논구할 적에 필요한 학적 방법의 적절한 용어였기 때문이다. 합리론이 직면한 독단론과 경험론이 직면한 회의론의 난국을 동시에 극복하려는 칸트의 의도를 가장 잘 보여준 용어였다.

이 용어가 형이상학을 올바르게 수립하기 위한 방법임을 주목해야 한다. 인간의 이성이 형이상학의 대상에 대해 사변적 측면에서 저지르는 월권행위를 방지하기 위한 의도를 명확히 하면서, 이성의 실천적 측면에서의 역할을 명확히 확정하려는 데에 있음을 주목해야 한다. 그 용어를 채택한 칸트 의도가 첫째는 사변이성에 의해 형이상학의 영역으로 적극적으로 인식의 기능을 확장하기 위한 것이 아니라 오히려 소극적으로 그런 확장을 방지하려고 한 목적인 경우이다. 두 번째는 그 대신 실천이성에서 그 기능을 적극적으로 확장하려고 한 목적인 경우이다.

이성 기능의 이같이 구분은 두말할 나위 없이 인간이 마주하는 대상들의 경험이 현상에 불과한 사실 때문이다. 사물은 인간에게 인간들이 이해할 수 있는 방식으로 자신의 정체를 전달할 방식이 전혀 없고, 인간에게는 단지 감각에 의해 촉발되는 인상이외에 대상을 지각할 다른 인식자료를 얻을 수 없다. 현상은 인식기능과 인식대상의 상관관계와 한계상황을 의미한다. 인간이 마주하는 대상에게는 인간의 인식기능과 동일한 수준의 언어소통방식이 없다. 인간의 인식은 사물을 접촉한 감각이 개별적 인상을 연속적으로 사유기능에게 전달함으로 시작한다. 경험론 철학자인 흄은 인간의 인식방식을 연상법칙에 의거한다는 심리적 관점을 주장하였다.

칸트가 표현한 소극적 입장은 한편으로는 경험론의 주장을 수용하였다고 판단할 수 있겠지만, 칸트의 진정한 의도는 독단론이 주장한 지나치게 경직된 운명론과 같은 이론들을 비판하기 위함이다. 그 근거는 아래의 문장 중 "이 원칙은 그것이 본래 속해 있던 감성의 한계를 모든 것을 넘어서까지 확장하여 순수(실천적)사용까지도 배제하려고 설치기 때문이다"는 표현에서 명확히 드러나 있다. 왜냐하면 이 표현이 명백히 사변이성의 지나친 확장이 인간에게서 실천이성의 기능을 왜곡하는 문제점을 지적하기 때문이다.

…우리가 비판을 통하여 밝혀서 영구히 존속할 상태로 된 형이상학으로서 후손들에게 물려주려고 생각하는 보물이란 대체 어떤 것인가 하고 사람들은 물으리라. 사람들은 이 저서를 경솔하게 대충보고 이 저서의 효용이 단지 소극적인 것임을, 즉 사변적인 이성으로서는 결코 경험의 한계를 감히 넘어설 수 없다는 것을 우리에게 믿을 것이다. 사실에 있어서 그것이 또 이 형이상학의 첫째 효용임에 틀림없다. 그러나 감히 제 자신의 한계를 넘어서려고 하는 사변적 이성이 사용하는 원칙이, 좀 더 자세히 살펴보면 실은 이성사용의 확장이 아니라 그 제한을 당연한 결과로 가져온다는 것을 알게 되자마자 그 효용은 적극적인 것이 된다. 왜냐하면 이 원칙은 그것이 본래 속해 있던 감성의 한계를 모든 것을 넘어서까지 확장하여 순수(실천적)사용까지도 배제하려고 설치기 때문이다.[1]

이와 같은 칸트의 진술은 이성비판의 논구가 사변이성의 확장을 방지하는 목적에 있을 뿐만 아니라, 동시에 이성의 또 다른 측면인 실천적 사용을 억압하는 장애를 방지하는 목적에 있음을 해명한다. 교조적이고 독선적인 주의·주장이 인간의 실천적 행위를 지나치게 통제하는 상황을 극복하려는 목적이다.

실천적 자유의지는 도덕적이고 문화적인 문명사회를 건설하는 원동력이다. 실천적 자유는 민주시민사회를 지향한다. 자유의지에 의한 실천적 행동이 인간의 생존방식인 이유를 해명한 칸트의 의도는 언제나

---

1. B X X Ⅳ~B X X Ⅴ.

현실적이다. 그리고 그 주장이 언제나 시대에 적응할 수 있는 특성 때문에 현대적이다.

그러므로 우리의 비판은 사변적 비판을 제한하는 한에서 보면 소극적이지만, 그러나 그렇게 함으로서 동시에 실천적 사용을 제한하거나 또는 금지하려고까지 간섭하는 장애물을 제거하기 때문에 사실은 적극적이고 매우 중요한 효용을 가지는 것이다.

왜냐하면 순수이성이 절대 필연적 · 실천적으로(도덕적으로) 사용되는 경우가 있는 바, 이 경우에는 이성이 불가피적으로 감성을 한계를 넘어서 확장되거니와, 그러기 위해서는 물론 사변적 이성의 도움을 받을 필요가 있는 것은 아니지만, 그럼에도 불구하고 자기모순에 빠지지 않기 위해서는 사변적 이성의 반대작용에 대항할 만한 안전대책을 강구하지 않으면 안 된다는 것을 즉시 확신하게 되기 때문이다.[2]

실천이성에 의한 도덕법칙의 수립

칸트가 기계적 인과율을 자연에 적용할 수 있었던 인식의 근본토대는 순수직관형식으로 규정한 공간의 존재성이다. 칸트는 인간이 이 근거를 바탕으로 하여 자기생존의 터전인 공동체를 진보한 문명사회로 전환할 수 있다고 판단했다. 더 나아가 그와 상응해서 목적적 인과율의 사고방식은 도덕사회를 구축할 수 있다고 믿었다. 인간의 사고방식이

---

2. ibid.

미래지향적일 경우에는 진보적이다. 문명사회의 발전은 오성의 상상력이 기술을 개발할 적에 이루어진다. 문명사회의 건전한 질서와 평화는 구성원의 도덕의식에 의해 이루어진다. 인류가 자신의 파멸되는 미래의 모습 대신 자신이 발전하는 미래의 모습으로 나아가려면, 자신이 도덕적 사회를 구축해야 하는 이유를 이성의 본질에 근거하여 스스로 진단해야 한다. 곧 목적적 인과율에 다른 실천적 자유의 선의지이다.

현상의 변화를 설명하는 칸트의 목적적 사고방식은 작용인Wirkung Kausalität에 근거하고 있다. 칸트가 자연에 대한 기계론Naturemechanismus적 이해방식과 대비되는 목적론적 인과율을 도덕적 행위의 작용인으로 적용한 발상이다. 현상으로 드러난 사물변화에 작동하는 작용인으로서의 자연기계론과 현상적 인간의 의식에 작동하는 작용인으로서의 목적론을 구별한 사고방식이다. 이 구분은 칸트가 이원론자임을 보여준다. 칸트는 이원론의 비판을 우려하기보다는 오히려 자신의 구별을 정당화할 수 있는 존재론적 근거와 그리고 양자를 조화롭게 연결할 수 있는 공존의 방법을 해명하는 작업에 주력하였다. 그래서 그는 우선적으로 물과 물 자체가 구분되지 않는 상황에서 발생하는 인식의 혼란을 지적하였다.

…이제 우리가 우리의 비판을 통하여 필연적으로 설정한 경험의 대상으로서의 물과 물 자체로서의 물을 전연 구별하지 않았다고 가정하여 보자. 그렇게 되면 인과성의 원칙이, 따라서 이 원칙에 의하여서 규정된 자연기계론이 보편적으로 모든 물 일반에 대하여 작용인으로서 타당하지 않을 수 없게 될 것이다.[3]

---

3. B X X Ⅶ.

칸트는 그렇게 되면 인간은 운명의 결정론과 의지의 자유론이 곧바로 충돌하는 모순에 빠지게 됨을 문제제기하였다.

따라서 나는 분명히 동일한 존재자, 가령 예를 들면 인간의 영혼에 대하여 명약관화한 모순에 빠지지 않고서 '그의 의지는 자유다. 그러나 동시에 자연필연성에 복종한다. 즉 부자유하다'고 말할 수 없게 될 것이다.[4]

칸트는 생성·소멸을 하는 사물의 변화과정에서 사물과 사물 자체를 구분해야만 비로소 인과율에서 발생하는 모순을 극복할 수 있다는 주장을 펼쳤다.

…비판이 객관을 두 가지 의미, 즉 현상과 물 자체의 의미로 취하기를 가르쳐 준 것이 잘못이 아니라면, 그리고 비판 중의 오성개념의 연역이 정당하고 따라서 또 인과성의 원칙이 오직 첫 번째의 의미에 있어서의 물, 즉 경험의 대상인 한에서의 물에만 관계있고, 둘째 의미에 있어서의 물은 인과성의 원칙에 복종하는 것이 아니라면, 바로 동일한 의미가 현상(가시적인 행동)에 있어서는 자연법칙에 필연적으로 따른다. 그런 만큼 부자유하다. 그러나 한편 물 자체에 속하는 것으로서는 자연법칙에 따르지 않으며 따라서 자유라고 생각되며, 또 거기에 하등의 모순이 없는 것이다.[5]

모든 경험적 사실을 포용하는 존재원리는 인식론, 논리학, 존재론이 통합할 적에 이루어지는 작업의 결실이다. 비판적 합리론의 사유방법

---

4. B XX VII.
5. B XX VII~B XX VIII.

은 첫째 경험적 사실을 통합하는 과정과 둘째 모든 현상에 공통되는 속성을 찾아내는 과정을 거쳐 통합론을 추진한다. 그 과정에서 비판적 합리론은 두 가지 기준을 확립한다. 첫째는 신의 존재가 존재론과 인식론과 논리학의 통합과정에서 항상 일관되어야 하는 조건이다. 둘째는 최고원리에 해당하는 신도 다른 현상의 개체들과 마찬가지로 존재자이므로, 자신이 포괄하는 존재의 범위와 원리를 벗어날 수 없는 제약이다.

칸트의 이론체계가 이와 같은 특성을 담은 코페르니쿠스적 전회의 산물이다. 코페르니쿠스적 전회의 논리적 사고방식은 비판적 합리론의 탐구방법이다. 인간이성이 존재의 궁극원리를 정립하는 타당한 방법이다.

5. 3대 비판서 구성, 선험철학의 근본체계

선험적 인식구조의 특성

정신적 실체인 신이 존재한다고 가정하더라도 그 신이 세상을 창조하지 않았다면, 어느 누구도 신을 찾으려 하질 않았을 것이다. 마찬가지로 인간의 영혼이 물질로부터 탄생했다고 가정하더라도 인간이 문명을 창조하지 않았다면 어느 누구도 인간의 의식을 드려다 보려고 하지 않았을 것이다.

현상계에서 살아가는 인간의 본성은 인간의 지적활동에서 드려난다. 인간이 현상을 거슬러 올라가 실체의 본모습을 규명하려는 이론적 인식작업에서 드려난다. 현시점에서 앞으로 도래할 미래로 미리 나아가 자신이 지향하는 삶의 목적을 설계하는 실천적 인식작업에서 드려난다. 이론철학의 이면이 실천철학이며, 실천철학의 이면이 이론철학이다. 인식론의 인식기능과 존재론의 존재원리가 일관되어야 하고, 인식의 사유구조와 사물의 존재방식이 논리적으로 일관되어야 한다.

칸트의 선험철학은 존재론과 인식론과 논리학을 하나의 체계로 통일하려는 학적 작업을 진행했다. 칸트는 먼저 의식의 본성인 지성의 기능을 존재의 본질을 탐구하는 이론적 측면과 문명을 창조하는 실천적 측면으로 명확히 구분했다. 지성의 양면성이 서로 조화를 이룬 상보성의 정체를 밝히는 작업을 진행했다.

선험철학의 체계는 존재론과 인식론과 논리학을 하나로 통합한 복합적 구성이다. 그러므로 선험철학의 예비적 성격을 지닌 3대 비판철학 서적을 종합하여 총체적으로 파악하지 않으면, 선험철학의 올바른 이해가 불가능하다. 그들의 상호관계를 명확히 밝히려면, 그들의 통일성에 내재한 복합적 여러 요인들을 명확히 밝혀야 한다. 현상계의 복잡한 변화사태를 파악하는 인식기능이 존재론적 측면, 인식론적 측면, 논리학적 측면이 함께 어울려져 구성하고 있음을 파악해야 한다. 그리고 개별사태와 궁극원리간의 상호관계를 논리적으로 분석하고 종합할 수 있는 인식수단인 범주의 논리적 틀이 사유기능에 선천적으로 갖추어져 있음을 파악해야 한다. 복잡하게 얽힌 사태의 구성요소와 요인들을 제각각 구별하여 개별지식으로 정리하는 인식기능의 작용방식을 파악해야 한다. 최종적으로 모든 개별적 지식들을 궁극원리를 바탕으로 하여 통일하여 학문의 지식체계로 구성하는 인식기능의 목적을 파악해야 한다.

모든 학적 논구의 진행은 어떤 경우에서도 다음의 두 가지 관점을 지켜야 한다.

첫째, 존재론의 원리를 수립하는 학적 과정이 인식기관의 구조와 기능과 직접 관련되어 있음을 이해해야 하는 조건이다. 이와 같은 과제는 인식기능의 성격을 명확히 파악함으로서 해결할 수 있다.

둘째, 논리학이 확정한 범주의 형식적 틀이 도덕철학과 미학의 학적 토대임을 이해해야 하는 조건이다.

칸트는 『순수이성비판』에서 전통적 논리학을 선험논리학으로 재구성했다. 선험논리학의 선험적 변증론에서 존재론을 논구했다. 선험논리학에서 범주의 틀을 바탕으로 하여 『실천이성비판』에서 실천이성의 선의지를 논구했다. 『판단력비판』에서 미의식의 주관성과 창조성을 논구했다. 3대 비판서의 구성이 선험철학의 근본체계임을 명확히 입증하려면, 칸트가 『순수이성비판』에서 비판철학과 선험철학의 체계를 완성하려는 의도를 명백히 해명해야 한다. 칸트의 의도는 역설적으로 일상생활의 상식적 관점으로 접근하면 더 명료해진다. 칸트의 학적작업이 일상생활이 실천행위와 직접 연관된 실재적이고 실질적 문제이기 때문이다.

오성은 감성적 직관으로부터 촉발한 대상의 표상들을 종합하여 하나의 개념으로 형성한다. 칸트는 그 형성과정을 지적 기능이 자연스러운 발로로 파악했다. 시·공의 제약에 놓인 인간의 경험에는 한계가 있다. 상대를 마주한 상태에서 자기중심적 판단을 한다. 자기중심적이고 이기적인 표상과 관념이 발생한다. 오성이 구성한 대상개념이 체계적 학문의 지식으로 발전하기 위해서는 순수오성 개념의 작용만으로 부족하다. 오성이 구성한 대상개념이 경험적 입장에서 추상적으로 이루어지건, 합리적 입장에서 보편적으로 이루어지건 간에, 학문의 성립은 자기중심적 사고방식을 벗어나야 한다. 인간이 사회공동체를 문명사회로 전환하기 위해 갖추어야할 문명의 도구를 창조하려면, 반드시 자아의 이기적 판단과 행동방식을 벗어나야 한다. 그리고 타자를 이해하는 순수한 이타적 판단과 행동양식을 구비해야한다. 역지사지하고 감정이입을 시행하기 위해서는 자기중심적 심리작용과 전혀 다른 차원의 의식판단과 행동양식이 필요하기 때문이다.

현대문명의 특성을 제대로 해명하려면, 오성의 판단기능과 추론기능을 이끌고 간 원동력을 파악해야 한다. 단지 오성의 논리적 구조만을 들추어서는 학문발전을 이끌고 인류문명사회를 구축한 원동력을 파악할 수 없다. 현대문명을 비롯한 모든 문명양식을 이끌고 간 도덕적 표상과 미의 표상을 도외시하면, 진정한 원동력을 파악할 수 없는 취약점 때문이다. 오성의 논리적 판단과 추론기능이 감성수준의 심리적 표상에 의해 작동한다면, 인간은 문명을 구축하는 거대한 지적 작업을 수행해 나갈 수 없다.

형이상학의 관점에서 보면, 인류가 문명사회를 형성하고 유지하고 발전시켜 나가는 모습을 시간의 순서별로 나누고 진화론으로 설명하려는 사고방식은 실로 잘못된 경우가 아닐 수 없다. 인간의 사유기능이 경험이 미치지 못하는 영역으로 나아가기 위해서는 다른 표상이 작동해야만 한다. 감성적 심리기능에 얽매여 그런 행동을 스스로 포기하려는 지성과 달리 끈질기게 그 영역으로 진입하도록 이끄는 지성을 설명하려면, 지성에 고차적 표상이 등장해야 한다. 그것이 미시 영역의 원자론, 거시 영역의 천문학 지식들을 탐구하도록 이끈 지적 동력이다. 그 지식들은 자연이 보여주는 개별현상으로부터는 파악할 수 없는 지식이다. 물질을 구성하는 근본소립자들은 경험되는 존재가 아니다. 합리론의 인과율과 달리 대성의 인상과 인상을 연상법칙에 의해 연결하는 경험론의 입장에서는 결코 사물을 구성하는 궁극원인을 연상할 수 없다.

문명사회의 초창기에 작용한 신화의 사고방식과 현대문명을 탄생시킨 과학의 사고방식의 원동력이 모두다 형이상학적 관념과 표상에서 기인한다. 시대와 장소를 막론하고 문명사회를 건설하는 사유방식의 본질은 동질적이다.

지성이 수행하는 모든 인식작업은 인식기능의 선천적 구조로부터 해명을 시작해야 한다. 인간이 형이상학적 존재임을 전제해야만 해명이 가능한 선험적 용어의 본질로부터 시작해야 한다. 그 이유는 현상적 인간이 형이상학의 원리를 규명할 수 있으려면, 양영역을 매개할 수 있는 기능을 갖추고 있어야 하는 전제성 때문이다. 그러므로 transzendental의 용어를 벗어나 있다는 의미에서 초월적이라고 번역하더라도, 그 본질적 의미는 전체를 인식대상으로 삼을 수 있는 상황을 의미할 뿐이다. transzendental의 개념은 인간이 대상과 무관하고 초연해질 수 있는 의미가 아니다. 초월적 대신 선험적이라고 번역해야 하는 근거와 이유는 첫째, 칸트가 자신의 사상체계를 초월철학이라고 말하려고 했다면 굳이 이 용어를 사용하지 않고 그 대신 transzendent의 용어를 사용하였을 당위성 때문이다. 둘째, 이 용어가 데카르트 이래로 진행된 인식론 중심의 근대철학의 특성을 고스란히 수용하고 있는 사실성 때문이다.

인간이'초월적'의 용어를 사용할 전제조건은 우선적으로 인간이 대상을 상대적으로 마주보고 있을 때이다. 인간이 다른 존재보다 오히려 같은 인간을 바라보고 있을 때에 그 의미가 더 명확해진다. 그 이유는 상대방과 대등하게 마주보고 있는 공간에서는 한쪽의 인간이 다른 쪽의 인간에 구속되지 않은 독립적 존재인 사실이 명확해지는 경우 때문이다. 서로가 서로를 관찰하면서 상대를 판단할 경우, 서로가 상대방의 입장을 벗어나 있는 상태가 된다. 그런 측면만 고려하면, 그 용어는 초월적일 수 있다. 점점 더 마주보고 관찰하고 판단할 수 있는 대상을 전체대상으로 확장해 나가면, 주체는 마주하는 전체대상과 구분하여 자신을 초월적 상태에 놓여 있다고 말할 수 있다. 그러나 그 때의 '초월'의 용어는 서로가 무관하거나, 초연해 있다는 의미가 아니다.

인간은 자신이 속해 있는 자연을 벗어날 수 없다. 자신이 자연환경을 벗어난 경우가 되려면, 자연에 속해 있는 자신을 포함하여 모든 개체들을 상대적으로 관찰하고 판단할 수 있는 대립관계를 형성해야 한다. 그 상황이 인식기능의 성격을 선험적 성격 대신 초월적 성격으로 해석해야 하는 주장을 가능케 한다. 그 주장은 정신이 마치 유체이탈을 하여 자연의 전체사물을 바라보는 상태를 연상시킨다.

인간의 사유기능이 그런 주장에 해당하는 초월적 상황에 도달했다고 하더라도, 판단기능에 있어서 별다른 변화가 발생할 수 없다. 인식기능에서의 그런 상황은 보편적 지식을 형성하기 위한 필수조건에 해당할 뿐이기 때문이다. 그로부터 보편적 지식이 저절로 형성되지 않는다. 더 나아가 인간의 사유기능이 대상과 무관한 상황에 도달할 수 없다. 다시 말해 모든 개별자를 전부 인식대상으로 삼을 수 있더라도, 인식대상의 개체들이 생성·소멸의 변화를 진행하는 존재자들이다. 여전히 인식의 근본문제는 그 상태로 남아 있고, 인식의 충분조건은 여전히 미해결 상태로 놓여 있을 뿐이다. 그러므로 사유구조 속에는 인식기능의 충분조건을 충족시킬 수 있는 선천적 요소들이 존재해야 한다. 그 요소들이 작동하는 방식도 아울러 존재해야 한다.

종교적 입장도 마찬가지이다. 종교계가 표방하는 초월적 존재자는 현상계에 존재하지 않는 실체이다. 현상의 법칙에 구속되지 않고, 현상계와 전혀 다른 성질의 영역에 존재하는 실체이다. 그런데 그 실체가 현상의 생성·소멸과정에 관여하면, 그 순간 초월적 성격을 상실한다. 현상계 밖의 존재와 현상계의 존재가 서로 상대적 관계를 형성하는 조건 때문이다. 관여의 작용을 통해 양자는 상관관계를 맺는 사실 때문이다.

'초월성'을 벗어나 있다는 의미는 대상을 바라본다는 의미와 일맥상통한다. 더 나아가 전체를 바라보는 의미와 상통한다. 대상을 관조하는 경우에는 일반적 의미의'초월적' 용어의 사용이 문제될 수 없다. 그리고 엄밀한 의미에서는 그 경우는 초월적일 수 없다. 칸트가 사용하는 용어에도 일반적 용어의 '초월적' 의미가 섞여 있다. 그러 나'초월'의 의미가 현상계와 무관하게 존재하는 실체를 가리킬 경우에는 칸트의 용어는 그 경우의'초월'과 구별하여 선험적이라고 해석해야 한다.

칸트의 용어가 가리키는 의미는 명백하다. 인간의 인식기능과 창조 기능이 초월적 존재자인 실체와 다른 특성 때문이다. 인간의 능력은 세계내의 모든 존재자들에게 영향을 미칠 수 없기 때문이다. 인간은 현상을 구성하는 근본요소에 기능을 변경할 어떤 작용도 할 수 없는 한계 때문이다. 인간은 세상의 변화를 관망하더라도, 다가오지 않은 미래를 바라볼 수 없는 제약 때문이다. 인간의 인식기능은 현상만 경험할 뿐이다. 사물구성의 근본과정을 결코 경험할 수 없다. 인간은 자신이 실천해야 할 미래의 모습을 관망할 수 없는 존재이다. 인간이 지닌 인식기능은 창조적 실천과정에서 선험적 성격을 띤다. 인간이 현상계에서 문명을 창조하려면, 시간과 공간을 자유롭게 이동하여 상황을 사유할 수 있는 인식기능을 갖추어야 하는 조건 때문이다. 인간은 과거와 미래를 그자체로 관망할 수 없지만, 상상을 통해 예상·예측할 수 있다. 인간의 인식기능은 시간을 넘나드는 선험적 특성을 갖추고 있다.

인식론에서 관조의 의의

■ 순수의식과 관조

인식의 초월성은 실질적으로 관조의 의미이다. 관조행위는 자아가 주변상황을 벗어나 전체상황을 대상화할 경우에 가능하다. 관조행위는 오성의 인식작용이 아닌 이성의 인식작용이다. 관조행위가 이루어지려면, 먼저 순수오성 개념에 의한 판단행위가 선행되어야 한다. 초월적 신을 바라봄을 관조행위로 간주하면, 그 의미는 모순에 봉착한다. 초월적 신이 인식대상이 아니기 때문이다.

전체를 관조하려면 자신이 자신을 벗어나야 하고, 자신을 대상화해야 하고, 자신을 포함한 전체를 대상화해야 한다. 이것이 순수의식이 선천적으로 갖춘 인식기능이다. 순수의식은 이로서 형이상학을 학으로 정초할 수 있고 또한 형이상학을 구성할 수 있다.

■ 관조행위의 본질

형이상학적 성격을 밝히는 논증과정에는 아리스토텔레스가 말한 관조의 성격이 명백해야 한다. 이 단어는 인간의 인식기능을 설명하는 논증에서 인식작용의 초월성을 전제한 용어이다.

관조의 의미는 인간이 세상을 바라보거나 신을 바라보거나 간에, 엄밀한 의미의 초월성에 미치지 못한다. 진정한 초월성은 인간이 자신을 벗어나 신과 자신과 자연을 전부 바라보고 파악할 수 있는 상태에 도달해야만 진정한 의미를 충족할 수 있기 때문이다. 관조가 가리키는 의미는 다른 존재자와 자신을 다함께 바라볼 뿐이지, 파악하는 기능을 가리키지 않는다.

인식론에서 관조의 용어가 지닌 중대성은 인간의 인식기능이 존재의 근본원리에 해당하는 신의 존재를 직접적으로 파악할 수 없더라도, 신의 존재를 해명할 수 있는 방법을 제시하는 특성 때문이다. 인식의 관조적 기능이 자신과 자연의 현상을 설명할 수 있는 원리를 확립할 수 있다면, 인간은 그 지점에서 신의 존재에 대한 해명을 수립할 수 있는 존재자이기 때문이다. 인간이 자신을 초월하여 자신과 자연에 대한 수미일관된 궁극원리를 수립하면, 그것이 신이 세상을 만든 궁극원리와 일치하게 되는 논리적 관점 때문이다. 인간이 수립한 이론이 존재론의 궁극원리와 부합하게 되는 형이상학적 특성 때문이다. 만약 이 관점을 부정하려면, 당연히 신의 창조행위가 비합리적이어야 하는 사실을 전제해야 한다. 신의 창조행위가 비합리적이라면, 현상에 작용하는 원리와 법칙이 불가능해진다.

회의적 입장은 현상계에서 합리론의 존재원리를 배척하고 인간이 살아갈 수 있는 방법을 해명해야 한다. 현상계가 자신들이 부정한 원리와 법칙과 무관하게 존재할 수 있는지를 해명해야 한다. 현상계가 원리와 법칙이 없이 존재할 수 있는지를 해명해야 한다. 인간이 생성·소멸을 주도하는 원리와 법칙을 모른다는 경우와 현상계에 원리와 법칙이 없다는 경우의 차이점을 해명해야 한다. '모르기 때문에 없다는 의미는 모순적인 것이기 때문에 물음의 대상이 아니다.'는 의미와 일맥상통하지 않는다. 눈앞에 있는 것의 정체를 모르는 경우가 곧바로 그것이 없는 경우가 되지 않는 논리성 때문이다. 원리와 법칙을 모르는 경우가 그것이 없다는 사실을 의미하는 것이 아니라면, 모르는 경우는 원리와 법칙이 존재하는 것을 전제해야만 비로소 가능한 판단이 된다.

긍정적이건 부정적이건 간에 어떤 경우일지라도, 그 결론에 도달하는 논증과정이 합리적이지 않으면 결코 타당할 수 없다. 회의론의 부정적 입장은 먼저 자신의 회의적 입장이 올바른 것임을 논증해야 한다. 그러면 자신의 주장을 뒷받침하는 합리적 원리와 법칙을 스스로 긍정해야 하는 점 때문에 결국 그들은 자가당착의 모순에 빠진다. 그 경우는 예컨대 모든 것이 부질없고 무의미한 것이라고 주장하는 무리들이 죽지 않고 살기 위해 탐욕스럽게 음식을 먹는 경우와 동질적이다. 그리고 그들이 그 순간 쾌감과 만족을 느낀다면, 그 모습은 실소를 자아내게 하는 우스꽝스러운 모습이 아닐 수 없다.

그럼에도 불구하고 회의론자들은 신비주의자들처럼 인간이 파악할수 없는 더 고차적 원리가 존재한다는 주장을 내세우면서, 합리적 인식결과인 원리와 법칙의 정당성을 부정하고 자신의 입장을 견지한다. 불가지론이 그 경우에 해당한다. 하지만 그 경우도 사유의 합리성과 존재의 합리성을 부정할 수 없다. 그 이유는 인간의 인식수준이 진정한 존재원리의 수립을 달성하지 못했다고 하여, 그 미흡함이 합리적 원리와법칙이 존재하지 않는다는 반론이 될 수 없기 때문이다. 회의론자들이합리적 사고방식이 수립한 원리와 법칙이 잘못되었다는 반박보다는 그런 원리와 법칙이 존재하지 않는 세상이 어떻게 가능할 수 있는지를 지적해야 한다.

회의적 입장은 존재하는 현실을 부정하는 무의 개념을 자신의 주장으로 내세울 수 없다. 현상계에 존재하는 자기 자신을 존재하지 않는다고주장해야 하는 점 때문이다.

불가지론자의 주장은 합리적 존재원리와 법칙을 일거에 무력화시킬수 있는 상위의 원리와 법칙이 존재함을 전제한다. 그러면 현상계의 존재원리가 자신들이 주장하는 상위의 원리와 어떻게 다를 수 있는지를해명해야 한다. 현상계의 원리보다 더 완벽해야 상위의 원리가 되는 전제성 때문이다. 현상계의 원리보다 불완전하다면, 상위의 원리가 될 수없는 조건 때문이다. 그러므로 부정적 입장의 주장이 견고하면 할수록스스로 자기주장의 근본토대를 부정하는 꼴만 되므로, 부정적 입장은지속적으로 자기입장을 견지해 나갈 수 없다.

인간의 인식기능이 항상 관조의 수준에 머무르고 있으면, 인간의 창조적 본성이 제대로 드러날 수 없다. 동적이 아닌 정적인 관조행위는변화하는 존재모습만 바라볼 뿐 실천의 행동을 개시하지 않는다. 바라다보는 그런 정도의 관조행위는 아직까지 다가오지 않은 미래사회를 바라볼 수 없다. 미래사회를 바람직한 모습으로 창조하기 위해 능동적으로 참여하고, 적극적으로 실천하는 행위를 결코 설명할 수 없다. 따라서 인간의 실천행위를 제대로 해명하기 위해서는 인식기능의 역동성을 선험적 활동의 의미로 전환해야 한다. 그러면 인간은 사변이성과 실천이성의 양면성을 적절하게 설명할 수 있다.

관조가 다가오지 않은 미래의 모습을 미리 보는 행위라면, 미래사회의 모습을 보여주는 창조주가 있어야 한다. 창조주를 보지 못했는데, 미리 본 미래사회가 창조주가 보여 준 것이라는 주장은 진리의 요건을 구비한 것이 아니다. 인간의 실천행위는 의식에서 본 미래사회를 개조하여 다르게 만들 수 있다. 의식에서 미래를 전망하고, 수정하는 그런 사유방식은 관조의 의미와 부합하지 않는다.

구상력을 바탕으로 한 인간의 창조성은 선택의 결단을 의미하는 자유성을 전제한다. 칸트는 '『순수이성비판』의 이율배반'에서 선험적 자유성을 자연의 사물과 대립시켰다. 선험적 자유성은 도덕적 선의식이 갖추고 있어야할 근본조건이다. 문명사회를 창조하는 실천행위에는 첫째, 도덕적 선의지를 실현하려는 실천이성의 자유행위가 있다. 둘째, 미의식의 실현하려는 반성적 판단력에 의한 예술행위가 있다.

변화하는 현상계에서 이와 같은 실천행위는 변증적 사유방식에 따라 작용한다. 의식에서 좋음의 선의식과 아름다움의 미의식은 조화, 균형, 견제 등의 표상을 바탕으로 하여 작용하는 특성 때문이다. 인간의 사고방식이 자연의 터전에서 문명을 건설하려면, 진보적 발상을 추진하는 변증적 사고방식이 뒷받침해야 한다.

문명사회를 이룩하는 변증적 사고방식의 본질을 이해하려면, 오성의 구상력을 주목해야 한다. 오성의 구상력이 문명사회의 본질을 제대로 판단해야만 변증적 사고방식이 제대로 작용하는 연관성이다. 실천이성의 실천적 자유의지가 문명사회의 건설을 뒷받침하는 상호성 때문이다. 실천이성의 실천적 자유의지가 『순수이성비판』 변증론의 선험적 자유'을 기반으로 작용하는 본질 때문이다. 그러므로 칸트의 비판론은 미래를 향한 인간의 실천행위를 중시하였다. 그리고 변증론이 그 중심에 우뚝 서 있다.

인식기능의 구분과 역할

■ 인식구조의 세 가지 부분과 세 가지 기능

지성적 활동은 공동체에서 유기적인 체제에서 분업하고 협력하여 문명을 창조한다. 인간의 개인적 특성과 사회적 특성은 인간의 생존방식을 바탕으로 하여 이해되어야 한다. 동일한 성격의 인간본성이 각자가 처한 상황에 의해 다르게 작용한다. 그러나 인간본성이 다른 종류의 성격으로 변할 수 없다. 인간의 본성이 다르다면, 인간은 유기적 공동체를 구성할 수 없다. 다양한 개성의 인간들이 유기적 공동체를 유지할 수 있다. 그러므로 인간사회의 이해는 동일한 본성과 다양한 개성의 양면성을 바탕으로 이루어져야 한다.

인간은 미래를 창조하는 실천적 존재이다. 미래의 시간으로 진입하는 인간은 스스로 보편적인 행동원칙을 정립하는 도덕적 관념의 소유자이며, 다양한 형태의 구조물과 상품을 만드는 미적 관념이 소유자이다. 사회는 법 앞의 평등이란 기치 하에서 개인이 자신의 개성과 능력에 맞추어 살아갈 수 있는 자유를 보장한다. 사회조직이 유기적이란 의미는 다양한 개성의 인간들이 각자 자신의 역할을 제대로 수행하는 것을 전제로 한다. 다양성은 도덕적 기반위에서 이루어지고, 유지되고, 보호된다. 칸트는 이성비판의 작업을 이 성격에 맞추어 진행했고, 차례로 『순수이성비판』, 『실천이성비판』, 『판단력비판』을 출간했다. 마지막 순서인 미적 의식의 근원인 반성적 판단력을 사변이성과 실천이성을 매개하는 인식기능이라고 규정하였다. 그 순서는 상품이 제작되어 마지막으로 시장에 나오는 모습과 일치한다.

칸트가 논구한 인간행위는 지적 오성, 느낌의 감성. 욕망의 의지가 하나로 통일되어 작용하는 것이므로, 이들의 각 요소는 독립적으로 홀로 작용하는 것이 아니라 오히려 각자의 기능이 작용할 적마다 나머지 다른 요소가 그 밑바탕에 놓여 있지 않으면 안 된다.

3대 비판서가 지향하는 목적은 오성이 대상을 올바르게 파악하게 하고, 감성이 대상을 올바르게 느끼도록 하고, 의지가 올바르게 행동하도록 지도하는 것이다. 따라서 비판체계의 이해는 3대 비판서를 모두 거치고 난 뒤에 비로소 가능할 수 있다. 각각의 비판서가 논구한 개별적 내용만으로는 인간의 존재를 온전하게 밝힐 수 없다. 인간의 정체를 밝히는 작업은 단독의 서적만으로 불충분하기 때문이다.

인간은 도덕적 표상뿐만 아니라 미적 표상도 가지고 있기 때문에 창조활동이 가능하다. 그런데 그 표상은 그 자체로 작동할 수 없다. 인식할 수 없는 대상이 표상을 촉발할 리 만무한 제약 때문이다. 미적표상이 촉발하면, 인간이 그 표상을 실현하기 위해 사변이성과 실천이성의 인식기능이 함께 작용해야 한다. 그 작업이 예술개념을 구성하는 본질에 합당하려면, 당연히 도덕개념인 최고선의 개념에 부합해야 한다.

인간본성에서 가장 주목해야 할 구성요소는 역설적으로 반성적 판단력이 추구하는 미의식이다. 왜냐하면 각 개인의 개별적 취향과 목적의식은 미의식에서 명확히 드려나기 때문이다. 미의식을 본질을 파악하려면, 인식의 비판기능을 종합적으로 파악해야 하는데, 그 점은 원천적으로『순수이성비판』에서 찾아야 한다.

칸트는 그 점을 선험성에 관한 구절에서 밝혔는데, 그 점은 다음의 글귀에서 확인할 수 있다.

구상력에 있어서의 다양의 종합이 직관의 구별에 관계없이 다만 다양의 선천적 종합에만 관계있는 경우에는 우리는 이것을 선험적transzendental이라고 부르며, 이 종합의 통일이 만일 통각의 근원적 통일과의 관계에 있어서 선천적·필연적이라고 표상되는 경우에는 우리는 이것을 선험적transzendental이라고 부른다.

이 통각의 근원적 통일은 본래 모든 인식의 가능성의 근거가 되는 것이기 때문에 구상력의 종합의 선험적 통일은 가능한 모든 인식의 순수형식, 따라서 가능한 경험의 모든 대상이 선천적으로 표상되지 않으면 안 되는 형식이다.[1]

칸트의 비판체계가 하나로 통일되어 있음을 보여주는 이 진술은 모든 표상이 오성에 연관되어 있음을 명백히 확인시켜 준다. 그러므로 이성의 표상도 이 기능을 벗어날 수 없다. 칸트는 순수오성의 판단기능이 모든 개념의 근본인 범주의 위상을 지니고 있음을 진술하여, 그 점을 명확히 해두었다.

구상력의 종합에 대한 관계에 있어서의 통각의 통일은 오성이다. 그리고 바로 이 통일이 구상력의 선험적 종합과의 관계에 있어서 순수오성이

---

1. A118.

다. 그러므로 오성에는 모든 가능한 현상에 관한 구상력의 순수종합의 필연적 통일을 포함한 선천적 순수인식에 있다. 그런데 그것이 범주, 다시 말해서 순수오성 개념이다.[2]

이 구절은 역설적으로 자연소질로서의 형이상학의 표현이 무엇을 의미하는지를 여실히 보여주는 구절이다. 자연소질로서의 형이상학적 표상은 순수오성 개념인 범주에 의해 발생하거나 생성되는 그런 표상이 결코 아닌 특성 때문이다.

칸트가 진술한 선험철학의 학적 의의는 그가 스스로 명명한 비판철학의 의미를 제대로 파악해야만 제대로 드러나게끔 되어있다.

존재의 진리를 추구하는 인간의 주관에서 보면, 존재에 관한 진리 곧 인간과 상관없이 존재하는 세상에 대한 진리는 여하튼 인간자신이 존재해야만 진술이 가능해진다는 점을 전제한다. 모든 진술이 오로지 인간의 작업인 사실 때문이다. 인간은 자신이 파악한 세상에 대한 지식을 보편적 진리로 격상시키려면 자신의 존재와 상관없이 그 자체로 객관적으로 존재하는 개체, 사태임을 논증하는 과제를 수행해야한다. 인간의 지성은 자신이 밝히려는 진리체제가 자신과 상관없이 존재하는 진리임을 논증하는 방식을 갖추고 있어야 한다. 인간의 인식기능이 존재의 본질과 파악할 능력을 반드시 갖추고 있어야 한다. 인간의 인식기능이 존재의 본질과 부합하는 특성을 구비해야 하는 조건이다. 왜냐하면 인간의 인식기능이 그 일을 수행하기에 역부족이면 인간은 진리의 진면목을 파악할 수 없는 한계 때문이다.

---

2. A119.

■ 형이상학의 본질과 인식기능의 역할

존재의 용어는 시·공에 존재하는 각 개체들을 뒷받침하는 술어의 기능뿐만 아니라, 거꾸로 모든 개체를 포괄하는 형이상학적 의미를 지닌 주어의 기능을 동시에 지니고 있다. 따라서 포괄적 의미의 존재와 별개로 또 다른 포괄적 용어가 있을 수 없다. 존재는 수많은 다른 대상을 표현하는 상대적인 의미의 용어가 아니다. 존재는 보편적이고, 절대적이고, 유일한 단일 용어이다.

따라서 인간은 모든 다른 개체들과 마찬가지로 생성·소멸을 하는 존재이기 때문에, 현상과 무관한 초월적 존재일 수 없다. 그런 모든 개체들을 총괄하는 존재 자체는 영원히 그 자체로 존재이다. 존재가 존재 자신에 대해 초월적일 수 없다. 그 말은 존재 아닌 존재가 존재할 수 없게 된다는 것을 의미한다.

'초월'의 용어는 존재 자체에 적용하는 용어가 아니다. 생성·소멸하는 개체들을 만든 창조주에게 적용되는 개념이다. 초월적 존재의 초월성은 존재자를 제약하는 조건에 제약받지 않는 상태를 의미한다. 그 이유는 '초월적 존재'의 의미가 존재 자체가 존재 자체에 대해 초월적일 수 없는 제약 때문이다.

초월성은 현상을 뒷받침하는 불변의 원리를 의미하는 용어가 아니다. 오히려 그 경우에는 보편성의 용어가 적합하다. 추상적 성격의 보편적 원리가 모든 개체에 작용하는 사실은 모든 개체가 보편적 원리에 합당하게 구성되어 있음을 의미한다. 그 상황이 보편적 원리가 내재하고 있음을 의미한다. 개체에 내재해 있는 보편적 원리가 현상의 개체들과 독립하여 다른 존재자로서 존재할 수 없다.

인식론과 달리 존재론에서 사용하는 초월의 의미는 보편의 의미와 다르다. 인식론에서 다루는 최고원리에 대해서는 초월이 아니라 보편이란 말을 적용해야 한다. 초월이란 용어는 모든 개체들을 총괄하는 현상계를 벗어나 전혀 이질적 기능을 갖춘 존재자를 지시해야 하는 용어이기 때문이다. 또한 초월은 보편의 성격을 지칭하는 일반적 용어가 아닌 우주를 창조한 초능력의 기능을 지닌 존재자를 지칭해야 하는 용어이기 때문이다.

존재의 용어는 모든 개체의 실존과 실존의 가능성을 뒷받침하는 술어일 적에는 보편적 의미로서의 역할을 한다. 그 용어가 거꾸로 주어가 되고, 모든 존재를 근원적으로 가능케 한 전지전능한 존재자로서 창조주를 가리킬 적에는 보편적 의미가 아니라 초월적 의미의 역할을 한다. 그 경우에는 창조주를 뜻하는 신의 용어와 모든 존재자를 포괄하는 존재의 용어의 상관관계가 해석의 논란을 야기한다. 이 해석의 논란은 서양의 중세 내내 철학의 근본문제가 되었다. 그 연장선상에서 서양의 근대는 이 문제를 해결하기 위한 새로운 발상의 이론을 전개했다.

초월은 이 세상의 존재자와 전혀 다른 성격을 지닌 존재자이면서 동시에 이 세상의 현상에 관여하는 창조주에 적용하는 용어이다. 그러므로 이 세상의 근본원리를 가리킬 적에는 '보편적' 용어를 적용해야 한다. 보편적 존재원리는 존재에 대해 초월적으로 존재하는 또 다른 존재자가 아니라 모든 개체가 공유하고 있는 내재적 용어이다. 인간이 이 점을 무시하고 간과한다면, 존재가 왜 모든 개체의 술어가 되는지에 대한 설명을 할 수 없다.

용어가 지시하는 외부존재에 관한 객관적 사실은 인간의 인식기능과 상관없이 존재한다. 그 점은 다음의 경우에 의해 확인된다. 예컨대 어떤 사람이 생전에 경험한 외부사물에 관한 기록은 그 사람이 죽고 난 뒤에 남아있는 다른 사람에 의해 그 기록이 가리키는 사실을 확인시켜 주는 상황이다. 기록한 사물과 사태들이 시시각각으로 변하더라도, 기록한 사물과 사태의 본질이 바뀌는 것이 결코 아닌 사실이다. 그 이유는 다음의 두 가지 이유 때문이다.

첫째는 존재의 근본구성요소에 대한 진술이 불가능해야 하는 조건 때문이다.

둘째는 인간의 인식기능이 진리를 추구할 능력을 갖추고 있지 않아야 하는 조건 때문이다.

칸트는 형이상학의 성격을 규명하는 작업에서 진리를 파악하는 방법을 크게 두 가지로 구분했다. 칸트가 인간의 지적능력에서 오성에 의한 인식기능과 이성에 의한 사유기능을 구분한 발상이다. 칸트가 전통적 합리주의자들이 고수한 오성과 이성의 기능을 더 철저히 파고들어가 인간지성의 본질을 논구한 발상이다. 칸트가 현실계에서 실제로 존재하는 사물의 대상을 파악하는 오성의 기능 및 오성의 지식들을 체계적으로 통합한 궁극원리를 사유하는 이성의 기능을 철저히 논증한 사유방법이다.

인간은 진리가 무엇인지를 따질 수 있고, 역으로 인간자신의 인식기능을 따질 수 있다. 더 나아가 그 의문을 세분하여 '인간이란 무엇인가?', '신이란 무엇인가?', '자연이란 무엇인가?' 하는 과제를 논구할 수 있다.

인간의 인식기능이 현상에 내재해 있는 초월적 성격의 원리를 두고 더 이상의 재론이 없도록 파악할 수 있었다면, 더 이상의 논란의 여지가 발생할 수 없어야 했다. 그러므로 각 시대의 철학자들이 이 초월적 성격의 원리를 정립하는 과정에서 서로 분열된 상이한 입장을 보였다. 마침내 18세기에 이르러 칸트가 비판철학의 작업에서 인간자신의 인식기능이 더 이상 그런 오류를 범하지 못하도록 방지하고, 보편적 이념을 수립하기 위해 선험적이란 제한적 용어를 새롭게 채용했다. 마치 초월적 성격의 원리가 존재론에서 야기하는 오해를 해소하기 위해 내재적이란 용어를 사용하듯이, 초월적 존재로부터 발생하는 형이상학의 오류를 방지하기 위해 선험적 용어를 채용한 것이다.

그러면 초월적 원리를 비판하는 인식기능은 초월적인 것인가의 의문점이 가능하다. 왜냐하면 선험철학의 논리체계는 왜 초월적이라고 말할 수 없는가의 의문점 때문이다. 초월적 성격의 원리를 파악하는 인간의 인식기능과 논리체계는 초월적 성격의 원리와 마찬가지로 초월적이어야 한다는 논리적 상관관계 때문이다. 그 점은 궁극원리가 초월적이라면 당연히 그 원리를 파악하는 논리체계도 초월적이어야 한다는 논리적 당위성 때문이다.

칸트가 주목한 관점은 인간의 인식기능에서 선천적(생득적)으로 갖추고 있는 초월적 성격의 논리구조가 곧바로 존재원리자체가 되지 않는 제약이다. 그것이 존재론의 이론으로 승격하려면, 신과 인간이 지닌 실천적 창조의 성격이 명백해야 가능해진다.

그런 의미의 초월적 존재의 특성은 인간이 만든 조직체에서 발견된다. 가령 내가 해야 할 일은 다른 구성원이 해 주는 경우이다. 상부에서 결정하여 지시 또는 명령을 내리면 하부의 조직원이 손발이 되어 일을 해주는 경우의 체제이다. 왜냐하면 하부의 조직을 벗어나 있는 상부가 하부를 움직이는 모습이 하부의 조직을 총괄하는 상부가 마치 하부의 모든 조직을 초월해 있는 듯이 보이기 때문이다.

칸트가 공간과 시간을 의식에서 선천적으로 내재한 순수직관형식으로 논구하고, 변화하는 현상의 사물에 대해 물 자체를 설정한 이유는 다음으로 요약된다.

첫째, 현실의 사물처럼 객관적 인식대상으로 경험될 수 없는 보편적 궁극원리의 존재모습을 마치 실재하는 현상의 개체처럼 구성하여, 모든 학문의 근본진리로 내세우는 그런 지나친 합리론의 발상 및 종교의 발상을 학문의 입장에서 제한하려는 목적이다.

둘째, 그런 형이상학의 대상에 대해 회의적 입장을 견지하고서 인간의 지적 기능을 개연적 방향으로 오도하는 경험론의 발상과 편의적이고 자의적인 비도덕적 발상을 학문의 입장에서 제한하려는 목적이다.

칸트는 자신의 저서를 통해 경험할 수 없는 존재를 실재하는 것으로 묘사하거나 아니면 아예 반대로 거부하는 지식인의 잘못된 판단행위를 비판하였다.

인식기능의 통합구조와 비판철학의 통합

칸트는 『순수이성비판』의 학문과 선험철학과의 관계를 다음과 같이 요약했는데, 그 핵심은 비판철학과 선험철학을 구별한 점이다.

『순수이성비판』에는 선험적 철학을 구성하는 모든 것이 속한다. 따라서 비판은 선험철학의 완전한 이념이다. 그러나 비판 그 자체가 아직 선험철학이 아니다.

칸트의 추구한 철학의 작업은 새로운 형이상학의 체제를 구축하려는 것이다. 그 목적의 이면이 '인간이 무엇인가?'라는 의문점을 해명할 목적이다. 그 작업을 수행한 3대 비판서는 두 가지 목적을 수행하기 위한 구성이다. 그러므로 어느 것 하나라도 빠뜨리면, 그의 의도가 올바르게 전달될 수 없다. 『순수이성비판』을 필두로 하여 실천이성을 거쳐 판단력 비판에 이르러야만, 비로소 그 목적하는 의도가 달성된다. 그 의미는 3대 비판서의 내용을 종합해야만 칸트의 의도를 총체적으로 파악할 수 있음을 가리킨다. 칸트가 해명하려는 인간의 진정한 본성은 종국적으로 실천이성과 반성적 판단력의 본질을 논구하는 과정에서 비로소 해명되는 과제이기 때문이다.

『순수이성비판』은 인식과제인 존재본질을 다루어야 했기 때문에 논구과정에서 자연형이상학의 기본성격을 다루어야만 했다. 그리고 칸트는 도덕형이상학에 앞서 논구하려던 자연형이상학을 『순수이성비판』에서 다룬 내용으로 대체하였다. 따라서 칸트의 3대 비판서는 진·선·미의 가치관을 추구하는 인간의 삶의 양식에 맞추어 차례대로 자연의 이해, 신의 이해, 인간의 이해를 개진했다. 그 과정에서 인간이 자연을 이해하고 활용하는 의식, 인간이 인간들을 대하는 도덕적 의식, 인간이 문명사회를 건설하면서 추구하는 문화적 의식을 해명했다.

3대 비판서가 추구한 의식의 통합적 성격을 파악하려면, 우선적으로 육체의 구조가 의식이 지닌 표상과 부합해야 하는 조건을 주목해야 한다. 인간의 의식구조가 자연에서 진행되는 사물의 생성·소멸의 과정과 연관되어 있다. 인간이 대상을 접촉하는 과정에서 의식에 발생하는 직관적 표상에는 좋음과 아름다움의 감성적 느낌도 함께 발생한다. 이 감정이 곧바로 도덕적 감정과 미적 감정의 수준에 이른 것은 아니지만, 이 감정이 도덕적 감정과 미적 감정의 뿌리임은 명백하다. 개인에게 머무르고 있는 감정이 모든 인간을 아우르는 수준에 도달해야만, 도덕적이고 미적 수준의 감정이라고 평가되는 조건이다. 개인에게 발생하는 좋음과 나쁨, 미와 추, 쾌와 불쾌와 같은 도덕적, 미적 감정이 타인과 공존할 수 없을 정도의 이기적인 경우에는 반도덕적이고 반미학적으로 구분되는 사실이다. 그러므로 3대 비판서의 내용은 다음의 세 가지 관점에서 이해해야 한다.

첫째는 인간을 감싸고 있는 자연 곧 인간이 탄생하여 살다가 죽는 삶의 터전인 자연의 정체를 파악하기 위해 자연의 원리를 규명하려는 자연형이상학적 입장.

둘째는 설사 자연의 원리를 올바르게 이해했다고 해도, 인간 상호간의 관계를 올바르게 정립하지 않으면 인간은 자신의 삶의 터전인 공동체를 제대로 건설하고 유지할 수 없다. 사회질서를 형성하고 유지하게 만들 수 있는 도덕과 법의 원리를 수립하려는 도덕형이상학적 입장.

셋째는 인간의 삶의 터전이 동물의 삶의 터전과 다른 특징을 갖는 근거는 인간의 삶의 터전인 사회가 문명과 문화로 이루어진 공동체인 점이다. 문명·문화사회를 이끄는 지적 사고방식 및 행동양식을 해명하지 않으면, 참된 진리를 밝히려는 앞선 두 가지 비판이 불완전한 작업이 된다. 따라서 문명사회를 건설하는 인간행위를 마무리하는 학문요건인 예술학의 입장.

3대 비판서가 하나의 구도 속에서 서로 연결되어 서술되지 않으면 안되는 중대한 이유는 어느 것 하나라도 빠지게 되면 인간의 존재를 온전하게 설명할 수 없게 되는 삼위 일체적 구조의 성격 때문이다. 인간지성이 자신의 본성을 다른 여타의 동물과 달리 형이상학적 기능인 점을 제대로 올바르게 밝히려면, 인간은 자신의 형이상학적 지성의 기능을 이와 같은 3가지 요소의 본성으로 각각 나누고, 그 구분에 적절하게 대응하는 유기적 체계로서 해명해야 한다.

칸트의 의도가 제대로 대중들에게 전달되지 못한 이유는 판단력에 관한 비판이 다는 학적 기능이 전혀 아니어서, 주제에 대한 관심과 집중력이 두 권의 이성에 관한 비판서와 다른 특성 때문이다. 판단력의 성격이 형이상학적 대상을 직접 논구하지 않는 특성 때문이다. 그런데 판단력 비판에서 다루는 미의식의 근원인 반성적 판단력이야말로 사변이성과 실천이성이 다루는 주제를 종합하여 비로소 인간이 다루는 철학적 주제를 최종적으로 마무리하는 능력이다. 칸트가 전개한 철학적 작업을 제대로 올바르게 이해하려면, 그 입장은 의식내의 판단력 비판력에 각별한 주의를 기우려야 한다. 특히 미의식의 특징인 주관성, 창조성, 개별성에 주목해야 한다.

칸트가 전통적 논리학이 다루는 오성의 판단기능을 규정적 판단력과 반성적 판단력으로 구분한 이유는 명백히 논구해야 한다. 칸트가 판단력을 두 가지로 구분하였지만, 그것은 동일한 판단기능에서 구분된 것이다. 동일한 판단기능이 별도의 두 가지로 구분해야 하는 이유는 오성의 판단기능이 작용하는 대상의 차이 때문이다. 그런데 그 구분도 오성의 인식기능인 규정적 판단력에 의한 것이기 때문에 더 세밀한 논구가 필요하다. 동일한 판단기능이 대상과 연관된 역할에 따라 구분되는 실질적 이유는 인간이 문명사회를 건설해야 하는 실천기능 때문이다. 그리고 창조적 기능이 판단력 구분의 실질적 근거이고, 인간의 창조 작업은 사물을 기술력으로 만드는 작업과 미의식으로 아름답게 마무리하는 작업으로 구분되기 때문이다.

감성적 판단에서 단지 붉다, 어둡다, 뜨겁다, 차다 등의 감각적 표상과 전혀 다른 성격을 띤 찬란하다, 황홀하다는 등등의 취미의 표상이 발생한다. 이로부터 동일한 감성의 기능이 더 세밀하게 구분된다. 인간이 대상을 접촉할 때에는 '붉다, 검다' 등의 감각의 표상이 발생하는 사실이다. 그리고 '희·로·애·낙·애·오·욕'의 감정의 표상이 발생하는 사실이다. 더 나아가 이런 표상과 전혀 다른 차원의 미의 표상이 발생하는 사실이 있다. 눈부시다. 찬란하다, 거룩하다, 장엄하다는 등의 미의 표상에 의해 건축된 종교건축물 및 왕궁을 바라보면, 이 관념들이 건축물을 이끌고 간 원동력임을 파악할 수 있다. 인간의 실천행위가 건축물을 만들 적에 건축과정에 도덕의식에서 비롯된 좋음의 표상이 작용하는 것 이외에 미의식에 의한 아름다움의 표상도 함께 작용하기 때문이다. 따라서 감성기능에 뿌리를 두고 있는 판단작용이 왜 미의 관념으로 승화하는지의 까닭을 명확히 밝히지 않으면, 인간본성의 정체도 명확히 밝힐 수 없다.

자연의 생성·소멸과정과 인간의 모든 창조과정에는 지속성의 원칙이 그 근저에 놓여있다. 만약 그렇지 않으면 혼란이 발생하고, 혼란상황에서는 창조과정이 불가능해진다. 조화와 균형상태가 이룬 안정 속에서 수많은 종류의 개체들이 어울러 공존하는 질서를 형성하지 못하면 인간이 살아가는 건전한 생태계의 질서도 불안해진다.

질서를 형성하는 우주의 창조과정에는 여러 가지 특성의 개체와 상태가 등장한다. 각각의 상태에는 생명을 잉태하고 살 수 있는 조건에 따라 생명체가 나타나서 살아가는 모습이 확연히 달라진다. 인간이 탄생하기 이전의 자연 상태는 인간이 존재하지 않는 상태다. 인간이 존재하지 않는 자연 상태에서는 인간의 가치판단이 있을 수 없다. 자연 속에 등장한 인간은 자연환경의 상황에 대해 유·불리의 가치판단을 한다. 인간의 본성이 사회적이기 때문에 인간의 공동체는 원시사회에서 문명사회로 진화한다. 문명사회의 건설은 진·선·미의식의 합작품이다. 그러므로 3대비판서에서 주목해야 하는 관점은 법칙성과 합법칙성 그리고 목적성과 합목적성의 구분이다.

철학은 이와 같은 문명사회의 동인을 심리학이 다루는 감성적 기능으로 이해해야 할 것인지 아니면 형이상학적 인식기능으로 이해해야 할 것인지의 의문을 해명해야 한다. 왜냐하면 미의식이 작용하는 행위는 오성이 사물의 본질을 규명하는 행위가 아니기 때문이다. 마찬가지로 미의식이 이성이 도덕법칙을 수립하는 그런 행위가 아니기 때문이다. 미적 사고방식이 자연의 사물을 이용하여 문명의 사물을 만드는 사고 방식이긴 하지만, 도덕원칙에 부합하는 행동규범을 만드는 사고방식이 아니기 때문이다. 미적 사고방식이 인간의 생존방식에서 사변이성과 실천이성의 두 가지 사고방식과 더불어 결코 빠질 수 없는 필수적 요소인지, 더 나아가 이성이 구성하는 형이상학의 지식과 어떤 상관관계를 맺고 있는지를 철저히 따져야 한다.

미적 의식은 자연환경에 적응하고, 환경에 필요한 사물을 만들기 위해 반드시 작용하는 지적 활동이 아니다. 인간사회의 질서를 형성하기 위해 반드시 작용하는 지적 활동이 아니다. 그럼에도 불구하고 미의식은 그 활동의 근저에서 작용하고 있다. 미의식이 수면위로 등장하는 시기만 다를 뿐이지 반드시 등장하여 모든 문명 활동의 창조과정을 마무리한다. 인간의 창조과정에 미의 표상이 필요한 이유를 철저히 따져야 한다. 그리고 미의 표상이 심리작용의 일종이라는 주장을 극복하려면, 그 논증은 미의 표상이 심리작용이 아니라 인식작용임을 논증할 수 있는 근거를 제시해야 한다.

양자의 차이점은 직접적으로 일상생활에서 사용하는 생활용품과 예술작품을 두고 살펴보면 분명히 드러난다. 색깔과 모양에 갖가지 변화를 보여주고 심리적 감성을 유발하는 사물의 형상과 예술가가 자신의 미의식을 바탕으로 하여 구성한 작품이 보여주는 예술의 형상이 결코 같을 수 없는 특성이다. 개개의 상품은 생활의 필요에 의해 제작된 사물에 불과하지만, 예술작품에는 작가가 구상한 생각의 줄거리를 가지고 있는 차이점이다. 동일한 의식에서 좋다, 나쁘다, 아름답다, 추하다고 하는 감성적 심리가 작동하더라도, 전자는 감각의 표상에 바탕을 둔 심리적 의식이고 후자는 형이상학적 표상에 바탕을 둔 미적 의식인 차이점이다.

　좋음과 나쁨의 의식과 아름다움과 추함의 의식은 단연코 그 대상에 작용하는 의식의 요인에 의해 구분되지 않을 수 없다. 감각에 의해 느끼는 좋거나 아름답다는 의식과 그 의식을 넘어서 작품의 내용을 두고 느끼는 좋거나 아름답다는 의식이 서로 구별될 수밖에 없는 차이이다. 그런데 후자는 전자를 배제하지 않는다. 후자가 전자를 소재로 삼아 줄거리를 구성하기 때문이다. 거꾸로 전자는 후자의 영향과 도움을 받아 더욱 세련해진다. 후자는 전자의 영역으로 나아가 문명사회의 모습을 탈바꿈한다. 미의식은 일상생활과 도덕생활, 종교생활의 모든 분야에서 저급수준의 모습에서 고급수준의 모습으로 변화시킨다. 미의식의 표상은 고차의 형이상학의 표상으로서 문명사회를 발전시키는 원동력이고 활력소이다. 그 근거는 미의식은 자연과 인간과 신을 포괄한 존재자체를 창조의 소재로 삼는 사실이다. 미의식이 사물에 대한 감각적 의식의 단계를 넘어서 인간의 가치관에 의한 이야기를 구성할 경우의 감성인 사실이다.

　동일한 의식 내에서 감각적 심리의식과 형이상학적 미의식을 완전히 구분할 수 없는 조건 때문에 양자의 구별이 모호해지는 경우에는 이런 구분이 혼란에 직면한다. 그 이유는 일차적으로는 동일한 대상과 동일한 의식이외에 다른 요인이 없고, 이차적으로 연결부위의 중간단계에 양요소가 혼합되어 있고, 마지막으로는 시간의 흐름 속에서 생활용품과 예술작품이 함께 공존하면서 서로의 감성과 의식이 함께 섞이기 때문이다. 그러므로 아름다운 목소리와 아름다운 노래가 공존하면, 감각적 심리현상과 형이상학적 미의식을 굳이 구분할 필요성을 느끼지 않으면서, 판단의 혼란을 발생할 수 있다. 극단적으로는 도덕영역에서 수립한 표현의 자유와 예술영역에서 수립한 창작의 자유 사이에 외설시

비가 발생한다.

　서구철학에서 칸트의 『판단력비판』은 미의식을 미학으로 다룰 수 있는 발판을 마련하였다. 칸트 철학이 마련한 미학의 토대는 두 가지 근거이다. 하나는 『순수이성비판』의 선험적 감성론에서 공간과 시간의 존재를 순수직관형식으로 해명한 논거이다. 둘째는 감성적 판단이 규정적 판단과 반성적 판단으로 나누어지는 특성을 해명한 논거이다. 인간의 판단력은 대상의 지식을 구성하는 논리적 판단작용과 예술작품을 창조하는 미적 판단작용으로 이루어진다는 사실을 해명한 논거이다.

　칸트발상은 문명창조의 과정에서 새로운 전환점이 되었는데, 그런 점에서 그의 사상은 여전히 현대적이다.

6. 논리학은 학문체계의 근본토대

존재론과 인식론의 통합

존재의 올바른 정체를 의미하는 진리개념은 한편으로 객관적 사물영역에서 사실적임을 의미하고, 다른 한편으로 주관적 사유영역에서 논리적임을 의미한다. 진리의 이와 같은 양면성은 인식주관의 구조적 특성과 인식대상의 구조적 특성 때문이다.

진리의 특성인 양면성은 인식대상인 사물이 공간에서 움직이면서 변화하는 과정에서 명확해진다. 사물의 다양성은 사물들을 구성하는 근본요소들이 스스로 운동하면서 변화하는 역학적 속성에 근거한다. 변화를 거듭하는 현상계는 근본요소가 합성과 분해과정을 거쳐 복잡한 구조의 복합체로 이행하는 무대이다. 단순체가 서로 합성하여 복합체를 구성하는 순간, 단순체가 지닌 개별성과 독립성은 복합체의 구조 속으로 흡수되고 그들의 독자적 모습이 현상계에서 사라진다. 변화과정을 진행하는 사물의 정체는 한편으로는 단순체가 복합체를 형성한 변화과정을 전체로 연결하는 종합적 사고방식이 해명한다. 다른 한편으로는 복합체를 구성한 각 단계의 과정을 되돌려 구성요소로 해체하는 분석적 사고방식이 해명한다. 인간의 인식기능이 이런 방식으로 파악하기 때문에, 인간의 주관성과 사물의 객관성은 서로 일치한다.

인식기능이 사물이 형성한 모든 과정을 올바르게 통합한 단계에 도달해야만, 학문의 지식은 진리의 의미를 충족시킬 수 있다. 개별지식이 학문의 체계에서 진리로 인정받으려면, 모든 변화과정을 포괄하는 학적 원리에 사실적·논리적으로 부합해야 한다. 학문은 탐구대상의 변화원인과 과정을 통일적으로 설명할 수 있는 근본원리를 논리적 체계로 갖추어야 한다. 그러므로 진리의 의미를 설명하려는 합리적 입장은 사유영역의 논리적 사유법칙과 사물영역의 사실적 물리법칙이 어떻게 상응하는지를 해명했다. 합리적 사고방식은 구성요소가 다른 방식으로 전환하는 모든 과정을 총체적으로 연결하여 원리와 법칙을 구성한다.

논리성과 사실성이 서로 상응하는 근거는 다음과 같다.

첫째, 사실성의 대상인 사물은 변화를 거듭하는 과정의 모든 모습을 보여주는 것이 아니라 변화하는 순간의 모습만 보여준다. 변화하는 사물의 정체를 밝혀야 하는 사유기능은 변화의 모든 과정을 모두 통합하는 방법을 갖추어야 한다. 그 방법이 논리성이다.

둘째, 단어로 구성한 문장은 두 가지 과정을 거쳐 해명한다. 먼저 사물을 직접 가리키는 단어를 연결하여 사물의 상태와 변화과정을 묘사한다. 다른 하나는 그런 묘사를 사유규칙에 의해 법칙으로 규격화한다. 그러면 변화하는 사물의 정체를 해명한 문장은 사물이 시시각각으로 다른 모습으로 변화하는 현상과 달리 여전히 변화하지 않은 그대로이다. 인간은 그런 문장들을 서로 연결하여 학문을 구성할 수 있다. 그 차이점은 사실과 이론의 비교를 통해 이해할 수 있다.

셋째, 문장이 사물이 변화하는 모든 과정을 총괄한 지식으로 설명하려면, 변화하는 개별상황을 뒷받침할 다른 차원의 근본원리를 필요로한다. 왜냐하면 이 원리는 사물변화를 묘사한 문장들을 연결하면 만들어질 수 있는 것이 아닌 특성 때문이다. 원리는 경험에서 발견되는 것이 아닌 특성 때문이다. 인간의 사유기능이 대상경험을 총체적으로 통일한 학적 원리를 형성해야 하는 특성 때문이다. 그리고 다시 실험을 통해 확정해야 하는 특성 때문이다.

넷째, 사유기능이 경험을 종합하여 일반원리를 형성하는 사유방법은 사유기능이 사물이 변화하는 근본요소를 선천적으로 갖추고 있어야 한다.

다섯째, 선천적 사유기능이 갖추고 있는 사유구조에는 논리적 사유기능의 틀을 작동시킬 수 있는 또 다른 사유기능의 요인이 있어야 한다. 논리학의 범주개념이 작동하도록 촉발하는 선의지와 미의식이 뒷받침해야 한다. 곧 선의지와 미의식의 기능이 인식기능과 통합하여 의식의 본질을 구성한 특성이다. 논리학이 형이상학의 학적 토대를 제공한 근거는 논리학이 사유규칙뿐만 아니라 인식대상의 본질까지 다루는 기능이다.

여섯째, 이와 같은 요건이 형식논리학이 새롭게 거듭나게 한 동기이다. 이 요건에 근거하여 논리학이 존재론과 인식론과 통합한 새로운 철학이론으로 등장하였다. 선험논리학과 선험철학의 등장이다. 이로부터 칸트이후에 독일관념론 및 현상학 등 여러 가지 근·현대유파가 탄생하였다.

이 요건은 선험논리학의 특성을 이해하는데 가장 중요한 토대를 이룬다. 선험철학에서 선험논리학이 지닌 학적 의의를 고려하면, 이 요건은 선험논리학이 형식논리학과 달리 형이상학의 정립을 위해 실체의 본질을 다루어야만 했던 이유에 해당한다. 선험논리학의 학적 의의는 예컨대 승객과 화물을 운반하는 기능을 지닌 기차의 역할과 철도의 역할이 동일한 성격이 아닌 차이점으로 해명할 수 있다.

논구초점은 논리학의 사유규칙이 존재론과 인식론의 기초인 본질이다. 논리학의 체계는 존재론과 인식론을 하나로 통합할 수 있는 근거이다. 철학이 추구하는 진리의 형식을 올바르게 구성하는 정합성이다. 논리학의 핵심요소인 범주개념은 존재론과 인식론의 과제를 논구하는 사유과정에서 파악한 산물이다. 그러면 논리학이 그와 같은 상관관계를 무시하고 단독으로 범주개념을 확정할 수 있는가? 라는 의문점이 발생한다. 이로써 논리학과 인식론과 존재론을 동일한 관점에서 논구해야 하는 이유가 명백해진다.

칸트는 선험논리학을 선험철학에서 다루고, 그 논구를 바탕으로 새로운 형이상학을 새롭게 구축하려는 방향으로 나아갔다. 먼저 자연과학의 눈부신 성과 때문에 허물어진 형이상학을 새롭게 정초하기 위해, 순수수학은 어떻게 가능한가? 순수물리학은 어떻게 가능한가? 등의 인식론의 과제를 검토했다. 더 나아가 신과 인간은 무엇인가의 정체성을 검토했다. 마침내 칸트는 스스로 선험철학을 비판철학이라고 밝혔듯이, 존재론의 근본과제를 진행한 자신의 의도대로, 형이상학을 새롭게 정초하기 위해 구축한 철학체계인 선험논리학의 골격을 비판의 사유방식을 통해 형성하였다.

선험논리학이 존재론과 인식론의 과제를 다룰 기능을 가진 성격을 명백히 파악하려면, 다음의 두 가지 과제를 고려해야 한다. 첫째는 수학을 기초로 범주를 논증한 선험철학이 설명한 수의 본질이다. 둘째는 선험적 자유개념과 실천적 자유개념이 종교의 본질을 다룰 수 있는 논거를 마련한 선험적 변증론이다.

학문의 지식이 진리의 위상을 확보하려면, 객관적 사실성과 일관된 합리적 논리성을 확보해야 한다. 사실성과 정합성은 수미일관된 체계를 갖추고 있다. 정합적 논리에 따라 학문을 구성하는 작업은 현재에 전개된 객관적 사실, 현재에는 아직 실현되지 않은 미래, 역사의 뒤편으로 사라져 버린 과거를 모두 아우르는 과정이다. 정합적 사고방식은 진리를 구축하는 합리적 방법이다.

시간과 공간을 넘어서 사태를 재구성하는 정합적 사고방식은 논리적 사고방식이다. 상상력을 발휘하여 이미 사라진 사태를 현 상태로 구성하거나, 아직 등장한 적이 없는 새로운 사태를 구성하는 사고방식은 논리적 사고방식이다. 공간과 시간의 법칙에 맞추어 사태를 재구성하는 사고방식은 인과법칙을 바탕으로 한다. 모든 지식은 논리적 사고방식과 논리적 법칙을 벗어날 수 없다. 논리학이 구축한 사유법칙이 없다면, 논리법칙에 의한 언어법칙이 없다면, 개인들이 서로 모여 공동탐구를 할 수 없다. 다함께 상호발전을 도모할 수 있는 대화과정과 교육방법이 불가능하다. 그 의미는 예컨대 플라톤이 자신의 스승인 소크라테스를 주역으로 내세운 대화편의 모든 저서가 없을 것이며, 의사소통의 문답법과 산파술에 의한 교육방법이 가능하지 않다.

철학자들이 전개하는 학설이 논리적이어야 한다는 원칙은 자명한 진리이다. 논리적이지 않은 비학문적 사고방식은 논리적 사고방식을 거부한다. 비논리적이고 비학문적 사고방식은 논리적이고 학문적 사고방식을 부정적으로 매도하고 악의적으로 폄하한다. 종교인들은 철학이론에 이런 태도를 종종 보인다.

칸트는 순수비판철학에서 아리스토텔레스 이래로 내려온 형식논리학을 비판하고 선험논리학을 구성했다. 선험논리학은 근대철학에서 현대철학으로 나아가야할 갈 방향의 전환점이다. 칸트의 현대성을 검토하려면, 형식논리학을 선험논리학으로 재구성한 그의 발상을 주목해야 한다. 칸트는 일반논리학 곧 형식논리학을 다음처럼 설명했다.

…이 (논리학)학문에 있어서 논리학자들이 언제나 명심해야할 두 가지의 규칙이 있다.

1. 이 학문은 일반논리학이기 때문에 오성인식의 모든 내용과 그 대상의 상이를 사상하고 사고형식이외의 아무것도 다루지 말아야 한다.

2. 이 학문은 순수논리학이기 때문에 어떠한 경험적 원리도 가져서는 안 되며, 따라서 (사람들이 흔히 수긍하고 있듯이) 오성의 규준에 대한 하등의 영향력도 갖지 않은 심리학에서 아무 것도 받지 말아야 한다. 이 논리학이 논증적인 (교설)이론적 입장이며, 그리고 그 속에 있는 모든 것은 완전히 선천적으로 확실한 것이 아니면 안 된다.[1]

칸트는 모든 선천적 인식을 선험적이라고 규정하지 않고, 의식에서 발생한 표상이 선천적인지를 인식하는 기능을 선험적이라고 규정했다.

나는 여기서 이하의 모든 고찰에 그 영향을 미칠, 그리고 우리가 잘 명심해 주어야 될 주석을 달아둔다.

곧 그것은 모든 선천적 인식이 선험적(인식의 선천적 가능성 또는 선천적 사용)이 아니라, 오직 어떤 표상(직관 또는 개념)이 결국 선천적으로 사용되고 또는 선천적으로 가능한지 또 어떻게 해서 그러한지를 인식하는 이러한 선천적 인식만을 선험적이라는 것이다.[2]

---

1. B78.

2. B102 – Und hier macht ich eine Anmerkung, die ihren Einfluß auf alle nach

칸트 선험철학의 특징은 '선험철학의 원리론'을 선험감성론과 선험논리학으로 구성한 발상이다. 선험논리학에 앞서 선험감성론을 독립시킨 발상이다. 인간이 자연 속에 문명을 인위적로 건설할 수 있는 근거가 선천적 표상에 있음을 밝힌 발상이다. 인간의 감성은 선천적으로 표상을 가지고 있고, 그 표상을 순수오성 개념에 제공하는 인식기능이다.

일반논리학은 이미 여러 번 말한 바와 같이 인식의 모든 내용을 사상하고 표상을 개념으로 변화시키기(이것은 분석적으로 된다) 위하여 어디에서건 하여간 다른 데서 표상이 주어지기를 기다린다.

그러나 선험논리학에는 선험감성론이 제시하는 바와 같은 선천적인 감성의 다양이 주어져 있다. 이로서 순수오성 개념에 소재가 주어지는 바, 이 소재가 없으면 선험논리학은 전혀 무無내용하고, 따라서 완전히 공허한 것이 말 것이다.[3]

칸트 발상이 획기적인 까닭은 순수직관형식인 공간과 시간의 인식기능이 의식에 내재하고 있으므로, 인간이 대상에 대한 경험적 표상뿐만 아니라 선천적 표상을 아울러 모두 수용할 수 있다는 주장 때문이다. 의식의 공간성이 대상의 경험적 표상뿐만 아니라 상상력이 구상한 표

folgenden Betrachtungen erstreckt, und die man wohl vor Augen haben muß, nämlich : daß nicht eine jede Erkenntnis a priori, sondern nur die dadurch wir erkennen, daß und wie gewisse Vorstellungen (Anschauungen oder Begriffe) lediglich a priori angewandt werden, oder möglich sind), transzendental (d.i. die Möglichkeit der Erkenntnis oder der Gebrauch derselben) a priori) heißen müsse.

3. ibid.

상의 모든 형상들을 전부 수용한다는 주장 때문이다. 공간은 사물이 아니므로, 형상을 무한하게 수용할 수 있다는 주장 때문이다. 그러므로 의식은 형이상학적 존재를 사유할 수 있고, 형이상학을 정립할 수 있다.

공간과 시간은 선천적 순수직관의 다양을 포함하고 있다. 그러나 그것은 우리 심성의 수용성의 제약에 속하는 것이며, 이 제약 하에서만 우리의 심성은 대상표상을 받아들일 수 있고 따라서 또 언제나 대상개념에 영향을 준다. 그러나 사고의 자발성은 다양한 것이 인식이 되도록 만들기 위해 우선 이 다양한 것을 일정한 방식으로 통찰하고 수용하고 결합시킬 필요가 있다.[4]

공간과 시간의 직관형식은 오성의 판단기능이 개별대상들을 서로 구별하여 각각을 하나의 인식대상으로 인식하게끔 만드는 방식이다. 그 방식은 예컨대 갖가지 음식들이 나열하고 있을 경우, 그 음식들을 마주한 인간이 이것은 무엇이고, 저것은 무엇이고, 그것은 무엇이라고 인식하도록 만들기 위함이다. 그 이유는 시각, 후각, 청각, 미각, 촉각으로부터 발생한 표상을 종합하려면, 먼저 이 음식과 저 음식과 그 음식을 구분해야 하는 기능 때문이다. 그러므로 공간과 시간의 직관형식은 각각의 음식으로부터 발생한 표상을 혼란 없이 인식하도록 만드는 기능을 의미한다.

전통적 형식논리학은 선험감성론과 일체를 이루고 있는 선험논리학의 역할을 수행할 수 없다. 선험감성론이 배제된 형식논리학은 단지 사유규칙을 설명할 뿐이다. 형식논리학은 형이상학적 표상을 제공받을

---

4. ibid.

수 없기 때문에 형이상학을 검토할 수 없다. 그러면 철학은 스스로 모순에 직면한다. 논리학과 무관한 형이상학이 학문일 수 있는지의 의문이다. 형이상학이 제일철학이므로, 철학은 스스로 자기를 부정하는 상황에 처한다. 선험철학은 형이상학이 학문임을 논증한다. 형이상학의 정체성 위기를 해소한다. 철학의 정체성위기를 해소한다.

선험논리학과 기호논리학 및 수학

　수학적 사고방식을 응용한 기호논리학은 칸트의 선험논리학의 특성을 파악하는데 교두보 역할을 할 수 있다. 기호논리학은 칸트가 서술한 선험논리학의 학적 의의를 근본적으로 검토할 수 있는 계기를 제공한다. 기호논리학의 특성과 선험논리학의 특성을 비교하면, 논리학의 본질을 올바르게 파악할 수 있다. 기호논리학이 전통적 형식논리학의 특성을 벗어난 것이 아니기 때문이다. 기호논리학이 칸트이후에 등장한 역사성 때문이다. 기호논리학의 특성이 형식논리학의 특성을 벗어난 것이 아니라면, 선험논리학의 특성에 의해 비판될 수 있는 취약점 때문이다. 거꾸로 형식논리학의 체계와 동질적인 기호논리학이 선험논리학의 토대를 타당하게 거부할 수 있다면, 칸트 선험철학의 토대가 무너질 수 있는 논리성 때문이다.

　양자의 비교작업은 선험논리학과 기호논리학의 특성을 상호 비교하는 그런 성격의 과제가 아니라, 논리학의 본질을 발판으로 하여 형이상학의 본질과 철학의 본질을 따지는 성격의 근본과제이다. 칸트가 전통적 형식논리학의 체계를 비판하고 선험논리학의 체계를 구성한 이유는 논리학이 존재론의 근본과제를 이론적으로 다룰 수 있는 방법을 갖추고 있지 않은 약점 때문이었다. 따라서 기호논리학이 진리검증기능을 확보하고 있는지의 의문점은 논리학의 본질에 관한 질문이다.

대상인식은 대상이 있어야 한다. 의식의 사유기능과 사유대상은 서로 직접적으로 연결하고 있어야 한다. 사유기능의 작동방식이 올바르게 진행해야만 인식이 성립한다. 대상의 인식에는 대상이 직접 촉발한 감각적 자료이외에 대상이 의식에 전달한 재료가 있을 수 없다. 그래서 칸트는 인식이 경험에서 시작한다고 말하였다.

인식기능이 단지 감각에 촉발한 감성의 재료만으로 구성한 수준이면, 인간이 지닌 인식기능의 논리적 성격에는 여타의 동물판단과 구별할 특성이 달리 있을 수 없다. 인간의 인식기능이 여타의 동물과 달리 문명을 창조하려면, 인간 스스로 이 재료에 새로운 인식재료를 첨가하는 기능을 갖추고 있어야 한다. 따라서 칸트는 인식에 경험이외에 오는 것이 있다고 말하였다. 이점이 칸트의 선험논리학과 기존의 형식논리학이 확연히 구별되는 지점이다.

칸트가 논증한 선험논리학의 특성은 기호논리학의 특성을 부정적으로 비판할 여지를 가지고 있다. 칸트가 수학의 본질을 선험철학의 두 축인 선험감성론과 선험논리학에서 해명한 논점 때문이다. 기호논리학이 선험논리학의 본질에 부합하는 새로운 형태의 학문일 수 없는 논점 때문이다.

칸트는 『순수이성비판』에서 순수수학이 어떻게 가능한가의 근본문제를 제기하였다. 해명과정에서, 선험감성론은 공간과 시간의 의식을 순수직관의 형식으로 논증했다. 의식의 사유구조에 내재하는 인식기능의 한 축으로 논증했다. 칸트는 수학을 구성하는 근본요소인 자연수를 순수직관형식에 의해 성립한 것으로 규정했다. 칸트의 선험철학의 체계는 자연수의 체계가 감성의 순수직관형식과 오성의 순수오성 개념에 의한 것임을 논증하였다.

수의 본질은 수의 효율성과 불가분의 관계를 맺고 있다. 수의 특징은 범주적으로 양의 개념을 바탕으로 하기 때문에, 정확성, 엄밀성, 확실성이라고 말할 수 있다. 수에 의한 계산방법이 양을 측정하는 사고방식이기 때문에 정확하고 엄밀하고 확실해야 한다면, 그 방법은 효율적이지 않으면 안 된다. 그 효율성은 직관대상인 사물의 양적 특성을 밝혀야 한다. 수의 배열은 수의 규칙적 성격을 활용하여 불규칙적 형태의 사물모습을 규칙적 모습으로 재배열하여 정확하게 측정하려는 방식이다. 사물의 양을 측정하려면, 점을 기초로 하여 일차적인 선과 이차적인 면과 삼차적인 부피를 측정하는 방법을 개발해야 한다. 그리고 그 방식을 더욱 응용하여 여러 가지 변형된 모습을 규칙적 모습으로 정리하고 계산하는 방법을 개발해야 한다. 더 나아가 변동하는 사물변화를 정확하게 측정하는 방법을 개발해야 한다.

수와 수를 대신하는 여러 가지 기호를 이용하여 수식을 구성하는 경우가 불규칙적으로 보이는 사물의 모습을 규칙적인 모습으로 재배열하여 양을 측정하는 방법이다. 이런 수식이 지닌 계산법의 효율성은 미지의 양을 구체적인 양으로 측정하는 방식이다. 양의 측정에는 수식이외의 다른 방법이 없기 때문에, 그 효율성은 독보적이다.

그 효율성은 무차별로 모아놓은 사과를 10진법에 따라 정리하고, $6X^3+2X^2+3X+7=\square$의 수식대로 정리하여 쌓아놓았다면, 그 X가 10개인지, 9개인지, 8개인지에 따라 전체의 양을 명확히 각각 6237, 4570, 3207의 개수로 확인할 수 있는 경우이다. 모든 수식의 기호는 양을 측정하려는 대상이므로, 각각의 기호는 단순한 하나의 대상을 가리킨다. 수학의 수식은 대상의 직관을 바탕으로 하여 그 대상에 대한 양을 계산하는 방식이므로, 대상의 양을 측정함에 있어서 어떤 복잡한 인식문제를 야기할 수 없다.

　기호논리학의 논리식이 수학과 같은 효용성을 지니고 있는지의 의문점은 논리학이 해명해야 한다. 사태를 진술한 여러 문장들의 진리를 따지는 경우에 문장을 기호로 바꾸어 놓았을 때의 효용성의 의문이다. 정형화된 기호와 문장이 수와 수식과 같은 효용성을 지니고 있는지의 의문이다. 수학이 양의 문제를 해결하는 기능을 가지고 있기 때문에 효용성 곧 실용성을 명백히 지니고 있음은 확인된다. 그에 반해 기호논리학은 어떤 효용성을 지니고 있는지가 불분명하고 불투명하다. 칸트가 수학의 수의 개념이 논리적인 점을 선험논리학에서 논증하였다. 그 점을 바탕으로 하여 기호논리학의 효용성을 따질 수 있다. 양의 많다, 적다, 적절하다, 길이가 길다, 짧다, 적절하다, 부피가 두껍다, 얇다, 적절하다 등의 느낌, 판단, 관념으로부터 수의 논증이 가능한 근거이다.

　외부대상으로부터 많다와 적다를 구별하려면, 양적으로 일단 크기가 달라야 하는 대상의 차이점이 의식에서 지각되어야 한다. 이런 구별의 판단은 직관적 판단이다. 비교대상의 차이를 표현하려면, 언어 및 부호등의 수단이 필요하다. 그것이 일차적으로 지시대명사인 이것과 저것과 그것에 의한 구별이다. 그러면 크기의 차이를 순서대로 나열할 수 있고, 다음으로 각각의 크기에 관해 구별의 부호를 매길 수 있다. 그것이 기수와 서수가 등장하는 전주곡이다.

　두 가지 구별되는 수의 관념은 수학의 정체성을 밝힐 수 있는 근거이다. 기수와 서수의 정체성이 수학의 본질을 해명할 수 있는 기반이다. 사물의 양, 크기, 부피를 측정하는 과정에서 먼저 감성적 직관에 의한 식별이 이루어지고, 그 식별을 바탕으로 측정하면, 수의 개념에 있어서 서수가 기수보다 근원적인 성격을 보여주는 명백한 근거가 된다.

철학의 인식론은 수학에서 무한성의 개념이 야기하는 모든 혼란이 서수와 기수의 근저에 놓인 논리적 본질을 간과하였기 때문에 발생한 것으로 의심할 수 있다. 그 의혹은 수리철학보다 오히려 인식론이 해명해야 하는 과제이다. 서수가 기수인 양의 측정기능을 가능케 하는 근원적 인식기능인 본성 때문이다. 기수의 관념이 서수의 관념에 의해 가능케 된 논리성 때문이다. 서수와 기수의 구분은 인식기능이 대상을 인식할 적에 개별대상을 완전히 구분하는 지각에서 비롯된 사실을 확인시켜준다. 수의 구조적 틀은 인식기능이 인간이 속한 존재조차 인식대상으로 삼을 수 있는 보편적 인식기능을 지니고 있음을 확인한다. 그 점은 가령 전체인원을 파악하는 사람이 자신을 포함해서 수를 세어야 하는 사실성, 논리성, 당위성이다.

판단하는 주체와 판단대상인 객체를 하나로 통일시켜 인식대상으로 삼는 기능을 초월적 용어대신 상대적 용어로서 규정해야 한다. 그 까닭은 인식기능이 대상전체를 인식대상으로 삼는 특성 때문이다. 인간은 대상전체를 인식대상으로 삼는데, 그 경우도 여전히 인간과 전체대상이 서로 마주하고 있는 조건 때문이다. 전체대상에 자기 자신도 포함되어 있는 조건 때문이다. 그런데 자신이 포함되면 자신이 전체상황을 벗어나 무관해질 수 없다. 자신이 무관해질 수 없으면 전체상황은 보편적인 의미로 파악되어야 한다. 주체와 객체를 통일시킨 보편적 인식기능은 마치 거울을 보고나서 알게 된 자신의 모습과 자신이 바라보는 상대방의 모습을 아울러 포괄하는 경우와 비견된다. 그 경우는 전체상황을 객관적이고 통일적이고 중립적 입장에서 바라볼 수 있는 상태이다.

기호논리학의 명제를 구성하는 각각의 기호들이 무슨 효용성을 지니고 있는지는 해명해야 한다. 기호논리학에서 기호로서 구성한 명제들을 진리표에 의거하여 진·위를 판정하는 방식의 효용성이다. 곧 기호로 구성된 명제가 외부대상들의 진술이면, 형식논리학의 문장을 기호로 바꾸어 진·위를 판단해야할 효용성이 무의미해지는 약점이다. 기호논리학의 기호가 암호의 역할을 하는 그런 효용성조차 없다면, 논리학의 학적 성격을 상실한 번거로운 기호의 행렬일 뿐인 점이다. 예컨대 인간이 달나라에 가는 방식을 기하학의 도형과 수학의 수식을 만들어 풀면 달에 도착할 수 있는 방법을 파악할 수 있는 점이다. 모스부호 morse code로 된 통신문을 해독하면 전달하는 내용을 알 수 있는 점이다. 그런 단축의 효용성이 기호논리학의 기호에 있는지의 의문점이다.

기호논리학의 부호에는 '적국이 몇 월, 며칠, 몇 시에 어디로 공격을 할 것이다'의 암호문, '우리의 레지스탕스는 며칠에 적의 후방인 어느 장소에 침입하여 적을 교란하여 우리군의 낙하산특공대가 차질 없이 착륙할 수 있도록 도와라'의 암호문의 효용성이 전혀 없다. 그런 효용성이 없는 사실은 기호논리학의 판단형식과 절차가 형식논리학의 언어로 환원되어야 함을 의미한다. 그러면 실제적 효용성보다 오히려 불편함만 더할 뿐이다. 마찬가지로 수학의 수식을 풀면, 그 해답은 양적인 세계의 모습을 알 수 있게 한다. 기호논리학의 문장을 진리표에 의해 진·위를 따지면 그 결과가 무엇을 알 수 있게 하는 것이 아니다. 20x30=600이라고 했을 때, 사과 20개를 넣은 상자 30개가 가진 사과의 총 개수가 600개라는 판단은 양적 판단에 있어서 효율적이다. 그러나 q·p의 명제가 지닌 효율성은 이런 사례와 견주어 그 자체로는 효율성이 전무하다고 말할 수 있다.

이런 성격의 논구는 다음의 두 가지 문제점을 해명한다. 하나는 수학에서 무한수가 유발하는 집합론에서의 모순이다. 다른 하나는 논리학에서 제기된 역리의 모순이다. 형식논리학은 "크레타 인이 '모든 크레타 인이 거짓말쟁이'라고 말했다"의 문장에 의해 인식판단이 역리의 모순에 직면한 경우다.

① 자신이 '모든 크레타 인이 거짓말쟁이'의 경우에 속한 사람이면, '모든 크레타의 사람이 거짓말쟁이다'는 말은 거짓말이 되어 그가 한 말은 거짓말이 아니다. 그러면 자신이 거짓말쟁이 아니게 되어 모순이 발생한다.

② 반대로 그가 거짓말쟁이가 아니면, 자신이 말한 '모든 크레타 인이 거짓말쟁이'의 문장은 사실이 된다. 그런데 자신이 크레타 인의 집단에 속하기 때문에 자신이 말한 내용이 거짓말이 되고 자신도 거짓말쟁이가 된다. 그러면 거짓말쟁이가 아니 사람이 거짓말쟁이가 되는 모순이 발생한다. 따라서 형식논리학에서의 언표가 지닌 이런 모순적 경직성을 어떻게 극복할 것인가의 문제점이 철학의 주된 과제로 급부상하지 않을 수 없었다.

형식논리학은 이 문장이 낳은 역리의 근거를 분명히 지적할 수 있다. 그런데 그 점이 오히려 자신의 취약점을 극복할 수 있는 해결의 실마리를 제공한다. 그리고 해결방식이 선험철학의 순수의식에서 발견되는 점은 대단히 역설적이다. 그 방식은 형식논리의 규칙을 단순하게 나열하면, 단번에 확인된다. "크레타 인이 '모든 크레타 인이 거짓말쟁이'라고 말했다"의 명제에서 추론한 다음의 내용들이다.

① 크레타 인은 판단할 수 있다.
② 크레타 인은 말할 수 있다.
③ 크레타 사람은 모두 거짓말쟁이다.
④ 거짓말쟁이는 거짓말을 잘하는 사람이다.
⑤ 거짓말을 잘하는 사람의 말에도 거짓 아닌 진실은 있다.
⑥ 거짓말쟁이도 진실을 말할 수 있다.
⑦ 거짓말쟁이의 말에도 진실은 있다.

⑧ 거짓말쟁이의 말은 약간은 진실이고 약간은 거짓이다.

⑨ 거짓말쟁이가 하는 모든 말이 거짓이라면, 그가 한 말은 반대로 모두 진실이 된다.

이 명제는 개념이 야기하는 언어의 문제점을 보여준다. 그것은 거짓말쟁이가 지닌 의미이다. 사람이 거짓말을 하는 경우에는 그 사람의 말이 거짓말이라는 경우와 그 사람이 거짓말쟁이라는 경우를 따로 구분해야 하는 차이점이다. 더 나아가 거짓말을 하는 사람의 경우에는 그 사람이 거짓말을 잘 하는 경우와 그 사람이 거짓말만 하는 경우를 따로 구분해야 하는 차이점이다.

게다가 이 언표는 두 개의 판단명제가 동시에 접목한 복합질문의 오류를 범한다. 이 문제점을 논구해야할 장소도 개념론이다. 그가 말한 거짓말쟁이라는 말의 의미는 그의 말이 모든 것이 거짓말이라는 것인지, 아니면 그가 말한 것 중에서 거짓말이 많아서 거짓말쟁이라고 하는 것인지가 분명해야 하는 차이점이다. 그러면 그 명제의 결론은 다음의 몇 가지 경우로 귀결된다.

① 거짓말쟁이인 어떤 크레타 인이 하는 말이 항상 모두 거짓인 경우에는 그가 말한 모든 거짓말쟁이라는 말은 그 반대로 명백하게 거짓이 되어 그리하여 그가 "모든 크레타 인이 전부 결코 거짓말쟁이다"라고 한 말은 결코 진실이 될 수 없다. 그리고 이 명제는 진·위의 판정에서 거짓명제가 된다.

② 그와 달리 거짓말쟁이의 크레타인의 말이 전부 거짓이 아니라 그 중에 일부만이 거짓인 경우에는 그의 말은 거짓일 수도 있고 또는 진실일 수도 있다.

③ 그가 말한 '모든 크레타 인은 거짓말쟁이다'는 언표는 그 말자체가

거짓말일 수도 있고 또는 참말일 수도 있다. 따라서 그가 말한 진술은 그가 말하고자 하는 의도에 의해 판정되어야 한다.

④ 그가 말한 말이 거짓인지 진실인지의 판정여부는 언명된 표현의 내용에 의해 판정될 수 없다.

⑤ 다시 원점으로 되돌아가, 모든 크레타 인이 전부 거짓말쟁이라고 가정하더라도, 그의 말이 거짓말이 되는 것은 전혀 아니다. 모든 크레타 인이 그의 말대로 거짓말쟁이고 그도 그들처럼 거짓말쟁이일지라도, 그가 한 모든 말이 거짓말이라고 확실하게 단정할 수 없다. 그러므로 '거짓말쟁이'의 말의 의미가 '어떤 사람이 하는 말이 전부 예외 없이 거짓말이다'는 명백한 정의를 무조건 전제해야만 모순이 발생한다. 그렇지 않다면 크레타 인이 말한 내용만으로 그가 한 말의 진위를 가릴 수 없다. 그 표현의 내용이 논리적으로 모순된 역리의 난점을 보인다고 하여, 그 표현이 모순을 야기하는 문장이라는 결론에 도달하여 무조건 난파당하는 결과는 너무 성급한 경우가 된다. 왜냐하면 거짓말쟁이가 전칭명제에 해당하더라도 거짓말이 전칭명제에 해당하는지가 애매하다면, 진·위가 불분명하기 때문이다.

⑥ 인간이 표현하는 언표 중에서 이와 같은 문제점이 발생한 근본원인은 순수의식의 인식기능이 자신이 포함된 상황에서의 모든 구성원들을 모두 총괄하여 전체를 통일시키는 보편성을 지니고 있는 점을 간과한 점이다. 그 기능이 마치 스스로 볼 수 없는 자신의 얼굴을 거울을 보고나서 객관적으로 표현할 수 있는 사실과 마찬가지로, 역리를 보여준 입장이 중립적인 입장에서 자기 자신의 입장을 올바르고 정확하게 진술할 수 있는 사실을 간과하였다.

칸트의 선험논리학에서는 선험적 변증론이 신과 인간의 본질을 다루는 논증을 각별히 주목해야만 철학이 다루는 진리의 근본성격을 제대로 파악할 수 있다. 곧 논리학이 모든 학문적 사고과정의 근저에 놓여 있는 사유방식의 법칙이라고 규정하면, 어떤 학문의 경우일지라도 그 학문의 체계를 구성하는 진술은 논리학의 법칙을 벗어날 수 없는 제약이다. 그러면 인식론에서 제기된 가장 중요한 문제이면서 가장 곤란한 문제는 신학의 모든 진술이 논리학의 법칙에 따라 구성되어야 하는가? 라는 의문점이다. 칸트는 그 점에 대해 자신의 입장을 아래의 진술로 분명히 밝혔다. 그 입장은 근대인의 사고방식을 고스란히 반영한다.

…나는 신앙에 설 자리를 마련해 주기 위해서 지식을 지양하지 않을 수 없었다. 그리고 형이상학의 독단론, 바꾸어『순수이성비판』 없이 형이상학 속에서 어떤 득을 보려고 하는 편견은 도덕성에 위반되는 그리고 언제나 매우 독단적인 모든 불신앙의 진실한 원천이다. 그러므로『순수이성비판』을 표준으로 하여 짜인 체계적 형이상학을 후손들에게 유산으로 물려주기가 그리 어려운 일이 아니지만 그렇다고 이 유산이 결코 사소하다고 볼 수 있는 선물이 아니다.[5]

---

5. B X X X.

3장

선험철학에 기반을 둔
새로운 형이상학의 체계

1. 코페르니쿠스적 인식전회의 방법론적 의의

칸트가 사용한 코페르니쿠스적 인식전회의 용어는 일반 독자가 그 뜻을 제대로 이해하지 못하면, 독자는 그 용어 때문에 칸트의 진의를 곡해할 수 있다. 인식기능의 주관성이 대상본질과 무관하게 자의적으로 해석할 수 있는 것처럼 오인하게 만들 수 있는 허점이다. 또한 태어나서 일정기간을 살고 죽는 유한한 인간이 무한하고 영원한 진리의 정체를 밝힐 수 없다는 불가지론과 연결될 수 있는 허점이다. 하지만 이 용어는 대상의 본질과 동질의 요소가 인간의 지성에 선천적으로 갖추어져 있기 때문에 인간이 정립하는 진술이 진리라는 입장을 전제한다. 그러므로 비판철학, 선험철학의 목적과 연관해서, 칸트가 스스로 '코페르니쿠스 전회Kopernikanische Wendung 또는 Kopernikanische Revolution'의 용어를 사용한 의도를 주목해야 한다.

칸트가 이 용어를 사용한 의도는 인식론의 관점에서 서구철학의 흐름을 반드시 바꾸겠다는 신념이다. 그리고 그 전회의 학문적 결실은 선험철학의 사유방법론을 널리 전파하여 서구사상의 세계화를 꾀한 장점이다.

　서구철학이 세계에 보급된 현상이 무엇을 의미하는가? 라는 의문은 현대철학이 해명해야할 과제이다. 서구철학의 세계화는 철학지식의 보편화라는 의미와 구별된다. 왜냐하면 지식의 이론적 관점에서 보면 학문의 보편성은 어느 나라에서도 한결 같아서 서로 공감대를 확보할 수 있지만, 그에 비해 지식의 실천적 관점에서 보면 세계화의 의미는 각 나라마다 실용성과 효율성의 결과가 각각 달라 서로 공감대를 확보하기 어렵기 때문이다. 비록 각 시대, 각 나라마다 자기가 탐구한 지식들이 상대적으로 불완전하고 미완성된 것일지라도, 그 추구하는 진리의 본질이 시·공을 초월한 보편성이기 때문에 전자의 보편성과 후자의 세계화는 구별된다.

　각 나라의 지성인들이 객관성을 갖춘 보편적 학문지식을 추구하였지만, 그들이 이룬 문명창조의 결과는 상대적이었다. 효율적인 측면에서는 기능이 높은 기술수준은 상대방의 사고방식을 무시하고 자기의 사고방식이 옳다고 주장할 수 있다. 서구철학의 세계화는 진리의 보편성의 의미와 다르게 된다. 세계화의 의미가 또 다른 학문적 의의를 지니게 된다. 그 의의는 모든 지역을 망라하여 서구의 지식체계를 수용하지 않으면 안 되도록 만든 학문의 실천적 효율성이다.

　칸트 철학이 멀리는 플라톤 이래로, 가까이는 데카르트 이래로 추진된 인식론의 학적 의의를 제대로 수립했는가의 의문점과 세계인들이 서구철학의 지식을 왜 수용해야 했는가의 의문점은 현대철학이 고찰해야 하는 당위성이다.

　칸트가 『순수이성비판』 제2판 머리말에서 제기한 세 가지 의문은 단순한 철학의 의문이 아니라, 철학의 세계화를 향한 질문이다. 진리의 보편성을 바탕으로 하여 지구의 모든 나라가 과학을 수용하는 역사를 감안하면, 지식의 보편성은 세계화의 토대이다. 그 질문은 다음의 세 가지 과제이다.

- 순수자연과학은 어떻게 가능한가?
- 순수수학은 어떻게 가능한가?
- 순수형이상학은 어떻게 가능한가?

2. 존재론, 인식론, 논리학의 통합

선천성과 선험성이 연결된 논리적 상호연관성

칸트의 철학적 사고방식은 단적으로 '모든 인식은 경험에서 시작되지만, 그러나 경험에서 오는 것은 아니다'는 명제가 함축하고 있다. 이 명제는 경험론과 합리론의 입장을 모두 포괄하는 칸트의 입장을 압축하고 있다. 이 명제는 합리론의 문제점을 해소하여 형이상학을 확실하게 학문의 토대 위에 구축하려는 입장을 확실하게 대변한다.

인간이 의식적 존재자이기 때문이다. 인간이 자신과 서로 마주하는 사물들을 알지 못했더라도, 이것을 감각으로 경험하여 말의 개념으로 규정하는 경우에는 개념을 만드는 의식을 설명해야 한다. 논리적으로 인간의 의식에 내재하는 판단과 추론기능에 의해 개념이 형성되는 전 과정을 밝혀야 하는 당위성이다. 칸트는 그 기능에 대해 가장 적절한 '선천적'의 용어를 적용했다.

선천적 기능에 대해 선험적 용어를 적용할 수 있는가? 히는 문제점이 필히 등장하지 않을 수 없다. 그 이유는 선천적이더라도 선험적일 수 없는 논리성 때문이다. 인간이외의 모든 동물들도 각자 선천적 인식기능과 능력을 갖추고 생존을 유지한다. 먹이사슬에 얽혀 있는 각자의 동물들은 서로 다른 특성의 생존기능을 선천적으로 갖추고 있다. 동물학은 각 동물의 선천적 기능을 탐구한다. 하지만 동물이 인간의 인식기능을 갖추고 있지 않는 사실 때문에, 동물학은 동물의 인식기능을 선험적 관점에서 다루지 않는다.

만약 인간이 자신의 존재성을 여타의 동물과 동일한 수준으로 취급하면, 자신의 인식기능과 능력에 대해 형이상학적 의미를 부여할 필요가 없어진다. 스스로 '만물의 영장'이란 지위를 부여한 사고방식이 필요 없게 된다. 인간중심의 세계관을 거부하면, 인간은 다른 여타의 동물과 동등한 존재가 된다. 그러나 인간의 독특한 인식능력은 동물이 선천적으로 부여받은 인식능력과 아주 다른 측면에서 구별해야 할 존재이유를 지니고 있다.

인간의 삶은 이념적 삶이다. 여타의 동물들은 인식기능을 가지고 있지만, 그 기능은 문명과 문화를 창조할 수 없다. 그들의 지각은 이념적일 수 없다. 어떤 존재자도 문명과 문화를 창조하려면, 동물과 다른 종류의 사고방식을 갖추어야 한다. 그 사고방식은 형이상학적 이념을 추구하는 사고방식이다. 동물의 인지능력에는 자연의 사물을 문명의 창작물로 전환하는 창조적 기능이 없다. 동물의 인지기능에 인간의 사고방식에 선천적으로 내재한 진·선·미의 관념이 없다.

이로부터 두 가지 문제점이 발생한다. 하나는 인간의 창조적 인지능력을 심리적 요인으로 격하하면, 동물의 심리기능과 인간의 심리기능이 동질적이게 되는 문제점이다. 다른 하나는 인간의 인지능력에 존재하는 창조적 상상력과 도덕적 실천력이 시간적으로 과거와 미래, 공간적으로 지구와 우주의 모든 영역으로 확장할 수 있는 방법이 내재하는 사실을 심리학이 제대로 설명할 수 없는 문제점이다.

이 문제점들은 선천적 의미가 선험적 의미와 연관될 조건이 무엇인지, 양 개념을 연결할 수미일관된 논리가 무엇인지의 의문점으로 나아간다. 선천성을 바탕으로 하는 선험성의 의미를 해명하는 과제는 모든 존재자를 포괄한 존재의 보편적 원리를 수립할 인식기능과 능력의 구조를 논증하는 작업과 직결한다.

'경험적'의 말은 결코 '선험적'일 수 없는 개념이다. 선천적 인식기능, 능력, 구조를 밝히지 않으면, 선험철학은 스스로 자가당착에 빠지지 않을 수 없다. 경험적 인식을 언어로 전환하는 인식기능은 자신이 태어날 적부터 지니고 있는 선천적 기능이 아니면 안 된다. 경험론은 사물이 1차, 2차 성질을 갖추고 있고, 인식기능은 이 성질이 감각체험을 통해 인간의식으로 들어왔을 때에 단순 관념과 복합 관념을 발생한다고 해명했다. 하지만 경험적 지식은 선천적 사고기능이 작용해야만 탄생한다. 그 이유는 선천적 인식기능을 떠나서는 단순 관념과 복합 관념의 발생이 성립할 수 없는 조건 때문이다. 만약에 경험론이 선천적 인식기능의 본질을 명확히 해명하지 않고 그와 같이 주장하면, 그 사실은 경험론자들이 인식기능의 본질을 모르고 있음을 스스로 증명하는 꼴이다. 경험론이 해명한 지식의 본질은 인간이 현상계의 사실만을 관찰하고, 인상의 조각들을 이리저리 짜 맞춘 인식일 뿐이다. 따라서 경험론이 해명한 지식은 단지 개연적 지식일 뿐이다.

칸트의 비판철학 및 선험철학은 순수오성 개념인 범주도표가『실천이성비판』과『판단력비판』의 이론을 체계적으로 구성한 근본 틀임을 논증하였다. 칸트는 순수오성 개념인 범주를 더 이상의 상위개념이 없는 최고개념으로 간주했다. 그 근거를 밝히는 작업은 의식의 본질을 해명하는 작업에서 가장 중요한 시발점이다. 그 이유는 형이상학의 대상이 사유대상이 될 수 있지만, 인식대상이 아니라는 판단 때문이다. 개념으로 사유될 수 있는 대상도 그 내용을 구체적 형상으로 표현하려면, 그 형상이 감성으로부터 발생하는 그런 표상을 갖추고 있어야 하는 제약 때문이다. 만약 대응하는 형상이 없이 오로지 순수개념으로서만 존재한다면, 그것은 공허한 글자나 소리일 뿐인 약점 때문이다.

존재개념은 현상을 대상으로 삼아 현상과 대응하기 때문에, 공허한 개념이 될 수 없다. 인간의 인식기능이 현상의 원인인 존재본질을 현상계를 바탕으로 구성할 수 없다면, 곧 존재본질이 현상계에 내재하는 것이 아니어서 구성할 수 없다면, 그 사실은 존재의 용어가 무의미한 개념이 되는 존재론의 문제를 야기한다. 어떤 언어가 개념을 가지려면, 그 언어는 무엇을 가리키는 의미체여야 한다. 형상을 갖출 수 없는 추상개념의 언어일지라도, 그 언어로 이루어진 문장은 형상적 존재가 생성·소멸하는 과정을 구체적으로 설명하는 진술을 담고 있어야 한다. 존재의 용어는 현상의 모든 개체들을 하나로 묶어 지칭하는 개념이므로, 결코 공허한 내용의 단순한 글자일 수 없다.

존재개념은 현상을 설명하는 가장 근원적 용어이므로, 그 개념은 본질과 현상이 서로 분리되는 것인지, 아니면 본질과 현상이 분리될 수 없고 단지 구분만 되는 것인지의 근본문제를 야기한다. 그러므로 존재론은 역사적으로 이원론과 일원론으로 나누어졌고, 일원론은 또 다시 범신론과 유물론의 입장으로 나누어졌다.

언어에는 실재하는 대상이 아니라 아예 존재하지 않는 상황을 가리키는 무의 용어, 모순적 존재를 가리키는 둥근 사각형의 용어, 실재하는 사물이 아니지만 실재하는 존재를 가리키는 그림자의 용어가 있다.

선험논리학이 존재론과 인식론을 매개하는 기능을 갖춘 학문인 근거는 명확하다. 범주론이 선험논리학의 핵심요소인 토대도 명확하다. 현상으로 존재할 수 없는 대상은 인간이 사유는 할 수 있어도 결코 인식은 할 수 없는 특성 때문이다. 인간이 직접 경험할 수 없는 형이상학의 대상은 모든 현상을 포괄하는 최고류의 개념인 범주개념을 바탕으로 구성된 이념으로 존재한다. 범주개념이 물 자체와 현상을 양립시킬 수 있는 기능을 지니고 있는 특성 때문이다. 그러면 현상과 구분되는 또 다른 본질적 존재영역이 존재한다면, 그것이 현상계의 원리, 법칙, 질서와 어긋날 여지가 있는지의 의문이 가능하다.

인간이 최고선을 추구하는 존재이므로, 인간은 초월적 영역에서의 원리, 법칙, 질서와 결코 충돌하지 않는다. 그럼에도 불구하고 인간이 그런 의혹을 떨쳐 버릴 수 없었던 이유는 종교에서 다루는 영혼의 심판 및 윤회의 과정에서 그 작업을 감각으로 포착할 수 없는 초월적 존재자가 어떻게 집행하고 있는지의 의문점 때문이었다. 그 의문점은 '영혼의 세계'와 '현상의 세계'의 원리가 동질적인 점만 명확히 하면, 개인들이 극복해야할 주관적 실천문제로 귀착한다. 왜냐하면 영혼의 존재가 확인되든지 또는 안 되든지 간에, 어느 경우도 인간이 파악한 최고원리를 벗어날 수 없기 때문이다.

인간의 상상력은 존재를 감각으로 확인할 수 없는 영역에 관해 갖가지 생각을 적용하여 사실인양 이야기를 구성할 수 있다. 그러나 그것도 사변이성의 논리학의 원칙과 그리고 실천이성의 최고선의 원칙을 결코 위배해서는 안 된다.

물 자체에 관한 의구심은 물 자체의 존재가 개념으로 존재하는지 또는 형상을 지닌 개체로 존재하는지를 논구대상으로 삼을 수 있다. 그러나 그 논구는 굳이 해명할 이유가 없다. 물 자체 개념이 사물의 원리와 원인에 해당하는 것이라면, 인간이 현상계에 적용한 원리와 원인의 본질과 결코 다를 수 없기 때문이다. 따라서 물 자체와 현상계의 원리는 항상 수미일관되어야 함은 두말할 나위도 없는 명백한 논리적 귀결이다.

인간이 타고난 선천적 인식기능은 인간자신이 형이상학적 존재임을 밝히는 능력을 갖추고 있다. 선험철학은 그 기능과 능력을 탐구한다. 선천성과 선험성의 개념은 인간의 형이상학적 본성을 논구하는 작업에 불가분적으로 연결되어 있다.

비판철학의 체계가 선험철학의 본질인 점

비판철학은 지 · 정 · 의 3가지 기능이 삼위일체로 인간본성을 구성하고 있는 사실을 규명했다. 지성이 사변이성의 영역에서, 욕망에 대한 의지가 실천이성의 영역에서, 감정의 미의식은 감각의 직관의 영역에서 설명한 근거와 이유를 분명히 해명한 작업이다.

이 해명이 비판철학에서 가장 중요한 논구대상인 이유는 대상이 육체의 감각에 의해 의식의 내감에서 오감의 속성을 구성하는 표상을 촉발하는 방식을 설명한 논증 때문이다. 즉 대상에 대한 객관적 표상뿐만 아니라 동시에 쾌와 불쾌에 해당하는 주관적 표상이 동시에 발생하는 사실이다. 곧 뜨거운 물을 접촉하는 피부 촉감이 뜨거움을 전달하는 순간, 감성의 직관적 판단과 동시에 쾌와 불쾌의 감정판단도 함께 작동하는 사실이다. 그 말의 의미는 뜨겁다는 느낌의 표상이 발생하고, 오성이 이 표상을 뜨겁다는 개념으로 정립한 인식과정을 거친 후에야 비로소 쾌 · 불쾌의 감정이 발생하는 것이 아니라는 사실이다. 어떤 불쾌한 냄새가 발생하여 그 느낌을 경험한 경우, 오성이 그 냄새의 실체를 파악이전에 감성이 쾌·불쾌의 반응을 먼저 일으키는 사실이다. 그 이유는 불쾌한 반응과 냄새가 구리다는 등의 반응이 동시에 발생하는 경우가 객관적 사실이기 때문이다.

일상생활에서 인간의 판단은 쾌와 불쾌의 감성적 느낌에 의해 좌우된다. 그러므로 이성의 역할은 쾌와 불쾌의 문제를 올바르게 해결하기 위해 두 방면으로 나누어진다. 한편으로는 사변이성에서 오성이 그리고 다른 편으로는 실천이성에서 의지가 각각 당면한 쾌·불쾌의 문제를 해결할 지식을 정립하고, 욕망을 통제할 방법으로 도덕적 규범을 구축하는 작업이다.

쾌와 불쾌의 감정은 인간의 삶에 필요한 각각의 요소가 그 요구를 충족할 때와 충족하지 못할 적에 발생하는 것이므로, 당연히 이성의 기능은 이 감성적 요구를 해결하기 위한 역할을 수행해야 한다. 왜냐하면 인간의 삶의 본질이, 인간의 삶이 추구하는 목적이 궁극적으로 형이상학적이지만, 그 표상은 감성적이지 않을 수 없기 때문이다.

감성적인 쾌와 불쾌의 표상이 이성의 지도를 받지 않고 저급한 수준에서 작동하면, 개인의 삶과 개인들이 구성하는 사회분위기도 저급해진다.

쾌·불쾌의 감성적 느낌이 다음의 사안과 결부하여 복잡한 문제를 야기하는 요인이 된다.

1. 사변이성 영역에서의 회의주의
2. 실천이성 영역에서의 쾌락주의
3. 감성의 느낌의 판단기능이 지성의 판단기능을 앞질러 오도하는 비학문적 사고방식과 행동양식

이와 같은 문제점이 더욱 복잡해진 까닭은 쾌·불쾌의 감성적 느낌이 심리의 감정과 연계하여 여러 가지 개인과 사회적 문제를 야기하는 특성 때문이다. 좋음, 싫음, 미움, 사랑, 기쁨, 슬픔, 즐거움, 애처러움, 질투, 분노, 폭력, 격정, 근심, 걱정, 불안, 공포의 감정 등의 심리작용과 어우러져 오성과 이성판단을 오도하고, 거짓, 비방, 모함, 모략, 중상 등의 부도덕한 일을 꾀하도록 유혹하는 본성 때문이다. 그런 잘못된 발상으로 타인에게 피해를 입히면서도 자기합리화를 통해 결코 부끄러워하지 않는 심리상태 때문이다.

인간의 심리상태가 이런 감정에 휩싸여 이기적 판단과 행동을 할 적에는 타인뿐만 아니라 자기 자신까지도 파멸의 길로 이끈다. 인간의 순수의식은 자신의 심리상태를 비판하고 파국을 방지해야 한다. 인간은 오성의 판단기능이 예견된 비극적 종말을 의식조차 못하거나, 도덕적 선의 감정이 비극적 사태를 외면할 적에는 자신이 살아가는 인간사회를 복잡하게 만든다. 그러므로 사회는 개인이 서로 선과 악의 감정으로 대립하고 반목하고 배척하는 행동 때문에 불안해진다.

어떤 것이 좋다. 어떤 것이 아름답다는 감정표현에서 어떤 것이 좋다는 감정과 아름답다는 감정이 어떤 근거에서 구별되는지의 의문은 미의식의 주된 논구과제이다. 도덕적 판단의 출발인 선의 감정이 예술적 판단의 미의 감정과 어떻게 연관되는지의 의문은 인식론의 주된 과제이다. 가령 꽃을 보고서 발생하는 꽃이 좋다는 감정과 꽃이 아름답다는 감정이 어떻게 다른지의 의문점이다. '꽃의 향기가 좋다. 꽃의 모양이 좋다'라는 판단이 전혀 없는데, 꽃이 아름답다는 판단이 나올 수 있는지의 의문점이다. 꽃이 아름답다는 판단은 시각적 판단인데, 그 시각적 판단이 동일한 시각적 판단인 꽃이 보기가 좋다는 판단과 어떻게 구별되는지의 의문점이다. '좋다'와 '아름답다'의 구별의 경계선 무엇인지의 의문점이다. '음악의 소리가 듣기가 좋다. 음악의 소리가 듣기가 아름답다'는 판단에서도 동일한 의문이 발생한다..

'꽃이 보기는 좋은데 향기가 나쁘다'는 판단이 가능한 점 때문에, 그 판단양태는 인간의 행동에도 똑같이 적용할 수 있다.'그 여자의 외모는 보기가 좋은데 그녀가 행동하는 모습은 나쁘다'는 판단이다. 이 경우의 좋다는 개념과 아름답다는 개념은 서로 모순되는 경우가 아니다. 이 경우는 다른 두 가지의 대상에 각각 적용된 것이므로, 서로 충돌하지 않는다. 그 이유는 시각의 경우와 후각의 경우에 대해 적용한 잘못 때문이다.

그러면 좋다와 아름답다는 개념이 공통의 감정으로부터 발생하는지의 의문이 발생한다. 두 개념이 동일한 표상으로부터 발생한 개념인지의 의문점이다. 그 이유는 다음의 두 가지 경우가 그런 의문점을 유발하기 때문이다. 하나는 향기가 좋다는 느낌이 향기가 아름답다는 느낌과 동질적일 수 있는 경우로서, 두 경우 모두 불쾌하지 않으면서 쾌의 느낌을 공유하는 상황 때문이다. 다른 하나는 보기는 좋은데도 불구하고 보기가 아름다운 것은 아니라는 느낌 때문이다. 하지만 이 경우에도 그 다름의 느낌을 더욱 세분하면, 결코 충돌하는 양상이 아니게 된다. 보는 경우는 하나일지라도, 보는 관점이 서로 다른 차이점이다. 겉모습의 아름다움과 도덕적 교양의 모습이 동시에 적용되는 상태이다. 후자의 경우에 적용되는 우아미 또는 숭고미와 같은 느낌이 겉모습의 예쁜 경우에 적용되는 아름다움의 느낌과 구별되는 차이점이다.

얼굴은 아름다운데 코가 아름답지 않다는 경우도 역시 마찬가지이다. 또한 얼굴은 아름다운데, 화장이 잘못되어서 교양이 없어 보인다고 하는 경우도 마찬가지이다. 따라서 하나의 대상에서 보기가 좋은데 동시에 보기가 추하다고 하는 판단은 모순적 판단이 아니게 된다.

그럼에도 불구하고 미의 경우에 의문점이 남는데, 그것은 추한 미의 판단이 변태적 사고발상인지의 의문점이다. 이런 경우는 첫째는 일상적인 사람들이 추한다고 기피하는 것을 오히려 좋다거나 아름답다고 느끼는 경우이다. 그러므로 병적인 정신적 이상상태라고 여길 수 있는 변태에게 적용할 수 있는 경우와, 둘째는 오성적 판단과정을 거쳐 추한 모습이 새로운 관점에서 의도적으로 새로운 미의 영역으로 변형한 경우이다. 곧 미의 느낌이 발생할 수 있게 하는 예술품으로 거듭난 경우이다. 추한 것을 전혀 추하다고 느끼지 않은 변태와 달리, 추한 대상이나 공포의 대상에게 전혀 다른 시각으로 미의식을 부여한 경우이다. 일상생활에서 추하다고 느낀 대상을 전혀 다른 모습의 형상으로 변형한 예술품으로 창조한 경우이다. 따라서 전자와 후자는 전혀 다른 경우로서 서로 구별된다. 그 경우는 대표적으로 무서운 야수를 아름다운 모습으로 보이게 한 사진이나, 그림이나, 조각 등이 실증한다.

더 나아가 대상에 대한 느낌이 서로 다르다고 구별하는 또 다른 경우는 대부분 그 판단이 주관적일 때에 가능하다. 동일한 한 사람의 느낌에서 비롯된 것이 아니라, 각기 서로 다른 사람들끼리 동일한 대상을 두고 각각의 서로 다른 느낌이 발생한 경우이다. 야수를 보고 곧바로 공포를 느끼는 사람의 경우와 달리, 전혀 공포를 느끼지 않거나 혹은 공포를 느끼기는 하지만 그 공포를 극복하고 야수를 직시하여 그 대상의 모습에서 아름다운 요소를 찾아내는 경우이다. 야성이 드러난 공포적인 모습과 그 대상이 지닌 미적 형상은 전혀 다른 조건 때문이다. 그뿐만 아니라 야성을 드러낸 공포의 모습조차 아름다운 느낌을 발생시키는 미감의 대상이 되는 특성 때문이다. 예컨대 격투기를 보면서 발생하는 미감의 느낌이다. 그러면 이로부터 좋음의 선의식과 아름다움의 미의식이 같은 뿌리를 둔 동질적인지 아니면 전혀 다른 성질의 것인지의 의문은 해명되어야 한다.

좋은 것이 아름다운 것이라는 경우는 당연한 것일 수 있다. 그런데 좋은 것이 아름답지 않다고 할 수 있고, 또한 좋지 않는 것이 아름다운 것일 수 있다고 하는 경우에는 그 판단은 관점의 혼동에서 비롯된 것으로 말해야 한다. 그러면 좋음과 아름다움의 판단에는 구별되어야할 요소가 작용한다고 말해야 한다. 그 차이점은 다음과 같다.

1. 아름다운 것은 좋은 것이고 추한 것은 좋지 않다고 판단할 수 있다. 그러나 그와 달리 아름다운 것은 좋지 않은 것이고 추한 것은 좋다고 판단할 수 없다.

2. 좋은 것은 아름다운 것이고, 좋지 않은 것은 아름답지 않다고 판단할 수 있다. 그러나 그와 달리 좋은 것은 아름다운 것이고, 좋지 않은 것도 아름답지 않다고 판단할 수 없다.

3. 동일한 관점의 느낌으로부터 좋다는 느낌과 아름답다는 감정이 겹치는 경우가 발생한다. 그런데 두 가지 느낌이 서로 다르다면 하나는 미감의 감정이고 다른 하나는 도덕의 감정이다.

4. 도덕의 감정은 좋은 것이다. 그런데 도덕의 대상인 인간행위는 그 성질상 아름답다는 감정을 적용시킬 수 있는 가치판단의 대상이 아니다. 그럼에도 불구하고 도덕행위를 아름답다고 하는 경우는 숭고미의 미적 감정이 작용했기 때문이다.

5. 미감으로 좋지 않은 것들이 오히려 아름답게 느낄 수 있는 경우는 오로지 숭고미, 우아미, 비창미, 골계미와 같은 종류의 표상과 연관되었을 때에만 가능하다. 그 경우에는 사변이성과 실천이성의 중간단계에서 이들을 연결하는 판단기능인 반성적 판단력이 작용해야한다. 그러면 인간은 비로소 자신의 행동에 대해 아름다움의 감정을 적용할 수 있다.

인간은 외부의 억압을 받으면, 그에 대해 의식내부에서 정신적 압박과 분노를 표출한다. 그런 경우에서 음악가는 감정의 표출을 하나의 통일된 줄거리로 형성하여 음의 소리로 전개하는 음악의 곡을 구성한다. 그런 상황이 인간이 타고난 미감적인 모습이다.

인간의 감성이 드러난 창조물에는 인간의 삶의 목적도 드러나 있다. 그 감성이 추구하는 삶의 목적이 법칙에 의해 진행되는 존재의 생성·소멸의 과정에 표현된 상황이다. 인간이 문명을 건설하려는 창조적 동기에는 감성적 욕구가 도사리고 있다. 문명사회의 창조과정은 감성적 느낌의 본질인 미의식의 표상을 실현하는 행위이다. 학문을 추구하는 지성은 미의식의 본질을 밝히고, 미의식의 욕망을 실현하려고 작용한다. 사변이성이 물 자체영역으로 월권해서 안 되듯이, 미의식의 욕망도 선의지가 작용하는 도덕적 질서의 테두리를 넘어서는 안 된다. 반사회적 행위가 존재한다고 하여, 사회가 그것을 용납한 것은 아니다. 사회에서 반사회적 행위와 사회적 행위가 공존한다고 하여, 반사회적 행위와 사회적 행위가 대등하게 양립하는 것은 아니다. 철학은 사회에 두 행위의 경계선을 판정하는 근거를 제공해야 한다. 판정근거가 명확해야 존재하는 방식과 영역을 제한할 수 있다. 칸트는 『실천이성비판』에서 그 근거를 제시했다. 칸트가 수립한 도덕원칙은 거부할 수 없다. 그러므로 칸트 철학은 여전히 현대적이다.

칸트비판철학에서 검토했던 여러 과제 중 마지막으로 주목해야 했던 사안은 도덕적 판단으로서의 좋음과 미적 판단으로서의 아름다움이 서로 상충하는지의 의문이었다. 그 과제는 진·선·미(지·정·의)의 의식작용이 조화를 이루어 인간생활을 이끌지 못하는 안타까움을 논증하는 과정의 종착지이다.

오성이 잘못 판단하여 정립한 잘못된 지식은 선의지의 도덕적 영역과 미의식의 예술·문화에 잘못된 결과를 초래한다. 잘못된 지식은 잘못된 반응에 의해 잘못된 사회양상을 형성한다. 따라서 오성의 지식과 도덕적 규범이 상충해서는 안 된다. 도덕적 감정과 미적 감정이 서로 충돌하여 대립형국이 되어서는 안 된다. 잘못 수립한 도덕규범이 오성의 행동과 미적 행동에 대해 통제를 가할 적에는 복종심이 아닌 반발심이 표출한다. 오성이 도덕의식과 미의식의 경계선을 불분명하게 만들면, 선의지와 미의식은 표현의 자유의 미명 하에서 서로 충돌하게 된다. 그 충돌은 도덕적 판단으로는 좋지 않지만, 미적 판단으로는 아름답다고 평가할 적에 발생한다. 게다가 그로부터 예술을 정치에 복속시켜 정치목적을 위한 선전도구로 활용하는 사고방식이 올바른지의 문제점이 도출한다. 정치권력이 예술의 표현자유가 지닌 다양성을 부정하고, 비판의 자유를 억압하고, 오로지 정치의 선전도구로만 예술기능을 작동하도록 만든 부작용이다. 더 나아가 그 점은 자본주의 시장경제체제에서 활발한 매스컴의 광고조차 이념의 가치에 의해 부정적으로 비판받고 매도되는 경우를 포함한다.

이로써 인간의 의식구조를 정확히 파악해야 하는 목적이 뚜렷해진다. 그것은 개인이 올바른 행동양식을 선택하게 만드는 작업이다. 개인들이 다함께 더불어 공동으로 그 기능을 올바르게 작용할 수 있도록 사회구성원들을 교육시키는 교육제도, 교육기관, 교육과정을 만드는 작업이다.

3. 선험성, 초월성과 내재성

이미 앞에서 transzendental이란 용어를 초월적이라고 번역하면, 칸트의 학적 의도 및 이론체계의 취지가 오해받을 여지가 발생함을 지적하였다. 명백한 이유는 이성 기능을 회복한 근대철학의 학적 의의를 왜곡시킬 수 있는 태도 때문이었다. 그럼에도 불구하고 생활세계에서는 철학이 추구하는 궁극원리의 보편성을 초월성으로 이해하는 상황이 여전히 유지되고 있다. 따라서 선험적으로 번역하는 입장은 그 점을 충분히 고려해야 한다.

선험철학의 학적 본질은 선험성이란 용어가 지닌 소극적인 측면과 적극적인 측면의 양면성의 모습을 올바르게 들추어내야 제대로 직시할 수 있다. 소극적 측면에서는 형이상학의 월권을 방지한 방법론이고, 적극적 측면에서는 『칸트와 철학의 문제들』을 저술한 하이데거의 입장처럼 기초존재론의 성격이다. 칸트는 이 양면성 위에서 새로운 형이상학의 체계를 구성하였다.

여타의 비평가들은 하이데거의 생각을 칸트가 아닌 하이데거 자신의 생각이라고 평가하기도 한다. 그가 저술한 내용을 살펴보면 그가 평가한 근거를 발견할 수 있는데, 그것이 칸트의 생각을 제대로 파악하지 못했다는 지적이다. 그 점은 하이데거가 칸트의 사상을 제대로, 올바르게 그리고 탁월하게 평가했는지의 여부와 상관없이 칸트의 의도와 다른 사고방식을 전개하였다는 지적이다.

칸트의 『순수이성비판』을 기초존재론으로서 규정한 하이데거의 입장이 어떤 점에서 차별되는지를 따져야 한다. 그 점은 인간을 이해하는 사고방식의 차이점이다. 하이데거는 칸트가 이해한 인간의 인식조건에 초점을 맞추고 인간의 유한성을 논구의 출발점으로 삼았다. 하이데거가 칸트 철학을 기초존재론으로 규정한 이상, 두 입장은 비교·검토되어야 한다. 그런데 하이데거철학은 현대적이다. 그러면 칸트 철학도 마찬가지로 현대적이다.

칸트는 인간의 사유기능을 설명하는 과정에서 자연소질로서 타고난 형이상학의 본성이 올바르게 작용해야 하는 방법을 제시했다. 그 방법은 형이상학을 부정하고 형이상학적 사고기능을 무력화하고 배척하기 위함이 아니었다. 칸트는 역설적으로 인식의 유한성의 근저에 사유의 무한성으로 나아가는 통로가 있는 여지를 논구하였다. 칸트가 논구한 점은 인간이 물 자체의 영역을 대상으로 삼아 인식의 객관적 진술을 할 수 없지만, 사유대상으로서의 물 자체에 최고선의 존재자가 있음을 논증하는 객관적 사유방법이었다. 만약 이 방법을 확립하지 않으면, 인간이 구축한 이념은 이론의 근본토대를 상실하게 된다.

인간의 인식기능이 스스로 자신의 본성을 비판함으로서 최고선의 대상을 주관에서 객관적으로 요청할 수 있다. 인간인식이 자신의 유한성을 극복하고 존재론의 본질을 규정할 수 있다. 물 자체의 영역을 인식대상으로 삼지 못해, 불완전하고 불충분하고, 안전하지 못한 형이상학은 실천이성이 최고선의 원칙을 수립함으로서 부족함을 충족하고 자신의 학적 토대를 확립할 수 있다.

칸트의 철학체계를 동의하지 않는 부정적 입장은 칸트의 논점을 형이상학의 학적 성격을 올바르게 규명한 작업이 아니라고 비판한다. 하지만 칸트의 철학체계를 정확히 이해하면, 형이상학의 학적토대와 이론체계가 이론분야와 실천분야가 통합해야만 완성됨을 파악할 수 있다. 더 나아가 형이상학의 본성이 인간에게 문명을 창조하는 실천력에 있음을 파악할 수 있다. 그리고 인간본성의 창조성은 자기 자신에게 주어진 삶의 역할을 제대로 수행할 수 있게 하는 원동력임을 파악할 수 있다.

그 자각은 칸트가 『순수이성비판』에서 부여한 비판의 의미, 두 가지로 압축되어 있는 '시금석Criterium과 재판정Gerichte'의 의미를 통해 느껴야 한다. 칸트는 『순수이성비판』을 새로운 형이상학을 위한 예비학Propädeutik으로 삼고, 선험철학의 이론체계를 구축했다. 그래서 『순수이성비판』에서 기존의 철학지식뿐만 아니라 철학적 사유방식을 비판했다. 더 나아가 모든 지성인이 기존지식을 비판할 수 있는 올바른 기준을 갖추고 있음을 서술했다. 칸트는 그 점에 대한 자신의 입장을 분명히 표명하였다.

자못 행복하게도 통찰의 철저성과 명쾌한 서술의 재능(이런 재능을 나는 의식하지 않지만).

철저한 통찰력과 명쾌한 서술능력을 그렇게도 훌륭하게 겸비한 이들 유공자들에게 (그러한 능력을 가지고 있다고 자부하지 않는) 나는 명쾌한 서술에 관해 여기저기에 아직도 결점이 있는 나의 저술을 완성하여 줄 것을 부탁한다. 왜냐하면 거기에는 반박을 받을 하등의 위험성은 없지만, 그러나 이해되지 않을 수도 있을 것이기 때문이다. 우인으로부터 또는 반대자로부터 받는 모든 시사에 대해서는 앞으로 이 예비학의 방침에 따라 체계를 완성 데 이용할 수 있도록 세밀한 주의를 경주하겠다. 이제부터 나 자신은 논쟁에 개입하는 일은 없을 것이다.[1]

칸트 철학이 여전히 현대적인 근거는 비판철학이 논구한 선험성이 존재원리의 양 극단을 아우르기 위한 절충방안인 특성이었다. 그런데 그 점은 다음의 논점으로 마무리할 수 있다.

현상계가 생성 · 소멸을 하는 근거는 존재원리와 법칙이다. 결합, 합성의 방식을 통해 복합체를 구성하는 근거는 모든 개체가 지닌 동일한 속성이다. 그러므로 존재원리와 법칙은 내재적이다.

사물이 형상과 그 속에 내재한 동력에 의해 움직이는 모습이 한결같기에 존재원리와 법칙으로 규정한 것이다. 그러므로 모든 구성인자가 존재원리와 법칙에 부합하는 형상대로 이루어졌다는 사실은 구성인자들이 관념적 존재임을 의미한다. '사물=원리와 법칙'의 등식은 사물이 관념적인 특성의 증거이다. 곧 사물이 원리와 법칙이고, 원리와 법칙이 사물인 논리성 때문이다. 그런데 사물이 동일하게 원리와 법칙이려면, 그렇게 만든 존재자가 있어야 마땅하다. 하지만 그 존재자를 사물 속에서는 찾을 수 없다. 사물 속에 존재하지 않는다는 것은 사물을 벗어나 존재한다는 의미이다. 그러면 그 존재자는 초월적이다.

사물은 공간 속에 존재한다. 공간에 존재하면 사물과 같은 존재자다. 창조주는 사물이 아니다. 창조주가 있어야 불구하고, 창조주를 경험

---

1. B X L Ⅲ.

할 수 없다. 현상계에 존재하지 않기 때문이다. 현상계에 존재하는 것은 오로지 원리와 법칙뿐이다. 이 문제를 섣불리 다루면, 곧바로 모순에 봉착한다. 그 모순은 합리론이 직접 보여 주었고, 경험론이 직접 보여 주었다. 억지로 정신의 속성과 물질의 속성을 통합하려는 시도 때문이다. 인간이 창조주의 존재를 인식할 수 없다고 하여 곤란을 겪을 일은 없다. 창조주에 대한 불가지론 때문에 인간이 파악한 현상의 지식이 개연적인 것이 되고 회의적인 것이 되지 않는다. 왜냐하면 진실이 다음처럼 명백하기 때문이다.

1. 창조주가 존재한다는 점은 사실이다.

2. 창조주를 알 수 없다고 하여 현상계의 원리와 법칙이 허물어지지 않는다.

3. 정신현상과 물질현상이 서로 달라 현상계의 존재가 이원적인 사실은 명백하다.

4. 현상계에 정신현상이 존재하고, 존재방식이 물질현상과 다르고, 그 작동원리가 명백한 사실은 불변이다.

5. 정신현상의 근원을 규정하는 일 때문에 존재원리와 법칙이 허물어지지 않는다.

6. 정신현상을 물질에서 발생하였다고 하여도 정신현상이 물질현상이 되지 않는다.

7. 정신현상 때문에 물질의 원리와 법칙이 허물어지고, 물질현상 때문에 정신의 원리와 법칙이 허물어지지 않는다.

8. 정신현상과 물질현상은 현상계에서 양립한다.

9. 합리론은 물질현상을 올바르게 설명할 수 있으나, 유물론은 정신현상을 올바르게 설명할 수 없다.

10. 창조주를 초월적이라고 하여 위의 사실이 허물어지지 않는다.

11. 창조주가 현상계의 원리와 법칙을 공유하고 있지 않으면, 창조주는 원리와 법칙을 만들 수 없다.

12. 창조주를 알 수 없다는 사실이 원리와 법칙을 모른다는 사실이 될 수 없다.

13. 창조주를 물 자체로 규정하고 불가지론을 펼친다고 하여 지금까지의 논증이 허물어지는 것이 아니다.

14. 창조주를 인간이 사유에서 인정한다고 하여 창조주가 단순한 언어가 되는 것이 아니다. 인간이 창조를 확인할 방법이 없다고 하여, 원리와 법칙을 만든 창조주가 단지 이름뿐인 창조주가 되지 않는다. 원리와 법칙이 있는 사실 때문에 창조주는 창조주인 것이다.

15. 인간의 영혼이 사후에 불멸하거나 사멸하거나 간에, 원리와 법칙이 소멸되는 것이 아니라면, 소멸하지 않는다. 정신현상의 원리와 법칙이 소멸하는 않는 조건 때문이다.

16. 영혼의 세계를 모른다고 하여 정신현상의 원리와 법칙이 허물어지지 않는다. 마찬가지로 인간이 현상계에 충실하여 살아가는 방법 때문에 영혼의 세계를 허물어지지 않는다. 현상계의 영혼과 영혼계의 영혼은 동질적이다.

칸트의 비판철학이 물 자체를 설정하고, 신을 요청하고, 신의 존재에 대해 불가지론을 펼치고, 사유에서 신을 요청한다고 하여, 인간이 파악한 진리가 개연적 지식이 되고, 불가지론에 의한 회의적 지식이 되는 것이 아니다. 그러므로 칸트의 선험철학체계는 하등 문제가 될 것이 없다. 경험의 입장에서도, 합리론의 입장에서도 자신들의 주장을 모두 수용하고 있는 점 때문이다. 그런 측면에서 칸트 선험철학의 방법론은 여전히 현대적이다.

 이 책은 구체적이고 직접적 칸트 사상보다 칸트 철학체계가 지닌 학적 의의와 현대성을 검토했다. 이 과정에서 필자가 유념한 생각은 서구 철학자가 서구의 철학자의 사상을 제일 잘 알고 있으리라는 생각이 타성에 기인한 선입견에 불과할 수 있다는 입장이었다. 왜냐하면 서구의 사상가들이 칸트와 더 나아가 헤겔의 사상을 가장 잘 알고 있었다면, 당연히 칸트와 헤겔에 대한 그들의 비판이 제일 정확할 수 있겠지만, 그들이 제기한 칸트와 헤겔에 대한 이해와 비판점이 오히려 더 잘못된 경우가 허다하기 때문이다.

 필자는 서구인의 시각에 맞추어 그들의 사상을 이해하려는 태도만이 능사가 아니라, 오히려 누구든지 보편학의 성격을 지닌 철학의 본질에 따라 어떤 사상이라도 객관적으로 비판할 수 있는 입장을 독자들과 함께 공유하기를 희망했다. 그뿐만 아니라 독자들과 더불어 주목해야 할 또 다른 사안은 일상생활에서 독자들이 어렴풋이 생각하였던 철학서가 낭만적인 감정을 충족시키는 심미적 경향의 문학작품이 아니라 오히려 존재의 근본원리를 추구하는 무미건조한 성격을 띤 학문서적인 사실이다.

문학작품은 심리적 욕구와 갈등을 바탕으로 하여 희망과 절망의 심리를 선과 악의 관념으로 전환하여 묘사한다. 문학작품과 달리 철학 서적은 비판적 사고방식으로 학적 문제점을 낱낱이 분석하고, 실질적으로 해결하는 구체적 방법을 논증한다. 그런 사고방식의 차이점에서 양자는 구별된다. 물론 문학의 사고방식도 문제해결방식을 제시하지만, 그 발상은 비판과정을 거친 과학적 지식이 아니다. 문학이 과학의 방식을 인용함으로서 자신이 제시하는 해결방식과 결론이 과학적 방식처럼 보이게 할 수 있어도, 과학적 사고방식이 아니다.

또한 진리는 독단주의가 아니라 독단적이라고 칸트는 설명했다. 진리는 모든 것을 종합적으로 통합한 통일적 성격 때문에 독단적이고 또한 교조적이게 된다. 그리고 진리를 맹신하는 독단적 신념 때문에 참 진리가 아닌 주장이 진리를 오염시킨다. 더 나아가 잘못된 주장에 의해 참 주장이 비판받는 경우가 종종 발생한다.

지식사회는 잘못된 신념이 참됨을 거부하고 심지어 무너뜨리는 상황을 바람직하지 못한 경우로 규정한다. 심리적으로 자아도취에 빠져 학문의 검증작업을 거부하는 잘못된 행동을 바람직하지 못한 경우로 규정한다. 지나친 신념에 의한 행동의 결과는 책임소재와 상관없이 잘못되었고 좋지 않다. 행위에 대해 책임이 없다고 하여 행위가 결코 좋은 행위가 되지 않는 점 때문이다.

이 책에서 논구한 '초월'의 의미는 현상과 상관없음을 가리킨다. 그러므로 존재론에서 논구되는 '초월'의 의미는 도덕의 수양적 측면에서 가리키는 초연하다는 의미와 엄격히 구분된다. 그런데 존재의 궁극원리는 현상과 전혀 무관할 수 없고, 영혼불멸설을 믿는 종교가 주장하는 영혼세계도 현상계와 무관할 수 없다. 만약 상관하지 않고 또한 상관할 수 없다면, 초월적 존재는 결코 현상의 영역에 나타날 수 없다. 초월의 용어는 보편적인 의미와 내재적이란 의미와 연결되어 제한적으로 사용해야 한다. 그 용어는 보편적이고 내재적 의미로 사용해야 하는 점 때문에, 인식론에서 감각적 경험영역인 시·공의 세계를 구속 없이 이동할 수 있음의 의미로서 '선험적'용어의 선택은 시의적절하다. 인식론에서 줄곧 사용하였던 초월의 용어는 보편성의 의미를 담고 있는 용어일 뿐, 신화의 신들이 지닌 무소불위의 능력을 묘사하는 그런 용도의 용어가 아니다.

인간은 자신의 육체가 물질로 구성된 존재이어서 동물에 준하는 삶을 살아 갈 수 있다고 여길 수 있다. 문명적 삶을 기피하고, 삶의 질을 여타의 동물수준으로 전락한 채로 생존할 수 있다고도 생각한다. 하지만 모든 인간이 문명을 건설하려는 목적의식을 포기하고 동물처럼 살아갈 수 없다. 그런 인간의 의식은 동물수준이기 때문에 그런 인간의 의식은 형이상학의 주제를 논할 수 없다.

현상의 본질을 파악하려고 노력한 결과로 정립한 존재의 보편성 원리는 인간이 서로 자신과 상대방을 자유와 평등의 관념 속에서 동일한 상대로 인식하게 만들었다. 이와 같은 보편성은 개인의 상대성을 서로 용인하고, 다 함께 참여하여, 문명사회에 적절한 도덕법칙을 수립할 수 있는 역할을 한다. 그리고 보편원리와 수미일관된 올바른 상황논리의 법칙과 규범이 그로부터 파생한다.

이와 같이 작동하는 존재원리에 맞추어 판단하고 행동한 경우에는 혼란을 극복하고 발전과 번영의 역사를 기록하였고, 반대로 그렇지 못한 경우에는 쇠퇴와 몰락의 역사를 기록하였다. 이와 같은 사실은 인간지성이 자연법칙을 올바르게 활용하고 자연법칙과 합당할 경우에 번창하고, 그와 반대일 적에 쇠퇴한 경우로부터 명확하다.

보편논리의 효용성은 각 개인이 자신이 처한 상황에 적절한 대응을 가능케 하는 상황논리의 기능이 있다. 개인이 시시각각으로 변화하는 상황 속에서 적절한 대처를 하려면, 과거의 상황과 현재의 상황과 미래의 상황을 종합하고서 판단할 수 있는 자신의 인식기능을 작동해야 한다. 그 경우에 가장 절실하게 필요한 선결요건은 모든 사태를 올바르게 직시할 수 있는 인식능력이다. 이로부터 보편원리를 판단기준을 삼아야 하는 이유가 명확해진다. 그 지침은 우선적으로 자신에게만 유리한 상황을 보류하고, 그 다음으로 모든 개별자들이 더불어 구성하고 있는 전체상황을 총체적으로 바라보고, 마지막으로 그 상황에 걸맞은 대응방법을 구성하도록 인식기능을 자발적으로, 능동적으로, 적극적으로 작동하는 것이다.

이로써 후기를 마무리하려고 한다. 기회가 닿는 대로 칸트 철학의 진면목이 확연히 드러난 선의지의 『실천이성비판』과 미의식의 『판단력비판』의 연구를 마무리하여 출판하도록 노력하겠다.

강릉 우거에서
다정 이현모